KB122258

MICRO
BUSINESS

당신의 경력을 마케팅하라

마이크로 비즈니스

MICRO
BUSINESS

수잔 프리드먼(CSP · 공인 전문 강사) 지음
정경옥 옮김

동아일보사

■ 감 사 의 글

세상에 태어나는 것과 책을 쓰는 것은 여러모로 닮았다. 가장 중요한 공통점은 혼자서는 할 수 없다는 것이다. 너무도 많은 훌륭한 분들이 이 즐거운 일을 하는 동안 도움을 주셨다. 깊이 감사한다는 말만으로는 충분하지 않을 것 같다. 저자들은 감사의 글을 적을 때 늘 빠뜨린 사람이 없나 걱정을 한다. 나도 그들과 다르지 않다. 혹 이름이 빠졌더라도 크든 작든 당신이 베푼 도움을 진정으로 고마워하고 있음을 알아주기 바란다.

먼저, 도서 중개인인 존 윌릭에게 고맙다는 말을 전한다. 커리어 프레스의 훌륭한 팀과 함께 일하게 된 것은 그의 천재성 덕분이었다. 존, 여러 해 동안 꼭 쓰고 싶었던 책을 쓰게 해준 당신의 선견지명과 끈기에 감사해요. 무엇보다도 꿈을 현실로 만들어주어 정말 고마워요. 다음으로, 나를 커리어 프레스에 소개해준 마이클 파이에게도 감사의 말을 전한다. 그의 관심과 지원 덕분에 틈새시장의 위력에 대한 믿음을 진솔하게 표현할 수 있었다.

크리슨 파크스를 비롯한 훌륭한 직원들에게도 이 책이 제 모습을 갖추게 해주어 고맙다는 인사를 전한다.

돈 블러호위억, 진 게츠, 제프 토브, 필립 반 후저 등 내가 더 높은 곳에 올라갈 수 있도록 끝없이 시험하고 자극해준 소중한 친구이자 동료들에게 특별히 감사의 말을 전한다.

조안 레프코위츠(항상 나의 소중한 친구로 남아있다), 데프니 클라크, 데이드리 워치브릿, 린 드레일, 도나 스몰린-쿠퍼 등 이 책에 소개된 모든 틈새 사업가들에게도 지혜로운 한마디를 들려주어 무척 고맙다고 말하고 싶다. 아울러 전국강사협회의 존경하는 동료와 친구들인 나오미 로드, 패트리샤 레이몬드, 마르시아 레이놀즈, 로버트 시칠리아노, 짐 지글러에게 너무도 열정적으로 답해주고 소중한 전문 지식을 나누어준 데 대하여 고마움을 전한다. 특히 훌륭한 틈새 사업가인 릭 시겔과 그의 아내 마기에게 항상 준비된 전문지식과 조언을 들려주어서 고맙다는 인사를 전한다. 정말 고마워요. 내가 두 사람을 얼마나 사랑하는지 잘 알 거예요.

나는 최고의 아이디어 몇 개를 고객들로부터 얻었다. 그들

중 누구 한 사람을 집어서 말하기는 어렵지만, 함께 일할 기회를 허락해주어 가슴 깊이 감사한다.

'가장 좋은 것은 마지막을 위해 아껴두라' 는 옛말이 있듯이 이제 나의 최고 중의 최고를 소개하려고 한다.

열정저이고 유능한 연구원 신시아 포츠에게는 무슨 말로도 고마운 마음을 다 전하지 못할 것이다. 신시아는 신혼임에도 불구하고 최고의 정보를 수집하고자 밤낮을 가리지 않고 혼신의 힘을 다했다. 당신을 '성스러운 신디'로 부를 힘이 내게 있다면 정말 그러고 싶군요. 하지만 이 책의 출판에 들어간 당신의 노력과 열정에 내가 얼마나 고마워하는지 알아주기만 해도 기쁘겠어요. 당신이 없었으면 해내지 못했을 거예요. 또 나의 성실한 비서 캐시 스크리버의 도움이 없었다면 빈틈없는 진행이 어려웠을 것이다. 도와주어서 정말 고마워요.

이 책을 쓰는 동안 비가 오나 눈이 오나 변함없이 나를 지원해준 특별한 사람들이 있다. 바로 가장 가까이에 있는 사랑하는 가족이다. 내 인생의 파트너 알렉, 놀랍도록 재능이 많은 내 아이들 도브와 야엘, 그리고 사랑하는 부모님 펠릭스와 허타 플래터, 그리고 나의 어린 남동생 마이클에게 나를 믿어주고 늘 기댈 수 있는 바위가 되어주어 고맙고 또 고맙다고 말하고 싶다. 이런 굉장한 치어리더들로 이루어진 팀이 옆에 버티고 있으니 나는 굉장한 행운아임이 틀림없다. 여러분 모두에게 나의 끝없는 사랑과 감사를 보낸다!

수잔 프리드먼
틈새 사업가 코치

오늘 아침 공영라디오의 〈모닝 에디션〉에서 귀에 솔깃한 이야기가 흘러나왔다. '할리우드 예산이 지능적인 블록버스터 영화를 위협하고 있는' 반면, 제작비가 적은 저예산 예술 영화가 상승세를 타고 있다고 했다.

귀가 쫑긋했다.

인터뷰는 내가 아주 좋아하는 영화 장르에 대한 이야기였고 더구나 내게는 너무도 가깝고 친숙한 주제를 강조하고 있었다. 그 주제란 무엇일까?

바로 '틈새를 찾는 것' 이다!

우리가 영화에서부터 척추 치료사, 책, 재무 설계사에 이르기까지 무슨 이야기, 누구에 대한 이야기를 하더라도 고객은 '전문가'를 찾는다. 시장, 점포, 인터넷, 그리고 그 사이에 있는 모든 곳에 무수한 선택의 대상을 두고 사람들은 비상구, 곧 출구 전략(exit strategy)을 갈망한다. 다시 말해, '구미에 딱 맞아떨어지는' 제품을 원하는 것이다. 그들은 틈새 상품과 서비스를 제공할 사람을 찾는다. 프리사이즈 시대는 이미 물 건너

갔다!

지난 20년 동안 나는 군중 속에서 두드러져 보이는 차별화의 중요성을 강조했다. 그 과정이 쉬웠다고 한다면 새빨간 거짓말일 것이다. 오히려 그것은 물을 언덕으로 끌어올리는 과정이었다. 아주 힘겨웠지만 정말 현명한 사람들의 도움 덕분에 지금은 좋은 시절을 맞았다. 얼마나 고마운 일인지 모른다. 예전에 나는 무척 지쳐 있었고, 사람들은 내 말을 완전히 무시했다.

내가 좋아하는 몇몇 구루(guru, 산스크리트어로 스승이나 지도자의 의미−옮긴이)에게 고맙다는 인사를 전한다. 그들은 시장에 큰 영향을 주었고, 그 덕분에 세상은 일어나 앉아 귀를 기울이고 행동하기 시작했다. 그중에서도 『롱테일 경제학』의 저자 크리스 앤더슨, 『블루오션 전략』을 함께 쓴 김 위찬과 르네 모보르뉴, 그리고 내가 여기에 모두 나열할 수 없을 만큼 수많은 틈새 마케팅 도서를 선보인 세스 고딘을 꼽고 싶다.

그들 모두는 위험을 감수하고 안전지대 밖으로 나가려는 신념을 지닌 사람들이다. 내가 이 책을 쓰게 된 이유도 그들이 증명해놓은 것에 바탕을 두고 있다.

그렇다면, 내가 20년이 넘는 세월 동안 경험한 수많은 것을 굳이 종이에 옮겨 독자들에게 공개하려는 이유는 무엇일까? 그것은 세상에 돌려주고 싶다는 바람 때문이다. 나는 많은 독자들이 내가 알려주는 확고한 전략, 방법, 기술을 활용해서 '틈새 시장에서 부자'가 되고, 다시 자신의 지혜를 타인에게 전수해 그들 역시 돈을 벌고 부자가 되게 해주기를 바란다. 그래서 '7가지 비밀 성공 전략'이라는 선물상자 속에 당신에게 필요한 모든 것들을 챙겨 넣었다. 일곱 가지의 전략 하나하나는 실용적이고, 현실적이고, 실행하기 쉬운 정보들로 가득 차 있다.

너무 많은 정보를 주는 게 아니냐고 걱정하는 사람들도 있었다. 그렇다면 내 잘못이 110퍼센트라고 인정할 수밖에 없지만, 어디까지나 내 의도는 진심이다. 나는 독자들이 내 지식을 전부 가져가기를 바란다. 독자들이 성공 방정식을 완벽하게 터득했다는 사실을 알게 되면 기분이 아주 좋아져서 밤에 푹 잘 수 있을 것 같다.

물론 그런 정보로 무엇을 하고, 어떻게 활용하느냐는 모두 당신에게 달렸으며, 내가 관여할 영역은 아니다. 말을 물가로 데려갈 수는 있지만 물을 먹여줄 수는 없다는 옛말도 있지 않은가.

나는 당신이 물을 마시기를 바랄까? 물론이다. 당신이 성공으로 머리가 아찔해지는 순간까지 물을 마셨으면 좋겠다. 하지만 주의할 것이 있는데, 항상 자기 자신을 점검해야 한다. 성공과 실패는 떼어놓으려고 할수록 서로 협력할 때가 많은 아주 절친한 사이이다.

내가 말하는 것은 대부분 '상식'의 범주에 속하며, 어떤 종류의 사업을 경영하는 사람들에게도 도움이 된다.

따라서 이 책의 제목만 보고 내가 알려주는 새로운 정보에 대해 선입관을 갖지 말기 바란다. 하지만 솔직히 말해 태양 아래 새로운 것이 있기나 할까? 나는 당신이 지금까지 사업을 하면서 쌓은 경험에 비추어 예전에는 몰랐고 이해하지 못했던 것을 가르쳐주려는 것은 아니다. 그보다는 귀에 익지만 행동으로 옮기지 못한 것들을 더 강조할지도 모른다. 또한 당신이 잘하고 있다는 것을 확인해주거나, 그냥 단순히 성공에 필요한 모든 것들에 열심히 매진하라고 말할지도 모른다. 그리고 마지막에 가서는 새롭고 흥미롭고 특별하고 검증된 전략들을 내 방식대로 실험해보리고 할지도 모른다.

본문에서 내가 소개하는 전략들은 누구나 실행할 수 있는 공식이다. 나는 사람들에게 '내가 할 수 있으면 당신도 할 수 있다'라고 말한다. 당신과 나는 별다른 차이가 없으며(사업 방식에 있어서), 나는 하고 있고 당신은 아직 시작하지 않았다는 차이밖에 없다.

각 장 마지막에는 조금 더 공부를 하는 과정을 마련했다. 성공한 틈새 사업가들이 각자의 틈새시장에서 효과를 보았던 것들을 짧게 소개하는 글을 실었다. 그들은 군중 속에서 우뚝 서서 성공할 수 있는 소중한 지혜를 알려준다.

또한 요점과 사실만을 원하는 독자들을 위해 '요약'으로 각 장을 마무리했다. 이것을 각 장을 공략하기 위한 출발점으로 활용해도 좋겠다.

가장 효율적으로 책을 읽는 법

이 책은 절대적으로 귀한 정보의 보고이다. 각 장에는 '어떻게?'를 묻는 많은 질문에 대답해줄 강력하고, 실용적이고, 쉽게 사용할 수 있는 조언들이 가득 들어 있다.

먼저, 여러 가지 비밀 전략에 익숙해지려면 책 전체를 통독하기 바란다. 첫눈에 관심을 끄는 부분이 있으면 표시를 하라(나는 떼었다 붙였다 하는 작은 종이를 자주 활용한다). 다음에는 당신이 실천할 준비와 의지와 능력을 갖춘 전략들을 중심으로 우선순위를 정하라. 당신의 선택은 전적으로 현재 진행 중인 사업을 기준으로 해야 한다. 자신이 생각하기에 사업을 한 단계 도약시킬 수 있고, 행동에 옮기기가 가장 쉽고, 투자한 시간과 돈을 가장 빨리 되찾을 수 있는 전략을 찾아라. 처음부터 겁이 나는 전략을 택하기보다는 실행할 수 있다는 확신이 드는 쉬운 것부터 시작하라. 기본 단계부터 시작하는 것을 자연스럽게 생각하라.

그렇다면 틈새 사업을 성공으로 이끄는 전략을 모두 활용해야 할까? 반드시 그렇지는 않다. 나도 내가 제안한 방법을 다 쓰지는 않는다. 그런 것들은 나의 '해야 할 일' 목록에 들어 있을 뿐이다. 내가 모든 것을 소개하는 이유는 '틈새시장에서 부자가 되겠다는' 당신의 그림을 전체적으로 그려주기 위해서이다. 그래야 더 쉽고 빠르게 부자가 되고 꾸준하게 그 자리를 지킬 수 있을 것이기 때문이다. 내 경우에는 20년 넘게 걸렸지만 당신은 그렇게 오래 기다릴 필요가 없다.

틈새시장에서 당신에게 맞는 모델을 찾으려면 각각의 비밀 전략을 적절하게 선택해야만 한다. 예를 들어, 나는 라디오와 TV에는 거의 출연하지 않는다. 그것들은 내가 목표 고객에게 다가갈 수 있는 적절한 매체가 아니기 때문이다. 그보다는 인쇄물로 훨씬 더 큰 효과를 보고 있다. 요즘 나는 제품과 서비스의 프랜차이징이나 라이센싱을 위해 노력하고 있지만 아직은 그 어느 것에도 완전히 전념하지 않고 있다. 나의 사업체는 여러 방향으로 끊임없이 성장하고 있는데, 그것은 내가 최선의 방법을 찾고자 끊임없이 분석하고 있다는 의미가 된다. 나는 체스 선수는 아니지만 최선의 전략을 찾는 것이 내 사업을 성장시키는 핵심이라고 생각한다. 당신의 생각은 어떤가?

시장은 빠르게 변하고 있다. 새로이 간판을 내거는 서비스 전문가의 수는 하루에도 엄청나게 많다. 그만큼 경쟁도 치열해지고 있다. 따라서 내가 해주고 싶은 말은 꾸물거리지 말고 바로 오늘부터 변화하기 시작하라는 것이다. 내 말을 따른다면 반드시 기쁜 날이 올 것이다.

앞으로 내달리며 성공하라. 뒤처지지 말고 열심히 달려라!

자, 이제 책장을 넘기고 틈새시장에서 성공하는 즐거운 여행을 떠나기 바란다.

행운을 빈다!

■ 차 례

MICRO
BUSINESS

MICRO
BUSINESS

어느 틈새
사업가의 고백

나는 변화가 필요했고, 나 스스로 운명을
책임질 때가 왔다고 생각했다. 그래서 나는 나 자신과 약속했다.
내 배가 가라앉는다면 키를 잡은 나도 함께 가라앉겠다고.

01
PART

고객은 스페셜리스트를 원한다

수잔의 이야기-1부

나는 내 일에 소질이 있다. 솔직히, 아주 뛰어나다고 자부한다. 좋아하는 홍보 일에 시간과 노력과 돈을 투자했다. 그랬더니 내 고객과 상사들이 만족했고 나 또한 일이 즐거웠다.

10년 동안 그것으로 충분했다. 나는 홍보업에 종사하면서 10년을 보냈고, 그 10년은 내게 온갖 종류의 기술, 업계 전반에 대한 중요한 지식, 다양한 현장 경험, 방대한 인맥을 선물했다.

그러나 경제가 불황을 맞고 내 고용주들이 불가피하게 구조조정을 단행했을 때, 그런 것들이 얼마나 큰 도움이 되었을까? 눈곱만큼의 도움도 되지 않았다. 나는 같은 운명을 맞은 다른 사람들과 함께 거리로 내몰렸다.

믿거나 말거나인데, 다음 직장에서도 같은 일이 벌어졌다.

그리고 다음 직장에서도 마찬가지였다.

대체 왜 그런 일들이 벌어진 것일까?

그것은 직업인들이 흔히 저지르는 실수 때문이었다. 나는 '눈에 보이지 않는 존재'가 되어 있었다. 투명인간이 되었다는 뜻은 물론 아니다. 물리적으로는 아무런 변화도 없었다. 홍보 전문가가 득시글대는 시장에서 '나를 돋보이게 하는 것'이 아무것도 없었다는 것이다. 나는 그냥 백만 명 중의 한 명, 숲 속에서 흔히 볼 수 있는 나무 한 그루일 뿐이었다. 그리고 숲을 솎아낼 시간이 되어 맨 먼저 잘려나갔다.

홍보 업계에서는 특별하거나 낯선 일이 아니므로 내가 처한 상황을 독자들도 충분히 이해할 수 있을 것이다. 회계사, 변호사, 재무 설계사, 마사지 치료사 등 서비스업에 종사하는 모든 직업인들이 같은 일을 당한다. 시장은 고급 서비스를 제공하는 노련한 전문가들로 넘쳐나지만 소비자들은 늘 '그중의 한 명'을 선택할 수밖에 없기 때문이다.

어느 설계사와 또 다른 설계사를 구별할 방법이 없다. 파란 정장을 입은 회계사들 중에서 당신의 세금 문제를 가장 잘 처리해줄 사람은 누구일까? 대중은 서비스뿐만 아니라 서비스를 제공하는 사람까지도 점점 '상품'으로 바라보고 있다.

나는 왜 달라졌는가?

당신은 어떨지 모르지만, 나는 상품이 되어가고 있다는 생각을 무척 부정적으로 받아들였다. 금융시장의 변덕 때문에 내 생계가 오락가락하는 마당에 '상품'이라는 이름으로 불리고 싶지 않았다.

더욱이 나의 상사들이 성공하면 나도 덩달아 성공하는 것도 싫었다. 변화가 필요했고, 나 스스로 운명을 책임질 때가 왔다고 생각했다.

그래서 나는 나 자신과 약속했다. 내 배가 가라앉는다면 키를 잡은 나도 함께 가라앉겠다고.

'전문가가 되는 것'은 얼마나 큰 도움이 되었나?

나는 성공을 하려면 예전과는 다르게 행동해야 한다고 생각했다. 나의 전문 지식은 훌륭했지만 그것만으로는 충분하지 않았다. 나는 여전히 '눈에 띄지' 않았기 때문이다.

그 시기부터 눈에 띄는 사람들, 다시 말해 업계의 리더, 구루, 강사, 교육자, 한 분야의 대가들을 눈여겨보기 시작했다. 그들을 주의 깊게 관찰한 결과, 눈부시게 성공한 사업가들에게는 세 가지의 공통된 특징이 있다는 것을 깨달았다.

- 한 분야의 전문가로 인정받고 있다.
- 전문가라는 정체성을 다지고자 실질적이고 부단한 노력을 쏟아

붓는다.

- 열정과 똑똑한 마케팅으로 지금의 위치에 올랐다.

그들 중 누구도 태어날 때부터 전문가인 사람은 없었다. 나는 열정적으로 노력할 자신이 있었고, 마케팅에 대해서도 약간은 알고 있었다. 하지만, 어떤 분야의 전문가가 되어야 할까?

홍보는 광범위한 분야이며, 거기에 마케팅까지 덧붙이면 덩치가 어마어마해진다. 홍보 하나만 해도 셀 수 없이 많은 분야가 있고, 그 하나하나에 대한 접근 방식도 다 다르다. 당신은 어떤가? 내가 겪은 고통을 이해하는가? 나는 스스로 전문가라고 생각할만한 위치에 도달하는 데 필요한 기술을 배우는 것이 불가능하다는 생각이 들었으며, 실제로도 그랬다.

그래서 초점을 좁히기로 결정했다. 방대한 홍보와 마케팅 분야 어딘가에 내게 알맞은 틈새가 있을 것이라고 생각했다. 결국 사업을 하고 싶은 욕심과 나 자신을 위한 특별한 틈새를 찾아보자는 결심을 한데 뭉쳐 미래를 바라볼 새로운 방법을 생각해 냈다.

어느 틈새 사업가의 탄생

출발

첫 단계는 나의 전문 지식이 필요한 틈새를 찾는 것이었다. 나는 내 운명을 스스로 책임지기로 결심한 터였으므로 원한다면 무엇이든 할 수 있었다. 그래서 내가 가장 즐겁게 일했던 분야에 관심을 모았다. 내가 가장 좋아하는 일은 남의 성공을 돕는 것이었다. 그때까지 나는 무역박람회에서 전시업체들이 더 효과적으로 일할 수 있도록 도우며 많은 시간을 보냈다. 회사를 대표해서 행사에 참여하는 직원을 교육하고 지도하는 일이 대부분이었다. 문득, 내가 그 분야에서 얼마나 많은 경험을 쌓았는지 깨달았고, 무역박람회장에서 꼭 해야 하거나 하지 말아야 할 일을 고객에게 조언할 수 있다는 확신이 생겼다.

나는 그야말로 '무역박람회 전문가'였던 것이다.

그런 기술로 어떤 일을 시작할 수 있을까? 그 틈새를 업으로 삼을 수 있을까? 무역박람회에 관해 알아야 하는 모든 것들을 내가 정말 알고 있을까? 박람회에 참가하는 기업들에게 내 조언을 들어야 한다고 설득할 수 있을까? 그들은 내 서비스에 대한 대가를 주고 싶어 할까? 별것도 아닌 아이디어에 나 혼자 열광하고 있는 것은 아닐까?

사업을 시작하겠다는 마지막 결정을 내릴 때까지도 이런저런 의문들이 머릿속을 떠나지 않았다. 나는 가능한 한 많은 해답을 얻으려고 이 책에 정리한 신중한 과정을 거쳤다. 그리고 그것들을 요모조모 따져보고 마음을 가다듬은 다음에 〈다이어뎀 커뮤니케이션)이라는 회사를 세웠다. 그런 이름을 지은 배경에 대해서는 5장에서 소개할 것이다.

지난 20년 동안 나는 무역박람회 코치로 아주 순탄한 길을 걸었다. 고정적인 강연 일정이 잡혀 있었고, 세계를 여행하는데다 내가 좋아하는 일을 하니 더 바랄 게 없었다.

사회 초년병 시절의 고생이나 틈새 사업가로서의 성공은 나만의 특별한 상황이 빚어낸 결과는 절대 아니었다. 나는 이 책에서 당신을 흥분시키고 영감을 주는 틈새, 당신의 전문 기술을 가장 잘 활용할 수 있는 틈새, 그리고 당신의 열정을 보상해줄 틈새를 찾기 위해 해야 할 일을 자세하게 설명할 것이다.

그 모든 것은 당신이 스스로의 경력을 어떻게 생각하는가에서 시작된다.

당신의 현재 상황은?

당신의 미래를 두 가지로 점쳐볼 수 있다. 바로, 제너럴리스트(generalist)나 스페셜리스트(specialist)이다. 제너럴리스트는 모든 사람들에게 모든 것을 주려고 노력하지만, 스페셜리스트 혹은 틈새 사업가는 전문 기술을 발휘할 구체적인 분야에서 일한다.

이 책을 읽는 많은 독자들이 지금은 제너럴리스트의 범주에 속할 가능성이 크다. 믿거나 말거나, 우리는 그런 식으로 훈련

받았다. 하나를 모든 것에 끼워 맞추는 획일적인 교육과 사고 방식 때문에 우리는 자신이 선택한 분야의 지식을 조금씩 골고루 갖고 있다. 내 생각에 그것은 인생을 '보이스카우트' 처럼 바라보는 방식이다. 인생이 어떤 것을 던져주어도 대응할 준비를 갖추고 있기 때문이다.

그러나 실제 우리 문화는 스페셜리스트를 원한다. 부모는 자기 아이를 그냥 의사가 아닌, 소아과 전문의에게 데려가야 직성이 풀린다. 그리고 아이의 심장에 문제가 생기면 일반적인 심장 전문의를 찾아가기 보다는 문제 부위에 대해 전문 지식을 갖고 있으리라고 믿어지는 소아 심장 전문의를 찾아간다.

이런 상황은 비단 의료 분야에만 국한되지 않는다. 집에 있는 옷장을 한번 살펴보라. 당신은 새 옷이 필요할 때 신생아 의류에서 빅 사이즈의 옷까지 모두 갖춘 할인점으로 가는가? 아니면 성별, 체격, 기호에 맞는 옷을 파는 전문점을 찾는가? 다시 말해, 당신은 대형 할인점으로 가는가, 의류 전문점으로 가는가?

제너럴리스트는 서비스업계의 할인점이다. 그들은 어느 특정 분야 한곳에 초점을 두지 않고 모든 것들을 조금씩 제공한다. 제너럴리스트는 그 특성 때문에 스페셜리스트와 같은 강도로 한 가지 분야에 접근하지 못한다. 하루 동안 모든 종류의 일에 똑같은 관심을 쏟을 만한 힘, 자원, 시간이 없기 때문이다.

반면에 스페셜리스트는 전문점에 해당한다. 그들은 특정한 분야에 관한 포괄적인 지식과 기술을 가지고 있다. 어떤 스페셜리스트가 대응할 수 있는 범위 밖의 서비스를 원하는 고객은 대개 더 전문적인 또 다른 사람을 추천받는다.

의류 전문점을 운영하거나 틈새 사업가가 되려면 확신이 필요하다. 우리는 대형 할인점이 성업 중이며, 어디를 가도 있다는 사실을 잘 안다. 시간이 지날수록 그들의 성공이 계속 증명되고 있다. 그에 비해 틈새 사업가의 미래는 그다지 밝은 것 같지 않다. 하지만 그들은 경쟁 상대가 적다. 따라서 수요가 공급을 초과하는 분야를 잘 고르기만 하면 진정한 승자가 될 수 있다.

틈새 사업가에게는 자신의 기술에 대한 확신, 자기가 하는 일이 가장 중요하다는 신념, 그리고 자기가 선택한 분야에 대한 열정이 있어야 한다. 당신이 하나의 틈새에서 활약하는 유일한 사업가라면 황무지에 혼자 버려진 느낌이 들 수도 있다. 하지만 그런 느낌을 즐기는 사람도 있다. 그들은 선구자가 되어 새로운 틈새를 개척한다는 점을 좋아한다. 그들은 자유와 독립을 중요하게 여긴다.

그렇다면 당신은 이미 틈새 사업가일까?

내가 제안한 출발 방법이 익숙하게 느껴지는가? '잠깐만요! 그런 건 이미 다 알고 있거든요'라고 말하고 싶은가? 그렇다면 당신은 이미 틈새 사업가일 가능성이 크다. 꽤 많은 서비스 전문가들이 자신도 모르게 수익성 높은 틈새를 찾아 들어가 있는데, 당신에게도 그런 일이 생긴 것이다.

대개 그런 사람들은 자신의 열정을 따르며, 그런 동안 경력도 자연스럽게 따라온다. 당신 스스로 틈새 사업가라고 생각한다면 그 생각이 옳다. 하지만 틈새에서 독자적으로 성공했으면서 그런 사실을 전혀 모르는 사람들도 있다. 다음 퀴즈로 당신이 틈새 사업가인지 판단해보라.

틈새 사업가를 판별하는 퀴즈

1. 당신의 행동은 주로 구체적인 주제에 초점을 두고 있는가?
   예   아니오
2. 그 주제에 대해 의문이 생기면 동료들이 당신을 부르는가?
   예   아니오
3. 책을 쓴 적이 있는가?
   예   아니오
4. 기자들이 당신의 조언을 듣기 위해 자주 전화를 하는가?
   예   아니오
5. 전문 분야의 행사에서 강연을 하는가?
   예   아니오
6. 특정한 전문 분야에서 버는 수입이 총수입의 절반 이상을 차

지하는가?

예   아니오

7. 동료들이 당신의 특별한 전문 지식을 원하는 고객에게 당신
   을 추천하는가?

예   아니오

8. 사람들은 당신의 명함을 보고 당신이 무슨 일을 하는지 아는
   가?

예   아니오

9. 전문 잡지에 고정 칼럼을 쓰고 있는가?

예   아니오

10. 자신의 일을 사랑하는가?

예   아니오

만약 7~10개의 질문에 '예'라고 대답했다면 축하한다!
당신은 틈새 사업가이다.
5~7개의 질문에 '예'라고 대답했다면 훌륭한 수준이다.
당신은 틈새 사업가가 되기 위한 길에 접어들었다.
다섯 개 이하의 질문에 '예'라고 대답했다면 준비를 시작하라!
당신은 곧 인생 역전을 위한 여행을 시작할 것이다.

당신이 이미 틈새 사업가라면 우리 모임에 들어온 것을 환영

한다. 이 책에는 당신의 전문성을 나지는 데 필요한 '7가지의 중요한 비밀'이 담겨있다. 당신은 자신의 존재를 빛나게 하고, 시장 점유율을 높이고, 제2의 숨은 수입원을 찾는 방법을 배울 것이다.

틈새 사업가가 되고 싶지만 어디서부터 시작해야 할지 모르더라도 실망하지 마라. 나는 다음 두 개 장에 걸쳐 독자들 각자가 시간과 노력을 쏟아 부을 적절한 틈새를 찾도록 도와주려고 한다. 3장의 'GEL 공식'을 잘 활용한다면 '맞춤' 틈새를 찾을 수 있을 것이다.

자신이 가진 특별한 전문 지식과 특징을 분석하기 위한 10단계

주목받지 못하던 기술과 특징이 가장 소중한 것으로 드러날 때도 있다. 따라서 당신의 기술과 특징을 모두 모으면 틈새를 찾는 데 큰 도움이 된다. 이력서에 쓰는 것보다 더 많은 정보가 필요한데, 지난 시간을 꼼꼼히 살펴 쓰임새가 있는 기술이 있는지 알아보아야 한다. 아래의 10단계를 따라해 보고, 이 장의 끝에 실린 양식을 이용하거나 자신에게 맞는 방식을 만들기 바란다.

당신은 이렇게 말할지도 모른다. "수잔에게는 좋은 방법이겠지. 이미 이 분야의 전문 지식을 갖고 있으니까. 창의적인 생각을 할 여유가 많은 특별한 분야에서 일했잖아. 하지만, 나는? 내게는 특별한 게 전혀 없어. 내 재주나 경력에 무슨 특별한 게 있겠어." 터무니없는 말이다. 이 책을 읽는 모든 사람들이 자기가 하고 있는 일을 완벽하게 해내는 특별한 기술을 가지고 있기 때문이다. 똑같은 인생을 살고, 똑같은 교육을 받고, 똑같은 일을 하고, 똑같은 경험을 가진 사람은 아무도 없다. 완전히 똑같은 사람은 없는 것이다.

당신은 지금까지 살아오면서 이력서에는 잘 기록하지 않는 어떤 기술을 이미 개발해 두었다. 예를 들어, 패트리샤 레이몬드 박사(나중에 더 자세히 소개할 것이다)는 이력서에 의대 졸업 사실과 화려한 수련의 과정을 적고 최고의 추천서를 첨부해서 제출할 수 있었지만, 그녀의 틈새는 뛰어난 유머 감각에 있었다.

1단계 : 이력서를 보라 지금까지 갈고 닦은 기술이 총망라되어 있지는 않지만, 최근 이력서는 훌륭한 출발점이다.

2단계 : 여백을 채워라 누구든 이력서에 지금까지 경험한 것들을 모두 적지는 않는다. 하지만 이 단계에서는 그런 것들을 될 수 있으면 많이 써야 한다. 자원봉사, 심지어는 실수를 한 것들도 모두 써라.

3단계 : 해야 할 일의 목록을 만들어라 그동안 한 일들을 하나하나 돌이켜보고, 직장에 고용되어 있는 동안 어떤 일을 했는지 모두 나열하라. 공식적인 업무 내용에 제약받지 말고 실제로 한 일을 적어라. 슈퍼마켓 직원은 재고 조사를 했을 것이고, 인사부 직원은 성난 고객을 달래느라 고생했을 것이다.

4단계 : 기술 목록을 작성하라 목록에 쓴 모든 일들을 실행하기 위해 가장 필요한 기술을 세 가지 정도 써라. 겹치는 항목이 있어도 괜찮다. 업무 내용이 비슷하다면 필요한 기술도 비슷할 가능성이 크다.

5단계 : 범위를 넓혀라 취미, 소일거리, 여가 활동이나 자원봉사 활동을 나열하리. 3, 4단계를 반복하면서 그런 여가 활동에 필요한 책임과 기술을 대충 정리해보라. 자신에게 다양한 기술이 있다는 사실에 놀랄 것이다.

6단계 : 투표를 하라 친구, 가족, 동료에게 연락해서 지금 자아 발전을 위한 과정을 진행하고 있으므로 당신을 떠올리면 생각나는 세 가지를 알려달라고 요청하라.

7단계 : 자료를 검토하라 두 종류의 기술 목록을 보며 겹치는 것이 있는지 살펴보고, 특히 자주 겹치는 항목이 있는지 중점적으로 확인하라. 그것들은 당신이 가진 최고의 기술이다. 자주 겹치지 않거나 아예 겹치지 않는 항목은 보통의 기술이며, 단 한 번 나타나는 기술들은 아주 강력한 기술이 아닐 가능성이 크다. 이 과정에서 오류가 생길 수도 있는데, 이는 8단계에서 정확하게 판단할 수 있다.

8단계 : 자료를 다시 검토하라 원래 목록에서 빠진 듯한 기술과 능력을 모두 검토하라. 친구, 친척, 동료가 '그 기술은 너의 강점이 아니야'라고 말해주는 것이 가장 확인하기 쉬운 방법이다. 그들의 말에 귀를 기울여라. 사람들은 우리가 자신에 대해 생각하는 것과는 아주 다르게 우리를 평가한다.

9단계 : 자료를 조합하라 수정한 기술 목록을 가족과 친구를 통해 모은 기술 목록에 덧붙여라. 이렇게 하면 자신의 진정한 모습, 자신이 남에게 어떻게 비치는지를 명확하게 알 수 있다.

10단계 : 얻어낸 정보를 활용하라 그 자료는 아주 중요하며, 당신이 좋아하는 일과 싫어하는 일뿐만 아니라 당신의 장점과 약점을 강조해서 보여준다. 이 모든 것은 틈새 사업가로서의 미래를 계획할 때 아주 중요하다.

뒤에서도 설명하겠지만 가장 강력한 기술은 전문성을 개발할 때 가장 기본적인 역할을 한다. 따라서 현재의 기술을 활용하기 힘든 영역이나, 기술이 취약해서 조금 더 보강해야 할 영역에서 틈새 사업을 하고 싶다면, 당장 학원에 다니거나 책을 읽으며 미래를 준비하기 바란다.

개인의 기술과 특성을 판별하기 위한 표

직업	직위	그 직위에서 무슨 일을 했는가?	그 일을 할 때 가장 중요한 기술 3가지
고등학교			1. 2. 3.
대학교			1. 2. 3.
대학원			1. 2. 3.
직업 1			1. 2. 3.
직업 2			1. 2. 3.
직업 3			1. 2. 3.
자원봉사 1			1. 2. 3.
자원봉사 2			1. 2. 3.

1장
요약

1. 자신의 현재 상황을 점검하라.

2. '틈새 사업가를 판단하기 위한 퀴즈'를 풀어라.

3. 자신의 기술을 나열하라.

4. 기술을 강화하기 위해 꾸준히 공부하라.

MICRO
BUSINESS

결단의 시간 -
왜 틈새 사업가가
되어야 하는가?

크고 작은 규모의 회사들이 틈새시장을 개척하게 되면서
소비자들은 점점 더 그런 제품과 서비스가
자신들의 요구를 충족시켜 주기를 바라게 되었다.
즉 소비자들은 점점 더 전문가를 원하고 있다.

PART 02

작은 것이 크게 뜬다

왜 틈새 사업가가 되어야 하는가?

'작은 고추가 맵다' 라는 옛말이 있다. 하지만 특히 합병에 열광하는 분위기에 젖어서 다양한 분야에서 수익을 올리려고 애쓰며, 군소지역에 파견할 직원들을 충분히 고용하고 있는 전문 업체들에게는 수긍할 수 없는 말로 들릴지도 모른다.

크리스 앤더슨은 『롱테일 경제학』에서 그 반대가 진실일 수 있다고 말한다. 그는 비즈니스의 미래는 적게 팔리는 항목을 많이 보유하는 데 있다고 예견하면서 이렇게 덧붙였다.

"우리의 문화와 경제는 갈수록 수요 곡선의 머리 부분에 분포한 비교적 소수의 인기 제품(주류 제품과 시장)에 초점을 두는 것에서 벗어나 꼬리 부분에 있는 엄청난 틈새들을 향해 움직인다. 진열대의 공간에 제한받지 않고 유통에서 병목 현상이 사라진 이 시대에서 작은 수요를 목표로 삼은 제품과 서비스가 주류 상품만큼 경제적으로 유리할 수 있다.”

마케팅의 대가인 세스 고딘도 이에 동의한다. 그의 책 『작은 것이 크게 뜬다 Small Is the New Big』는 틈새시장을 인정하고 거기에 참여하는 것이 얼마나 유리한지 포괄적으로 설명하고 있다.

정세에 밝은 경영자들은 기업의 규모와는 상관없이 소규모 시장의 장점을 이용할 수 있다는 사실을 잘 안다. 따라서 수십억 달러 규모의 스포츠용품 회사인 나이키 뒤에 틈새 사업가들이 숨어 있으며, 당신은 고향 마을의 작은 부동산 사무실 옆에서 그들을 발견할지도 모른다.

틈새시장은 보편적인 매력을 가지고 있다. 세심하게 목표를 정한 시장에서 주목받기 위해 제품과 서비스의 범위를 좁히는 것은 크고 작은 규모의 회사들이 몇 세기, 아니 적어도 지난 몇 십 년 동안 성공한 전략이다.

전 세계에서 ‘갈고리(Swoosh)’ 문양으로 통하는 나이키는 그런 사실을 완전히 간파했다. 그들은 강력한 틈새 마케팅 전략을 완벽하게 이해하고 실천했다. 지금도 맥도날드, 코카콜라와 같은 비슷한 규모의 타 기업들과는 달리, 면밀한 연구를 바탕으로 다양한 틈새의 고객들에게 제품을 선보임으로써 성공을 구가해 왔다. 그들은 선수용 신발을 내놓는 것에서 그치지 않고 육상 선수뿐만 아니라 미식축구, 농구, 축구 선수용 신발을 제작한다. 농구화만 보더라도 지역 체육관에서 경기를 하는 사람들, 그냥 관중석에서 경기를 구경하는 사람들을 위한 제품뿐만 아니라 NBA 구장에서 볼 수 있는 제품도 있다. 탁월한 전략을 통해 개별 시장에 맞는 제품을 따로 기획하고, 광고하고, 판매하는 것이다.

우리는 그런 대가들에게서 비결을 배운다. 나이키가 하는 많은 것들은 서비스 전문가 세계에 쉽게 응용될 수 있다.

최근에 법률 업계는 틈새시장으로, 특히 더 작은 중간 규모의 회사로 변모하기 시작했다. 미국법률가협회(ABA)가 빌간하는 전문 잡지 『비즈니스 로 투데이 Business Law Today』의 기사에 따르면 '기업의 주력 상품에 집중하는 틈새 전략을 채택하는 것은 소규모 법률 회사가 다각화된 대규모 다국적 기업과 경쟁할 수 있는 유일한 방법일 것'이라고 한다. 작은 회사는 확실히 유리한 이유가 있다. 그들은 고객의 요구에 발 빠르게 대응하고, 더 민첩하며, 내부 서류 작업을 덜 사무적으로 처리한다는 점 외에도, 대기업보다 전문화된 서비스를 더 효과적이고 효율적으로 제공할 수 있는 많은 요소를 가지고 있다. ABA는 재앙의 징조를 예측하고 있으며 많은 대기업들도 마찬가지이다. 기회는, 당신에게 절대적으로 유리한 작은 시장에 존재한다.

우리는 최고를 원한다

크고 작은 규모의 회사들이 틈새시장을 개척하게 되면서 소비자들은 점점 더 그런 제품과 서비스가 자신들의 요구를 충족시켜 주기를 바라게 되었다. 기업에는 특성화 주기가 있는데, 이는 모든 것에 대해 전문가를 원하는 분위기를 만들었다.

미국의료협회의 논문은 환자들이 특정한 건강상의 문제를 해결하기 위해 점점 더 전문가를 원하는 성향이 있음을 증명했다. 또한 크렘슨 대학은 사우스캐롤라이나 공원을 이용하는 사람들에게 맞춤 운동 시설을 제공해야 한다는 연구 결과를 발표했다. 이처럼 사회 전체가 전문가의 조언과 개인화된 관심을 원하는 고객의 요구를 충족하려고 노력한다.

이러한 성향이 유행하게 된 원인은 언론, 의사소통 수단과 직접적인 관련이 있다. 그중에는 인터넷도 있는데, 이는 아마 오늘날 전문화를 주도한 가장 일차적인 요인일 것이다.

아마존닷컴과 같은 거대 사이트만 보더라도 그런 전략이 실행되고 있음을 알 수 있다. 그들은 상품 보관함, 추천 도서, 이전에 구매한 분야를 바탕으로 전문적인 도서 추천 서비스를 제공한다. 나는 '수잔 님이 예전에 구입했거나 관심을 보인 도서를 바탕으로 ⋯⋯를 추천합니다'라는 글귀를 특히 좋아한다.

또한 더욱 좁은 폭의 시청자를 목표로 삼는 케이블과 위성 텔레비전 통신망이 급속하게 확산되고 있다. 과거에는 〈홈 앤가든 The Home and Garden〉이 유일했는데 지금은 〈파인 리빙 Fine Living〉, 〈두 잇 유어셀프 Do It Yourself〉, 〈홈 디스커버리 Home Discovery〉 등 가정과 관련된 채널들이 더 많이 생겨나고 있다. 이런 경향은 출판 매체에서는 훨씬 더 두드러진다. 『리더스 다이제스트』처럼 일반 독자를 대상으로 하는 잡지들이 여전히 가판대를 차지하고 있지만 『킥 퀼트 Quick Quilt』, 『이탈리안 그레이하운드 매거진 Italian Grayhound Magazine』 등 전문적인 제목을 단 잡지들이 수없이 쏟아져 나왔다. 위성 방송 쇼라는 새로운 형태가 등장하면서 히워드 스턴과 오프라 윈프리를 비롯한 많은 유명 인사들의 팬이 생겨났다. 나는 〈틈새시장을 개척한 수잔 프리드먼 토크쇼〉만 생각해도 웃음이 절로 난다. 당신은 채널을 돌리다가 내가 틈새 사업에 성공한 사람들을 인터뷰하는 모습을 볼 수도 있다.

수많은 프로그램이 엄청난 양의 컨텐츠를 요구하고 있다. 그렇다면 언론은 그런 컨텐츠를 어떻게 생성하는 것일까? 텔레비전과 라디오 쇼는 게스트가, 잡지는 기사가 있어야 한다.

전문가가 돼라

수많은 전문가들이 광고하고 싶은 서비스와 제품을 들고 텔레비전에 출연하거나, 자신의 열정에 대해 글을 쓰거나, 라디오 쇼에 불려나간다. 볼 스테이트 대학이 실시한 〈미들타운 미디어 연구〉에 따르면, 하루 평균 69퍼센트의 대중이 언론을 접할 때마다 전문가의 의견을 듣거나 읽는다고 한다. 이런 성향이 전문 지식에 대한 기대를 생성했다.

틈새 사업가의 성공은 그런 기대를 충족할 수 있느냐에 달려 있다. 구매 고객이 전문가를 원한다면 틈새 사업가는 전문가가 되어야 한다.

틈새 사업가는 어떤 점이 좋을까?

대기업은 틈새 전략을 적극적으로 검토하고 있다. 또한 소비자는 전문가를 원한다. 하지만 당신이 그런 전문가가 되어야 하는 이유는 무엇일까? 또 틈새 사업가가 되는 것은 당신에게 어떤 의미가 있을까?

틈새 사업가가 되는 것을 고려해야 하는 이유는 크게 네 가지를 꼽을 수 있다. 그리고 이 네 가지 이유에는 공통점이 하나 있다. 바로, 당신이 가장 효과적이고 효율적으로 사업 목표를 달성할 수 있게 도와준다는 것이다. 당신은 돈, 사람들의 존경, 같은 업계의 전문가들과 동료들의 인정, 어느 정도의 명성, 혹은 지금보다 약간 더 큰 성공만을 원할지도 모르지만, 틈새 사업가가 되면 전문 기술에 더 통달하고, 더 큰 만족, 명성, 승리를 경험할 수 있다.

틈새 사업가로서의 태도를 갖고 내가 제안하는 비밀 전략을 실천하면 군중에게서 떨어져 나올 수 있다. 그들과 다른 방향으로 헤엄치고 자신만의 길을 개척해서 '나는 다르다!'고 외칠 수 있는 것이다. 두려운가? 그럴지도 모른다. 그 대신 네 가지 좋은 점이 있다.

- 경쟁자가 줄어든다.
- 더 능률적으로 일하는 능력이 생긴다.
- 더 많은 수익을 올린다.
- 유명해진다.

경쟁자가 줄어든다

틈새시장 사업가들은 틈새시장에서 일하는 가장 큰 이점으로 경쟁이 줄어드는 것을 꼽는다. 언뜻 잘 이해되지 않는 말일지도 모른다. 틈새시장의 고객들은 제너럴리스트를 통해서도 각자의 요구를 쉽게 충족할 수 있을 것이기 때문이다.

수영장이 크면 수영하는 사람도 많아진다. 잘 생각해 보라. 큰 기회가 생기면 대부분의 서비스 전문가들은 큰 시장의 요구를 채우기 위해 시간과 노력을 쏟아 붓는다. 하지만 시장 단위가 작아질수록 시장은 좁아지고 거기에 시간과 노력을 투자하는 전문가들도 더 적어진다. 경쟁이 줄어드는 것이다.

예를 들어, 고객의 선택을 받을 수 있는 수많은 재무 설계사들이 있다고 하자. 한 고객이 은퇴 이후의 계획을 세워줄 전문가 한 명을 원한다면, 수많은 '다용도' 재무 설계사에 비해 선택받을 수 있는 수가 매우 줄어든다. 여기서 범위를 더 좁혀 장애 배우자를 돌보는 이들을 위한 은퇴 계획에 초점을 두는 재무 설계사를 찾는다면 경쟁은 현저히 줄어든다. 직접적인 경쟁이 전혀 없는 좁은 영역에 들어가 있는 것이다.

경쟁자들에게 이별을 고하고 떠나면 동시에 매출 증가를 기대할 수 있다. 또한 적절하게 광고를 한다면(이 문제에 관해서는 뒤에 가서 설명하겠다) 당신의 전문 지식을 자산 계획을 세우려는 고객들에게 노출시킬 수 있다. 그들은 당신을 요모조모 따져볼 뿐만 아니라 비슷한 상황에 놓인 가족, 친구, 지인들에게 소문을 낼 가능성이 크다. 지역 안에서 그들의 문제와 관심사에 대응할 전문가는 오직 당신뿐이기 때문이다.

당신이 자신의 틈새를 얼마나 잘 찾느냐에 따라 경쟁의 정도가 결정된다. 예를 들어, 어떤 주를 가더라도 협의가 잘 안 되는 양육권 분쟁을 전담하는 이혼 전문 변호사 수는 전체 변호사보다 항상 적다.

심각한 양육권 분쟁에 휘말린 사람이라면 자칭 이혼 전문 변호사라고 주장하는 일반 변호사와 그런 분쟁만을 전문으로 처리하는 변호사 중 누구에게 연락할까?

더 능률적으로 일하는 능력이 생긴다

모든 사람들에게 필요한 모든 것을 해결한다는 것은 아무리 강하고 건강한 사람이라도 감당하기 어렵다. 그런 역할을 하려면 고객들이 들고 오는 모든 문제에 대비해야 한다. 고객이 매일 찾아오든, 평생 한 번 찾아오든 마찬가지이다.

각각 다른 문제로 찾아온 3명의 고객과 상담을 해야 하는 재무 설계사를 상상해 보자. 첫 번째 부부는 자식의 대학 학비를 준비하고 싶어 하고, 두 번째 부부는 작은 사업 두 개를 처분하고 다른 사업을 시작하고 싶어 하며, 세 번째 부부는 정신 장애를 앓는 아들이 평생 연금을 받을 수 있는 유산을 남기고 싶어 한다.

세 고객은 완전히 다른, 특별한 도움을 바라고 있다. 그들은 전문가가 개인적인 상황에 맞는 철저하고, 완벽하고, 정확한 정보를 제공해 주기를 기대한다. 그것은 복잡한 일일까? 당연하다. 하지만 보통의 전문가들은 모든 사람들에게 모든 도움을 주기 위해 공통점이 전혀 없는 일들을 하려고 한다.

이번에는 자산 관리 계획을 전담하는 전문가를 상상해보자. 그는 고객들이 구체적인 문제를 들고 찾아올 것임을 미리 알고 있다. 고객들은 그의 전문 분야를 파악하고 대학 학자금을 마련하는 방법이라든가, 사업체 인수를 위해 자산 계획을 세우는 방법 따위에 대해서는 물어보지 않을 것이다. 따라서 그는 구태여 그런 문제들을 공부할 필요가 없다. 다른 일반 전문가들과는 달리 자산 관리 한 분야에서만 더 심층적인 지식을 습득하고 더 철저하게 이해하고 있으면 된다.

그래서 자산 관리 계획과 관련된 문제를 들고 고객이 찾아오면 그 분야에 대한 지식을 새로 확인하거나 최신 동향에 대응하려고 다급하게 연구할 필요가 없다. 그는 늘 준비되어 있으며, 다른 일반 전문가들보다 고객에게 더 훌륭하고 정확한 서비스를 제공할 수 있다.

더 많은 수익을 올린다

주변의 자동차 정비소를 한번 찾아갈 때마다 얼마의 비용이 들까? 아마 시간당 30달러나 35달러쯤 들 것이다. 그 정도면 나쁘지 않다. 하지만 마세라티를 타고 다니는 사람이라면 일반 자동차 정비소를 찾아가는 위험을 감수할까? 그가 그 근사한 스포츠카를 사느라 십만 달러가 넘는 돈을 지불했다면 답은 뻔하다. 그는 아무에게나 자신의 애마를 맡기지는 않을 것이다. 마세라티를 알고, 이해하고, 늘 다루는 사람, 다시 말해 마세라티 전문가를 찾을 것이라는 이야기이다.

그 전문가가 얼마를 청구할지 추측해보자. 힌트가 하나 있다. 분명 시간당 35달러는 넘을 것이다.

요컨대, 일반 기계공과 마세라티 전문가 모두 아주 비슷한 일을 한다. 점화플러그를 갈아 끼우고 점화시간을 조절하는 등의 일을 할 것이다. 하지만 그가 전문가라는 이유만으로 당신은 더 많은 돈을 지불한다.

서비스 전문가에게도 같은 개념을 적용할 수 있다. 대부분의 경우, 당신이 하는 일은 당신의 동료들이 하는 일과 크게 다르지 않다. 하지만 대중은 적절한 전문가에게 더 많은 돈을 지불하는 데 익숙해 있고 또 그렇게 하려고 한다. 따라서 그런 개념으로 무장하고 아래의 공식을 기억해야 한다.

더 철저한 전문화 = 더 많은 보수

유명해진다

서비스 시장에는 심각한 문제가 있다. 서비스 전문가들이 동일 업종 내에서 끝없이 도전을 받고 있다는 것인데, 똑같은 서비스를 제공하는 공급자들이 너무 많기 때문이다.

대중의 눈에는 변호사들이 별다른 차이가 없고, 재무 설계사들은 비슷비슷하며, 치료사는 흔해 빠졌다. 게다가 그들은 당신이 무슨 일을 잘하는지 거의 알지 못한다. 그저 회계사는 납세 신고를 처리하고, 마사지 치료사는 등을 문지르는 줄로만 안다. 정확히 어떤 서비스를 제공하는지 제대로 소개되지 못하고 있으며, 전문 분야에서는 특히 더 그렇다. 여기에 '직업상의 신비감'이 더해진다. 따라서 전문 분야를 설명하는 것이 복잡하고 혼란스러울 때는 일목요연하게 정리해야 한다. 이때, 전문용어를 나열하면 소비자는 거리감을 느끼고 당신이 종사하는 분야에 대해 더 자세히 알아볼 이유를 느끼지 못한다.

그런 상황은 계속 악화된다. 제너럴리스트는 대중이 잘 이해하지 못하는 동일한 서비스를 제공할 뿐만 아니라 아주 비슷한 방법으로 판매를 한다.

서비스 전문가 중에 마케팅의 중요성을 이해하는 사람은 거의 없다. 그들은 전화번호부에 광고를 싣고, 지역 상공회의소에 가입하고 나면 할 일을 다 했다고 생각한다. 심지어는 몇 푼 들여 지역의 유명 자선 행사를 후원하면서 '최고'의 마케팅을 하고 있다고 생각한다.

실제로 어떤 직업에서는 마케팅이 전혀 이루어지지 않는다. 광고를 하는 행위가 직업의 품위, 진지한 인성, 명예를 떨어뜨린다는 인식이 있기 때문이다. 법률 분야는 그런 경향이 특히 강하다. 어쩌면 '구급차만 따라다니는' 상해 전문 변호사 같은 인상을 풍긴다는 느낌을 갖고 있는지도 모른다. 거의 모든 주의 법률가협회는 협회의 명예를 지킨다는 이유로 변호사가 참여할 수 있는 광고의 종류를 명시하는 위원회를 두고 있다.

그러나 다른 서비스 전문가들과 마찬가지로 변호사에게도 입소문은 중요하다. 당신의 사업이 입소문에 따라 판매가 좌우된다면 한 가지 중요한 의문이 들 것이다.

아무도 당신의 말을 듣지 않는데 어떻게 입소문을 탈 것인가?

그러나 당신이 틈새 사업가라면 그것은 전혀 문제가 되지 않는다. 전문가의 정체성을 확립시키면 같은 업계의 전문가들과 차별화되어 대중에게 자신을 알릴 수 있다. 물론 재무 설계사는 수도 없이 많다. 하지만 당신은 TV에 나왔고 그들이 잘 보는 잡지에 나온 사람이다. 당신이 전문 지식을 갖고 있다고 판단하고 자신의 재산을 관리해 달라고 연락을 해오기 시작한다.

어떤 서비스를 제공하는지 분명하게 표현함으로써 대중이 당신의 직업에 대해 느끼는 혼란을 크게 줄일 수 있다. 세상에는 수십 개 분야의 치료사들이 있지만 필 맥그로 박사에게 전화를 거는 사람은 스스로 무엇을 원하는지 정확하게 알고 있다. 저돌적이라는 표현을 쓰는 사람도 있지만 그는 뛰어난 마케팅을 통해 직접 카운슬링의 틈새를 포착했다.

따라서 동종 업자들과 다른 마케팅 모델을 활용한다면 자신을 차별화할 수 있다. 틈새 사업가들은 흔하고 일반적인 전략에 의존하지 않고 '대중에게 교육과 정보를 제공' 하는 데 초점을 둔다. 그렇게 하면 자신이 어떤 일을 하고 있는지 자연스럽게 보여줄 수 있기 때문에 원하는 방향으로 사업을 이끌어갈 수 있다.

어떻게 띌 것인가?

틈새 사업가로서의 성공은 제너럴리스트 군단과 당신을 차별화하는 능력에 달려있다. 오늘날 제너럴리스트들이 범람하는 시장에서 개인은 그다지 눈에 띄지 않는다. 해변의 모래알과 다를 게 없다. 당신은 해변의 모래알보다는 금방 눈에 띄는 눈부신 파라솔이 되어야 한다.

당신의 파라솔을 세워라

틈새 사업가가 된다는 것은 전문가가 된다는 것과 같은 의미이다. 당신은 동종 업계의 전문가들과 일반 대중에게 길을 가르쳐주는 틈새시장의 권위자가 되고 싶을 것이다. 군중 속에서 우뚝(OUT) 서려면 그 속으로(IN) 들어가야 할 때가 있다. 그래서 틈새 사업가들은 이렇게 행동한다.

IN-spire(용기를 준다) : 틈새 사업가는 개척자다. 그들은 상업의 황무지를 건너는 새로운 길을 만들며 성공을 향해 항해한다. 다른 사람들은 그들의 성공을 본보기로 삼아 자신의 경력을 되돌아보고 어떤 인생을 살아야 할지 고민한다. 특정 틈새 사업가를 따라하는 사람이 있는 반면, 자신만의 미래를 찾기 위해 다른 방향으로 가는 사람도 있다.

IN-struct(가르친다) : 틈새 사업가는 교육을 한다. 정식 수업이든 동료에 대한 충고든 자신의 지식을 나누어준다. 업계의 행사에서 강연을 하고, 세미나를 열고, 다른 교육 통로를 활용하는 것은 틈새 사업가로서의 전문성을 입증하고 다지는 데 도움이 된다.

IN-form(정보를 준다) : 틈새 사업가는 고객이 정보에 밝을수록 만족하는 구매자가 될 가능성이 크다는 사실을 잘 안다. 따라서 고객의 문제를 직접 짚어주고 해법을 제시하며 전문 분야와 대중 간의 소통을 유도한다.

IN-Quire(연구한다) : 틈새 사업가는 자신의 일이 얼마나 적절하게 진행되는지 잘 알 뿐만 아니라 앞으로 어떻게 변하고 발전할 것인지도 파악하고 있다. 사람들은 늘 새로운 것에 관심을 둔다. 틈새 사업가가 새로운 유행에 대해 이야기하고, 질문을 하고, 그것에 관한 칼럼을 쓸 때 대중의 시선을 끌 수 있다.

틈새 사업가의 특전

틈새 사업가에게는 절대적인 이점이 있다. 자신의 미래를 스스로 관리하는 것에서부터 여행 일정을 결정하는 것에 이르기까지 다양하다. 그중에서 가장 좋은 점 몇 가지를 추려보겠다.

1. 틈새 사업가는 자신의 운명을 책임진다. 당신은 더 이상 구조조정을 당하는 직장인이 아니다. 당신을 해고할 수 있는 유일한 사람은 바로 당신뿐이다. 이런 사실은 특히 자주 반복되는 경제 침체기에 마음을 든든하게 해준다.

2. 그런 통제권은 사업의 모든 영역으로 확장된다. 당신은 원하는 곳에서 일할 수 있다. 나는 뉴욕 애디론댁 마운틴 중심부 깊숙한 곳인 레이크플래시드에서 사업을 운영하고 있다. 이곳은 아름답지만 상업과 산업의 중심과는 거리가 멀다. 중간 규모의 공항까지 두 시간이 걸려서 교통이 약간 힘들긴 하지만 그래도 이사를 하지 않고 있다.

3. 현대 기술의 혜택에 힘입어 세상 어디로든 갈 수 있다. 햇볕이 반짝이는 플로리다 해변을 좋아하는 사람은 마이애미에 가게를 차리면 된다. 아침에는 파도타기를 하고 오후에는 스키를 타고 싶은가? 웨스트코스트 지역을 물색해 보라. 세계 어느 곳으로 가도 된다.

4. 직업에 열정을 갖고 있는 사람은 일하러 가는 것 자체가 즐거움이다. 실제로 자기가 하는 일을 사랑할 때는 일이 일처럼 느껴지지 않는다. 게다가 제일 좋아하는 일을 하면서 돈까지 받는다. 의미 있고 만족스러운 성과를 이루어내려는 열정과 바람은 대부분의 사람들이 가장 가치 있게 생각하는 것이다. 이는 틈새 사업가가 갖춰야 할 중요한 면모이다. 나는 나의 특별한 'GEL 공식'의 비밀이 자신의 일을 사랑한다는데 바탕을 두고 있다고 생각한다. 이 이야기는 3장에서 계속할 것이다.

5. 틈새 사업가는 스스로의 판단에 따라 어떤 식으로든 사업을 발전시킬 자유가 있다. 창의적이고 최첨단을 걷거나, 보수적이고 냉정할 수도 있다. 당신의 이미지가 독특하면서도 판촉에 도움이 되는 한 세상은 당신 손에 달려있다.

6. 마지막으로, 틈새 사업가는 원하는 만큼 자기 분야를 깊고 철저하게 파헤칠 수 있다. 당신의 연구와 공부는 사업에 초점을 두면서도 당신의 관심사와 일치한다. 기술을 개선하는 과정은 한 분야를 파고드는 틈새 사업가에게 깜짝 보너스를 받은 것 같은 즐거움을 준다.

틈새 사업가로서 감수해야 할 것들

거짓말이 아니다. 모든 상황이 그렇지만 틈새 사업가에게도 불리한 면이 있다. 미리 알려 두어야 할 필요가 있으므로 중요한 몇 가지만 짚고 넘어가지만 길게 늘어놓을 생각은 없다. 나는 어디까지나 용기를 주고 싶은 것이지, 틈새 사업가가 되겠다는 결심을 흔들어놓으려는 의도는 없기 때문이다.

외로운 늑대의 재앙

1인 기업이나 작은 조직을 운영하는 틈새 사업가는 혼자 사업을 운영하는 것이 아주 힘들다는 사실을 곧바로 깨닫는다. 우편물 발송, 전화 응답, 홈페이지 관리와 같은 힘든 노동이 그 원인일 때가 많다. 당신이 더 큰 업체에서 일할 때는 다른 사람이 그런 일들을 했다.

시간이 걸리고 엄두가 나지 않는 그런 일들은 좌절감의 원인이 될 수 있다. 당신이 사업을 시작한 것은 능력 있는 치료사이기 때문이지, 택배 회사에 전화를 걸어 퇴근 시간 전에 들러달라고 요청하는 것을 좋아하기 때문이 아니다. 소규모 사업을 운영하면서 그런 번거로운 일들이 업무의 흐름을 방해한다면 간판을 내건 진정한 목적이 무엇이었는지 회의감이 들 수도 있다. 실제로 해보기 전에는 사무실을 차리고 정리하는 데 얼마나 많은 시간이 걸리는지 모르기 때문이다.

불행히도, 그런 일은 시작부터 발생한다. 전문적이거나 또는 아주 생소한 모든 일들이 당신의 몫이다. 사무실 관리, 장부 기재, 홈페이지 관리, 사업 마케팅과 광고 등 끝도 없다. 잡다한 일들을 대신할 사람을 고용할 수 있을 때까지 사업을 확장하겠다고 마음을 단단히 먹어라. 나는 당신이 시간을 잡아먹고 비용 효율이 떨어지는 데도 억지로 일을 붙잡고 있기보다는 외부에서 조달(아웃소싱)해서 해결하기를 강력히 권한다.

하루 25시간을 살게 된다

나는 솔직하고 정직하게 독자들에게 이야기하려 한다. 특히 자영업을 시작하는 초창기에는 편안하고 걱정 없던 정시 출퇴근 직장에서 일할 때보다 시간이 훨씬 더 빨리 간다. 당신은 다른 사람 밑에서 일할 때보다 더 많은 시간을 일에 매달린 채 자기 자신을 재촉하는 최악의 상사가 될 것이다. 정말 장담한다. 나는 내기를 좋아하지는 않지만 돈을 걸 수도 있다.

틈새 사업가는 해가 지고 달이 높이 떠오를 때까지도 사무실을 지키는 것으로 유명하다. 왜 그럴까? 사업을 키우고 발전시키려는 욕심은 매우 중독성이 강하다. 당신은 모든 것을 사업에 바치고 싶어진다. 하지만, 조심해야 한다.

과로, 피로, 배우자의 불평, 짜증을 피하고 싶으면 배터리를 충전해야 한다. 이 중요한 충고를 무시하면 원하는 것을 이루기도 전에 완전히 지치고 만다.

성공에는 가격표가 따라붙는다

틈새 사업가는 스스로 특별한 시장의 '전문가'로 나서기 때문에 성공한다. 이런 성공에는 가격표가 따라붙는다. 어떤 종류의 틈새든 전문가는 자기 분야에 통달해야 한다. 당신에게 모든 책임이 있으며, 전문 분야나 사업에 대해 말할 때는 그 사실에 110퍼센트 확신하고 있어야 한다. 잘못된 정보를 제공하면 전문성이 급격히 떨어진다. 목표 시장에서 당신의 전문성에 의문을 품거나 의심할 여지를 남겨서는 안 된다.

혼자 일하면 외로울 때가 많다. 자판기 앞에 모여 잡담을 하면서 주고받은 우정과 조언을 포기한다고 무슨 큰일이 나지는 않겠지만, 짜증덩어리 복사실 직원마저 그리워지는 기나긴 수요일 오후도 있을 것이다. 모든 사람들에게 동료와 동료애가 필요하다는 사실을 기억하라. 대인관계에 관한 이야기는 6장에서 계속하기로 하자.

패트리샤 레이몬드 박사

패트리샤 레이몬드 박사는 환자에 대한 의사의 동정심 감퇴를 예방하는 '알엑스 포 세니티(Rx for Sanity)'와 유머와 위장병학을 조합한 사업인 '심플리 스크리닝(Simply Screening)'을 운영한다. 또한, 공영 라디오 방송국인 NPR의 인기 라디오 프로그램 '하우스 콜스(House Calls)'의 진행자이기도 하다.

더 많은 정보가 필요하면 www.rxforsanity.com으로 가보기 바란다.

레이몬드의 조언

"사실 위장관(Gastrointestinal tract)보다 더 우스운 것도 없어요. 내시경 검사를 받으면서 안 웃는 사람이 이상하죠."

레이몬드는 위장병 전문의인 자신의 전문성과 자칭 타고난 유머 감각을 조합해서 틈새를 찾았다. 그녀는 어떤 유머 감각을 갖고 있었을까? 위장 건강을 강조하는 그녀의 책 제목 『웃기는 위장 내시경 Colonoscopy: It'll Crack U Up』만 봐도 알 수 있다. 누군가를 웃기는 능력은 이력서에서는 잘 드러나지 않는다. 하지만 레이몬드는 그 능력 덕에 특별한 시장을 개척했다.

"틈새를 찾음으로써 내가 원했던 일을 할 수 있었어요. 난 향후 10년 계획을 미리 세워두었어요"라고 레이몬드는 쓰고 있다. 그녀는 사무실에서 보내는 시간을 줄이는 것도 계획에 넣었다. 물론 환자 치료를 계속하는 것이 자신의 신뢰도에 중요하다는 것을 알고 있다. 그러나 '전문가'가 되는 과정이라고 생각하고 방송, 강연, 글쓰기 등 자기가 좋아하는 일에 더 많은 시간을 투자하고 있다.

지혜 한마디

우리가 시장성이 없을 것이라고 무시한 능력이 군중과 우리 자신을 차별화하는 능력으로 밝혀질 때가 있다. 특별한 서비스를 제공할 수 있을 것 같은 자신의 능력을 곰곰이 생각해 보라.

2장
요약

1. 틈새 사업은 유행처럼 빠르게 확산되고 있다.

2. 구매 대중은 '전문가'를 원한다.

3. 암기할 공식: 더 철저한 전문성=더 많은 보수

4. 틈새 사업가는 자신의 운명을 통제한다.

5. 틈새 사업가는 남보다는 자기만족을 위해 더 열심히 일한다.

MICRO
BUSINESS

최고의
틈새를 찾아라

처음 틈새 사업을 시작하면 당신이 자기 자신의
상사이자 직원이 될 가능성이 크다. 그러므로 당신은 스스로 동기를
부여하면서 응원을 해주어야 한다. 하지만, 자기가 하고 있는
일과 사업에 대한 열의가 없으면 그렇게 하기 어렵다.

PART 03

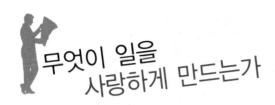

무엇이 일을 사랑하게 만드는가

새로운 사업을 시작하든 현재의 사업을 더 키우든 사업가의 머릿속을 떠나지 않는 의문이 있다. '내게 최고의 틈새는 무엇일까?'

지금쯤 당신은 틈새 사업가가 되는 것을 심각하게 고민하고 있을 것이라고 믿는다. 그렇다면 가장 중요한 의문에 대한 답을 찾아야 할 때이다. 이 장의 목표는 오로지 그것뿐이다. 시간 낭비는 그만두고 곧바로 문제의 핵심으로 들어가자. 지금부터 나를 잘 따라다니기 바란다. 당신이 성공할 수 있도록 시장의 틈새를 발견하는 중요한 전략과 기술을 알려주겠다.

당신에게 최고의 틈새는 무엇일까?

단순하면서도 아리송한 이 질문의 답을 가능한 한 일찍 찾아야 한다. 당신의 작은 사업에 가장 적합한 틈새를 선택하는 것은 기술이면서도 과학이다. 다시 말해, 공부, 일, 혹은 관찰로 터득한 기술이 필요하며, 그런 지식은 경험에서 나온다. 그것은 성공으로 가는 여행을 막 시작한 초보자나 시장의 노련한 제너럴리스트나 모두 마찬가지이다.

이 책의 핵심은 가능한 한 쉽고 빠르게 틈새 사업의 명수를 만드는 것이다. 내가 제안하는 'GEL 공식'이 의사 결정의 기초가 되리라 생각한다. 틈새를 메울 접착제 혹은 청사진을 이용하면 각자 원하는 방향을 그려보고 가장 집중해야 할 목표 고객에게 최선을 다할 수 있다.

비밀은 무엇인가?

성공 비법은 본래 흔하고 단순하지만 모두 협력하면 큰 위력을 발휘한다. 'GEL 공식'은 성공에 도달해서 높은 수익을 올릴 수 있는 최고의 잠재력을 가지고 있는 분야를 찾는 것인데, 모두 세 개의 영역으로 이루어진다.

성공으로 가는 여행을 출발하려면 그 모두를 정확하게 알아야 한다.

비밀 성공 요소 1 : G = Growing(성장)

전력을 다해 공략할 시장을 찾을 때는 현재 성장하는 추세에 있는 시장에 눈길을 돌리기 바란다. 거대한 주제 영역과 크게 관련이 없는 소규모 사업의 경우, 상승 중이거나(레크리에이션), 느리거나 침체되었고(의료 장비), 하락세에 접어들었거나 완전히 쇠락한(잡화 제조업) 시장이나 산업이 있다. 경제는 거인 뒤에 숨어있는 힘이다. 당신이 할 일은 어떤 사업이 어떤 추세에 있는지 간단하게 조사를 하는 것이다.

'틈새 사업'에서 돈을 버는 것을 가장 중요하게 생각한다면 어떤 분야가 꾸준히 성장하고 있는지 조사해서 그 결과에 따르기 바란다. 절대 하지 말아야 할 일은 하락세에 있는 분야에서 헛물만 켜는 것이다.

미국 노동성 발표에 따르면, 오늘날 최고의 직업이 속한 분야, 다시 말해 성장 추세에 있는 분야는 다음과 같다.

- 식품 서비스
- 교육 서비스
- 직업, 과학, 기술 서비스
- 이동 의료 서비스
- 요양원과 거주 간호 시설
- 병원

- 전문 건설업

- 사회복지

- 관리와 지원 서비스

- 신용 중개업

- 화학 제조업

- 증권, 상품, 투자

- 놀이, 도박, 여가 활동

- 기업과 사업 관리

- 건설업

- 숙박업

위의 목록을 충분히 검토한 다음 어떤 것에 눈길이 가는지 고르라. 하지만 지리적인 문제도 고려해서(이 장의 끝에서 조금 더 자세하게 다룰 것이다), 지역 관청의 노동부를 통해 업계의 정보를 확인하라. 미국인 독자들은 홈페이지 www. projection scentral.com에 들어가 주 정부가 소개하는 중장기 직업 전망을 참고하기 바란다(한국의 경우 한국 고용정보원의 워크넷 www.work.go.kr, 한국직업능력개발원 인터넷 사이트 등에서 관련 정보를 얻을 수 있다. _ 편집자).

성공 가능성이 있는 최고의 분야를 결정할 때는 다음의 비밀 성공 요소도 고려해야 한다.

비밀 성공 요소 2 : E = Experience (경험)

나는 '경험'이 성공에 중요하지만(틈새 사업을 추진할 때 큰 도움이 된다), 반드시 필요하다고는 생각하지 않는다. 이 요소의 본질은 장차 쌓아갈 것보다는 현재의 상황에 초점이 놓여있다. 어느 분야의 전문가가 되어 경험을 쌓는 과정은 하룻밤에 완성되지 않는다. 경험을 축적하려면 시간과 노력, 그리고 특별한 직업, 분야, 시장에서 필요한 것들을 배우려는 진지한 열정이 필요하다.

지금부터 당신이 공부나 실제의 업무 경험을 통해 이미 갖고 있는 지식과 기술 쪽으로 관심을 놀려보자.

내 고객의 대부분은 해고, 직장에 대한 염증, 아니면 단순히 현재의 상황을 바꾸려는 바람을 가지고 사업 쪽으로 눈길을 돌린다. 그들은 자신의 운명을 스스로 통제하고 싶어 한다.

이 책의 서두에서 언급했듯이 나는 해고를 세 번이나 당한 뒤에 나 자신과 약속을 하면서 여행을 시작했다. 다음 직장에서는 오로지 나만이 나를 해고할 수 있게 하겠다고 맹세했다.

내 고객과 나 자신의 경우, 과거의 업무 경험이 '틈새 사업'을 시작할 분야를 정할 때 가장 중요한 결정 요인이었다. 고객이 도망치고 싶었던 분야로 되돌아가라는 소리에 펄쩍 뛸 때도 나는 직업이나 업무 환경에서 좋았던 것과 나빴던 것을 객관적으로 구별하도록 했다. 그러면 그들은 한동안 열정을 바쳤지만 이런저런 이유 때문에 언젠가부터 열정을 잃게 된 한 영역을 찾아낸다.

경험은 틈새의 주춧돌 역할을 한다. 그것은 주력할 분야, 시장의 종류, 혹은 관심사를 결정하는 데 도움이 된다. 예를 들어, 간호사였던 사람은 병원의 교대 근무에 신물이 나 있을지도 모르지만 건강관리 분야에서 구체적인 틈새를 찾을 수도 있다. 굳이 많은 조사를 해보지 않아도 건강관리 분야에 경험이 있는 사람은 같은 분야의 사업에서 성공할 확률이 높다. 카렌은 아주 좋은 예이다.

노련한 간호사인 카렌은 건강관리 쪽 일을 계속한다는 생각만 해도 정말 싫었다. 하지만 그 분야의 지식과 기술에 대해 고민을 거듭한 끝에 자신의 유머 감각을 잘 활용할 수 있겠다는 판단이 들었다. 그래서 간호사를 비롯한 병원 직원들에게 직장에서 유머를 통해 스트레스를 줄이는 방법을 가르치는 틈새를 개척했다.

존 역시 훌륭한 본보기다. 꽤 유명한 지압사인 그는 자신만의 성공 전략을 바탕으로 동료들에게 사업체를 성공적으로 운영하는 방법을 가르치기 시작했다. 몇 년 동안 개인 사업과 교육을 병행한 그는 교육 쪽이 훨씬 더 매력이 있다는 것을 알았고 지금은 전 세계를 다니며 성공 공식을 전파하고 있다.

카렌과 존에 대한 고객들의 신용은 확고하다. 그들은 '그곳에 있었고 그 일을 해본' 사람들이다. 고객의 신뢰를 받고, 그들의 상황을 충분히 이해하고 공감하는 사람들인 것이다. 아무런 경험도 없는 사람이 이 두 사람에게 너무도 자연스럽게 따라온 신뢰를 쌓으려면 몇 년이 걸릴지 모른다.

비밀 성공 요소 3 : L=Love (사랑)

나는 자기가 하는 일을 사랑하거나 아니면 적어도 진심으로 좋아해야 한다고 믿는다. 그것이 그 일을 하는 목적이나 이유 뒤에 숨은 원동력이기 때문이다. 자기 일에 대한 사랑은 아침마다 침대에서 꾸물거리고 싶은 유혹을 이겨내게 해준다. 그런 사랑이 없으면 어떤 '틈새 사업'을 하든지 오래 버티지 못한다. 경험은 틈새를 구축하는 주춧돌이며, 목표와 열정은 가던 길을 계속 가게 하는 자극제이다. 특히, 큰 어려움과 장애물을 만났을 때는 더욱 그렇다.

처음 틈새 사업을 시작하면 당신이 자기 자신의 상사이자 직원이 될 가능성이 크다. 그러므로 당신은 스스로 동기를 부여하면서 응원을 해주어야 한다. 하지만 자기가 하고 있는 일과 사업에 대한 열의가 없으면 그렇게 하기 어렵다.

무엇이 일을 사랑하게 만드나?

이 질문에 대한 대답은 당신의 개인적인 동기에 있다. 자신을 진실로 설레고 열정적이게 만드는 것에 대해 생각해보라. 잘 안 되면 가족이나 친구들과 만나 무엇이 당신을 자극하는지를 의논해보라.

아래는 작은 두뇌 세포들을 움직이는 몇 가지 예이다.

● 성공하는 것
● 인정받는 것
● 사회에 기여하는 것
● 즐기는 것

개인적으로 나의 동기는 다른 사람들의 성공을 돕는 것을 아주 좋아하는 성격에 있다. 남을 돕는 것은 내 인생에서 아주 중요하다. 남을 돕고 내 노력의 결실을 바라보면서 큰 힘과 용기를 얻는다. 예를 들어, 당신의 동기는 어마어마하게 많은 돈을 버는 것일 수가 있는데, 그것은 대단한 경제적 성공을 원하는 것으로 해석된다. 모험을 좋아한다면 즐거움과 자유를 원하는 것으로, 또 유명해지고 싶다면 인정받기를 원하는 것으로 해석할 수 있다.

당신의 동기가 무엇이든 자기 일을 사랑하려면 가슴의 불을 지피고, 열정이 한결같도록 그 불을 잘 지켜야 한다.

취미와 일

이 이야기에 많은 시간을 할애하고 싶지는 않지만, 의사결정 과정에서 자신의 동기가 얼마나 도움이 되거나 되지 않는지를 이해하는 것은 정말 중요하다.

사전에서 '취미'란 말을 찾으면 '일정한 직업 밖에서 오로지 재미를 위해 참여하는 활동이나 관심사'로 정의되어 있다. '오로지 재미를 위해'라는 구절은 이 정의의 핵심이다. 사람들은 흔히 자기가 취미를 무척 즐긴다는 이유만으로 그것을 사업으로 바꿀 수 있다고 생각하기 쉽다. 이는 중대한 실수이며 취미를 갖고 있는 사람들은 조심해야 한다. 나는 현실을 깊고 세심하게 관찰하라고 말하고 싶다. 성급한 결정을 내리기 전에 다음 일곱 가지 질문을 자신에게 해보기 바란다.

1. 취미를 실행 가능한 사업, 예를 들어 공간, 원재료, 직원 등으로 바꿀 수 있는 근거는 무엇인가?
2. 이 일을 하려면 비용 – 효율적으로 얼마나 유리한가?
3. 비용/돈은 얼마나 드는가?
4. 제품/서비스를 어떻게 알릴 것인가?
5. 유통 경로는 어떻게 개척할 것인가?
6. 제품/서비스의 가격은 어떻게 정할 것인가?

7. 취미로 사업을 해도 여전히 즐거울 것인가?

이는 완전하지는 않지만 몇 가지 고민하고 생각해보아야 할 상식적인 질문들이다.

예를 들면, 나는 퀼트나 요가에 관심이 많지만 그것이 사업 아이템으로 가치가 있다고는 생각하지 않았다. 물론, 몇 년 전에 시간제로 학생을 가르치기 시작하면서 요가 강사로 나서고 싶은 유혹도 느꼈다. 하지만 더 심각하게 생각을 해보고 장단점을 꼼꼼히 따져본 끝에 그냥 취미로만 즐기는 게 최고의 선택이라는 결정을 내렸다.

틈새 사업가가 내려야 할 결정

세 가지의 'GEL 공식'을 숙지한 다음에 할 일은 다음 질문을 더 깊이 생각해 보고 구체적인 답을 찾는 것이다.

1. 구체적으로 어떤 분야/시장/직업에 집중하고 싶은가?
2. 그 분야 안에서 구체적으로 어떤 영역에 집중하고 싶은가?
3. 구체적으로 어느 지역에서 일하고 싶은가?

이 질문들에 대해 조금 더 깊이 들어가 보자. 그러면 자신이 원하는 것을 기준으로 가장 적당한 틈새를 찾아낼 수 있다.

구체적으로 어떤 산업에 집중하고 싶은가?

카렌이나 존의 예처럼 당신이 아주 익숙하거나 집중하고 싶은 산업, 시장, 혹은 직업이 있을지도 모른다. 그 길을 따라가는 방법은 간단하면서도 학습량을 줄여준다.

나의 경우, 무역박람회에서 쌓은 경험과 마케팅, 홍보 쪽 배경 덕분에 전시 사업을 시작하기가 쉬웠다.

당신은 어떤가? 자신과 자연스럽게 어울리는 것은 무엇인가? 직업으로 삼고 싶을 만큼 매력적인 분야는 무엇인가?

나는 틈새 사업 워크숍에서 한 가지 이상의 분야에서 틈새를 찾는 것이 가능하냐는 질문을 자주 받는다. 내 대답은 '일단 한 분야에서 전문가로 알려지는 것이 중요하다' 는 범위를 벗어나지 않는다. 나도 당신이 쉽게 해내기를 바란다. 그러나 이 책을 읽는 동안 알게 되겠지만, 인정받는 전문가가 되고자 선택한 분야나 직업에 침투하려면 노력과 끈기가 필요하다. 두 개 이상의 분야에 시간과 에너지를 분산시키면 어느 한 분야의 지위가 약화되거나 희석되기 마련이고, 결국 당신이 바라는 위치에 오르는 기간이 더 길어진다. 그래도 할 수 있을까? 물론 가능하다! 하지만 추천하고 싶지는 않다. 적어도 처음에는 안 된다. 일단 한 틈새에서 전문가 자리를 완전히 굳힌 다음에 다른 것을 시도하는 것은 괜찮다. 이 문제에 관해서는 12장에서 더 이야기하기로 하자.

그 분야 안에서 구체적으로 어떤 영역에 집중하고 싶은가?

범위를 좁힐수록 특히 마케팅에 힘이 덜 들어간다. 틈새를 개척하는 초기단계에는 목표를 더 분명히 설정할수록 수월하다. 처음에는 반신반의할지도 모르지만, 책을 계속 읽는 동안 그 과정을 이해하게 될 것이다. 실제로 테스트를 거쳐 검증된 'KISS 공식'(Keep It Sweet and Simple:달콤하고 단순하게 하라)이 있는데, 그 마법은 다른 분야에서와 마찬가지로 여기에서도 효과가 있다.

이 장의 끝에서 자신만의 틈새를 굳히기 위한 기본 원칙들을 소개할 것이다. 이처럼 기본 원칙을 다지면 다양한 분야를 살펴 전문성을 개발할 몇 개의 영역으로 범위를 축소할 수 있다.

그러나 틈새는 분명한 곳에 숨어있다. 가정주부였던 테리는 아이들에게 배변 훈련을 시킬 독특한 방법을 찾았다. 그리고 지금은 그 발견을 이용해 '배변 훈련 부트 캠프'와 '배변 훈련 테마 파티'를 열고 있다. '변기 의사'로 더 많이 알려진 테리의 『하루에 완성하는 배변 훈련』은 베스트셀러가 되기도 했다. 테리는 부모에게 흔한 일상을 무심코 지나치지 않고 자신만의 특별한 틈새로 만들었다. 내가 보기에 그녀는 시장을 독점하고 있다. 누구든 그 시장의 틈새를 비집고 들어가려고 한다면 테리와 차별화되기 위해 철저하게 연구해야 할 것이다.

나의 경우, 홍보와 마케팅 분야에서 쌓은 경력과 의사소통 방법에 대한 깊은 관심을 결합하여 틈새를 찾을 수 있었다. 나는 내가 만든 '전시 마케팅의 4P-계획(Planning), 홍보(Promotion), 사람(People), 생산성(Productivity)'을 가지고 고객을 돕는 데 중점을 두었다. 또한, 그들이 무역박람회에 참여할 수 있는 길을 만들었고, 그들의 상표에 담긴 메시지를 전달했고, 무역박람회 방문자들과 뜻 깊은 교류를 할 수 있는 알짜 기술을 그들의 직원들에게 가르쳤으며, 박람회 이후의 활동을 극대화하는 방법을 알려주었다. 그처럼 구체적인 영역을 정하면 목표 고객들이 나에게서 무엇을 얻을 수 있는지 정확하게 이해할 수 있도록 홍보할 수 있다.

구체적으로 어느 지역에서 일하고 싶은가?

틈새시장의 범위를 좁히기 위한 또 다른 방법은 주력할 지역을 선택하는 것이다. 구역, 지역, 전국, 혹은 국제적인 위치를 모두 정할 수 있다. 이때 결정에 가장 큰 영향을 미치는 요소는 목표 시장이 살아있거나 효율적이어야 한다는 것이다. 예를 들어, 의사, 치과의사, 지압사, 회계사, 혹은 마사지사는 주요 고객층의 근거지인 지역 사회에 주력한다. 그들의 서비스를 받으러 먼 곳에서 올 사람은 잘 없기 때문이다. 물론 누군가가 특정 분야에서 전문가로 소문나면 아무리 먼 길도 마다 않고 찾아오는 사람들도 있다.

내 딸 야엘은 보스턴 외곽 쪽으로 한 시간 거리에 있는 소도시에 마사지 치료소를 차렸다. 야엘은 내 조언을 받아들여 주변 지역의 다른 마사지 치료사들과 차별화되고자 노력했다. 또한, 목표 고객들의 인구 통계와 심리적인 면(가치관, 생활방식, 태도)을 관찰하고 그들 중 다수가 골프를 친다는 사실을 알았다. 그래서 주변의 여러 골프장에서 골프 마사지를 제공하는 틈새 사업을 벌였다. 많은 고객들은 야엘의 서비스를 받으려고 30분에서 60분 걸리는 거리도 아랑곳하지 않는다. 왜 그럴까? 그런 서비스를 제공하는 사람이 야엘 뿐이기 때문이다.

생산성 향상 전문가이자 강사인 로라 스택은 또 다른 방법을 시도했다. 어린 아이가 둘인 로라는 집에서 가까운 곳에서 일하고 싶어 강연 사업을 위한 마케팅 지역을 반경 300킬로미터 이내로 제한했다. 대신 홈페이지를 이용해서 다양한 제품과 서비스를 파는 기염을 토하고 있다. 반대로, 나는 세계를 돌아다니며 즐겁게 고객들을 가르친다.

판매할 아이템을 기준으로 가장 적절한 지역을 결정하라. 인터넷 사업을 시작하려는 사람은 모든 의심의 그림자를 걷어버리고 '세상이 모두 내 것'이라고 생각하기 바란다.

틈새에서 부자가 되는 비결

선택한 분야, 시장, 직업 안에서 구체적인 틈새를 찾으려면 어디에 큰 기회가 있는지 파악하는 연구도 필요하다. 현실을 파악할 때 기억해야 할 가장 중대한 요소는 주요 (비밀) 원칙에 집중되어 있으며, 그 비밀은 이 책의 전제이기도 하다. 틈새에서 진정으로 부자가 되고 싶다면, 시장에서 차별화되고 싶다면, 그리고 하나의 범주에 속하고 싶다면, 반드시 그것을 궁극적인 목표로 삼아야 한다. 그렇다면, 주요 (비밀) 원칙이란 무엇일까? 성공을 위해 내가 제시한 나른 청사진들처럼 그것은 단순하면서도 잠재성이 높다.

반드시 '전문가가 되도록' 노력해야 한다. 전문가의 지위는 당신을 군중에게서 완전히 분리하는 이점을 준다.

그 이점 중 몇 가지를 꼽으면 다음과 같다.

- 소비자들이 당신의 제품이나 서비스를 구매하고자 찾아온다.
- 언론에서 인터뷰를 의뢰한다.
- 홍보비용이 줄어든다.
- 타인이 당신을 홍보하기 시작한다.
- 개인이나 단체가 당신과 만나고 싶어 한다.

현재의 특별한 위치가 가진 어마어마한 가능성을 과소평가하지 마라. 그것이 당신을 기대하지 않던 많은 곳으로 데려갈 수도 있기 때문이다. 중요한 것은 전문가라는 위치를 가능한 한 다양한 방법으로 알리는 것이다. 이 문제는 책 뒷부분에서 다시 소개할 것이다.

성공할 틈새를 찾기 위한 5가지 기본 원칙

전문가가 되는 것은 원하는 틈새를 깊이 파고 '기회'라는 보물을 끄집어낼 수단이다. 내가 제시하는 기본 원칙들은 그 과정을 간단하게 할 수 있는 보물 상자의 열쇠이다. 하지만, 5가지 모두가 꼭 필요하지는 않으며, 하나하나가 당신이 자신의 파이 조각을 어디서 찾아내야 할지 알려줄 것이다.

1. 기본 원칙 : N＝Needs(수요)

모든 산업이나 직업은 다양한 종류의 수요를 갖고 있다. 그것을 찾으면 땅속에 있는 진정한 성공을 파낼 수 있다. 필요한 것을 제공할 수만 있다면 손닿는 곳에 금광이 있을 수 있다. 그런 수요에는 어떤 것이 있을까? 다음은 당신이 제공할 수 있을지도 모르는 몇 가지 수요 목록이다.

- 다양한 기술 훈련에 대한 수요
- 요구 분석에 대한 수요
- 다양한 자료에 대한 수요
- 법규에 대한 수요
- 보안에 대한 수요
- 교육에 대한 수요
- 신기술에 대한 수요

이중 하나라도 일치하는 것이 있다면 나는 '얼른 가서 금을 캐라'고 권하고 싶다.

2. 기본원칙 : I=Identify trends(유행을 찾아라)

모든 산업이나 직업이 유행의 영향을 받는다. 유행이 번갯불처럼 빠른 산업이 있는가 하면 달팽이가 기어가는 것보다 느린 산업도 있다. 유행이 빠르게 변하는 분야는 느린 분야보다 훨씬 더 많은 시간과 노력이 필요하다. 게다가 기술이나 패션 같은 분야에서는, 유행이 업계 전반에 영향을 미칠 만큼 지속적인지, 아니면 '눈 깜짝 할 사이에' 왔다가 누군가의 레이더망을 건드리지도 않고 지나가는 일시적인 것인지 구별해야 한다.

그런 유행을 찾으려면 어디로 눈길을 돌려야 할까? 먼저, 다음을 확인해 보라.

- 업계와 사업 관련 신문과 잡지
- 전문 분야의 출판물
- 무역 협회
- 산업 박람회와 회의

3. 기본 원칙 : C=Challenges(문제)

업계와 직업은 매일 문제에 직면한다. 그중에는 여러 환경에 공통적으로 존재하는 문제도 있고, 당신이 파고들려고 결정한 틈새에만 있는 특수한 문제도 있다. 무엇보다도 목표 시장에 심각하게 영향을 미치는 문제를 인식하고 집어내는 것이 중요하다.

홈페이지를 검색하고 업계의 출판물을 읽어보면 일반적인 문제를 알아내기는 쉽다. 하지만, 해결법을 찾으려고 뛰어들기 전에 일차적인 조사를 하라고 권하고 싶다. 먼저, 업계에 종사하는 사람들에게 그들의 관심과 문제에 대해 물어보는 것도 좋다. 간단한 질문이나 조사를 통해 다각도로 활용할 수 있는 좋은 정보를 얻을 수 있다. 이때 중요한 것은 어떤 질문을 던질지 철저하게 연구하고 대답에 귀를 기울이는 것이다. 그렇다고 그들의 문제를 해결하라는 것은 아니다. 그냥 가능한 한 많은 관심을 보여주기만 하면 된다.

당신에게 닥칠지도 모르는 업계의 문제들을 꼽아보았다. 하지만, 꼭 아래의 목록에 국한된 것은 아니다.

- 숙련된 인력을 채용하고 보유하는 것
- 운영비 조절
- 일반적인 경쟁
- 지적 재산 보호
- 규제 준수 관리
- 가격 압력과 수익 감소
- 혁신 상품이나 서비스 개발에 성공하는 것
- 생산성 향상
- 다양한 시장에서 성장성을 유지하는 것

4. 기본 원칙 : H=Help(도움)

업계가 고심하고 있는 문제들을 찾아내면, 문제 해결의 기초가 될 강력한 정보를 얻은 것과 같다. 의사도 증상을 알아야 치료약을 처방할 수 있는 것이다. 업계의 문제에 실행 가능한 해법을 생각해낼 수 있다면 이미 전문가의 길에 들어선 것과 같다. 하지만, 길을 가로막을지도 모르는 '변화' 라는 흉한 장애물을 조심해야 한다. 개인은 천성적으로 '변화' 에 저항한다. 당신이 제안하고 싶은 해법의 대다수가 대안적인 행동 계획이므로 마음을 다잡고 저항에 대비하라.

5. 기본 원칙 : E=Explore Groups(집단 조사)

마지막 다섯 번째 원칙을 '집단 조사' 대신 '중요한데도 무시하게 되는 것' 이라고 부르는 편이 나을지도 모르겠다. 나는 이 책을 준비하는 동안 나의 마케팅 전략을 되짚어보았다. 그리고 그제야 그것을 생각해냈다. 다른 전략들과 마찬가지로 분명하고 중요한데도 말이다. 나는 너무도 무심결에 그 전략을 이용하고 있었던 것이다. 내 제품과 서비스를 홍보하는 것을 당연한 것으로 여겼기 때문이었다.

목표 고객의 범위 안에서 집단 조사를 한다는 것은 그 분야에 있는 모든 공급자들을 살펴본다는 의미이다. 직접적이든 간접적이든 그들 모두는 동일한 목표 고객을 갖고 있다. 한 분야의 제품과 서비스를 사용하는 모든 고객들이 동일하다는 것이다.

나는 워크숍에서 전시 업계의 예를 들어 이 개념을 설명한다. 여기서도 당신이 그 개념을 충분히 파악하고 그것의 힘을 이해할 수 있도록 똑같은 예를 들겠다.

나는 전시 분야에서 주요 공급 업체를 8군데로 정한다.

- 전시업체
- 전시 기획자
- 설치 업체
- 운송
- 광고 전문가
- 리드 관리
- 인터넷 회사
- 컨설턴트

다음 도표에서 각 공급자들이 이 환경의 최종 소비자인 전시업체와 어떤 관련이 있는지 알 수 있다. 전시업체는 개별 공급자들이 그다지 관심을 두지 않고, 간혹 그렇더라도 아주 간접적으로만 관심을 두는 전제 공급자에 대한 정보를 갖고 있다. 예를 들어, 전시업체의 고객들이 광고 전문가에 대한 관심을 표출하면 전시업체가 그 연결고리가 될 수도 있다.

이것은 단순한 예에 불과하며, 한 분야의 모든 업체가 어떤 역할을 하는지 꼭 알고 이해해야 할 필요는 없다. 하지만, 내가 알게 된 사실은, 직접적이든 간접적이든 각 업체가 나의 판매

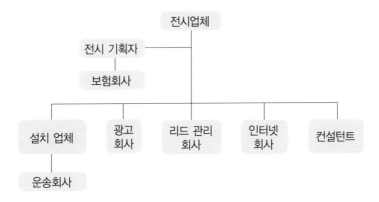

전시업에서 개별 집단의 관계

군단에서 발로 뛰는 병사의 역할을 한다는 점이었다.

나의 경우는 제품과 서비스를 팔 대상이 전시업체, 전시 기획자, 설치 업체(고정식, 조립식, 이동식 전시물을 설치하는 업체)이다. 다시 말해, 나는 미래의 고객을 소개해줄 수 있는 이 세 종류의 업체를 대상으로 직접 홍보에 나선다. 그리고 그 업체들이 자기들의 고객인 전시업체에 내 제품과 고객을 추천해주기를 기다린다.

이런 이야기를 하는 것은 한 분야에서 앞서 나가는 업체들 사이에 다양한 관계가 형성된다는 사실을 알려주기 위해서이다.

나는 당신이 새로운 눈으로 자신의 환경을 세심하게 관찰하고 중요한 고객들과 그런 관계를 만들 것을 권한다.

데프니 클라크

데프니 클라크는 가족 중에서 처음으로 대학에 들어갔다. 의대에 입학했지만 곧바로 법학을 공부하고 싶어졌다. 그리고 졸업하기 전에 또 다른 것에 대한 열정을 발견했다.

데프니는 라디오 방송국에서 음악 감독으로 일하는 동안 음악에 대해, 특히 유명 힙합 가수들에게 흥미를 느꼈다. 이 두 가지 열정이 결합되어 〈클라크 엔터테인먼트 로 Clarke Entertainment Law〉가 탄생했다. 이 회사는 신인 또는 기성 음악가들과 독점 계약을 맺은 법률 회사이다.

클라크의 조언

클라크는 이렇게 말한다. "당신이 하는 일에 진정한 열정이 있어야 합니다. 나는 내가 하는 일을 절대적으로 사랑해요. 가수들은 내가 진정으로 그들과 그들의 음악에 관심을 두고 있다는 것을 알고 있지요. 그런 건 거짓말을 할 수 없으니까 사람들이 먼저 알아보는 거죠."

법률과 연예 산업 모두에서 신용을 쌓은 것은 클라크의 성공에 중요한 역할을 했다. "사람들은 늘 지켜보고 있습니다. 당신이 눈치 채지 못할 때도 그들은 당신을 눈여겨봅니다. 당신이 정말 괜찮고 유능한지 알고 싶어 하죠. 그건 무척 부담스럽지만 이겨낼 가치가 있는 관심입니다. 고객들은 자기 친구들을 내게 소개해줘요. 내가 자기들의 어려움을 잘 이해한다는 사실을 보여주었기 때문이죠."

더 자세한 정보는 www.clarkeentertainmentlaw.com에서 확인하기 바란다.

지혜 한마디

열정을 따르는 데는 위험 요소가 따를 수 있다. 클라크는 법률 대학원을 마치고 취직을 하는 쉬운 길을 택할 수도 있었다. 하지만, 자신만의 길을 개척해서 열정을 따라갔다. 그 결과 클라크는 이렇게 말한다. "나는 내가 진짜 좋아하는 직업을 갖게 되었다. 세상을 준대도 그것과 바꿀 생각이 없다."

3장
요약

1. 성장 산업을 조사하라.

2. 지난 경험을 가장 잘 활용할 수 있는 분야를 찾아라.

3. 자신의 열정이 어디에 있는지 고려하라.

4. '전문가가 되려면' 최고의 기회가 어디에 있는지 찾는
비밀 원칙을 활용하라.

5. 수요, 유행, 업계나 직업의 문제를 찾는 등
다섯 가지 기본 원칙을 바탕으로 자신만의 진정한 틈새를 찾아라.

6. 실행할 수 있는 해법을 찾아라.

7. 어떤 업체와 고객이 당신의 제품과 서비스를
홍보하는 데 도움이 될지 연구하라.

MICRO
BUSINESS

틈새시장의 7가지
비밀 성공 전략
– 미리보기

두려워하지 마라. 처음에는 겁날지 모르지만
얼마든지 해낼 수 있는 것들이다. 그냥 7가지 비밀 성공 전략을
이해하고 받아들이기만 하면 된다.

PART 04

당신이 갖고 있는 가장 큰 잠재력을 발견하라

자, 지금쯤 틈새 사업가가 무엇이며, 왜 틈새시장에 진출해야 하는지 알게 되었을 것이다. 틈새 사업가로 성공하기 위한 열쇠가 무엇인지도 알았을 것이다. 그런 성공을 실현할 힘을 가진 짧은 한 마디가 있다. 바로, '전문가가 되는 것'이다.

물론 말은 쉽다. '전문가가 돼라'는 말과 그것을 실천하는 행동은 별개이다. 아무도 몰라보는 틈새 사업가, 기발한 아이디어가 있어도 사람들이 알아주지 않는 사람이 단숨에 스타가 되려면 어떻게 해야 할까?

지금부터 그 방법을 일러줄 테니 잘 듣기 바란다. 군중 속에서 우뚝 서도록 당신과 당신의 경력을 바꿀 '7가지 비밀 성공 전략'이라는 효과적인 방법이 있다. 이 전략은 당신을 홍보하고, 전문 제품의 질을 높이고, 더 많은 수익을 올리게 해줄 것이다.

하지만, 그 전에 먼저 짚고 넘어가야 할 것이 있다.

앞에서 전문가가 되면 누릴 수 있는 많은 이점에 대해 알아보았다. 틈새 사업가는 가격을 더 높여 부를 수 있고, 동료들의 추천을 더 많이 받고, 심지어는 일정한 범위 안에서 유명인사가 될 수도 있다(물론 대대적으로 유명세를 타는 사람들도 있다).

인생에서 공짜로 얻어지는 것은 하나도 없다. 전문가가 되어서 얻는 이점도 마찬가지이다. 많은 보상을 거둬들일 수 있지만 그만큼 책임도 따른다. 틈새 사업가의 경우, 전문가에게 거는 기대에 따른 책임을 져야 한다.

전문가에게 거는 기대

사회는 전문가에게 특별한 요구를 한다. 그중 다음 세 가지가 있다.

1. **전문가는 항상 옳다** 당신과 나는 이 말이 사실이 아님을 안다. 아무도 항상 옳을 수는 없다. 그러나 전문가는 자신이 늘 전문 분야에 대해 정확하게 말할 수 있다는 확신을 가져야 하

며, 자기 분야에 정통해야 한다.

　2. 전문가는 접근하기 쉽다　다양한 지식을 알고 있어도 그 것을 혼자만 간직하고 있다면 아무런 의미가 없다. 전문가는 고객과 동료의 멘토가 되어 조언을 해주고 이끌어줄 것이라는 기대를 받는다. 관련 직종의 신출내기가 질문을 들고 전문가를 찾으면 전문가는 친절하게 답해주어야 한다. 전문가는 홈페이지, 언론 노출 등 대중과 쉽게 교류할 수 있는 수단을 가지고 있어야 한다.

　3. 전문가는 교육한다　교육, 강연, 저술, 프리젠팅은 전문가의 운명이다. 전문화된 지식을 알리는 것은 적절하게만 행해지면 유익하고 보람된 일이다.

　두려워하지 마라. 처음에는 겁날지 모르지만 얼마든지 해낼 수 있는 것들이다. 그냥 7가지 비밀 성공 전략을 이해하고 받아들이기만 하면 된다.

7가지 비밀 성공 전략

　일반 사업가와 틈새 사업가의 차이는 무엇일까? 법률 자문을 위해 언론이 초빙하는 변호사가 따로 있는 이유는 무엇일까? 같은 재무 설계사라도 누구는 화려한 유명 잡지에 단골로 얼굴을 비추고, 누구는 지역 상공회의소 소식지에 칼럼 하나 쓰지 못하는 이유가 무엇일까? 한 분야의 전문가가 세미나, 프로그램, 워크숍마다 나타나고, 나 같은 사람에게서 수천 달러씩 받아가는 이유는 도대체 무엇일까? 지금부터 그 비법을 알려주겠다.

성공하려는 틈새 사업가라면 반드시 알아두어야 할 7가지의 비밀 성공 전략이 있다. 이 전략들은 무척 중요하고 효과가 크며, 하나하나가 엄청난 힘을 갖고 있다. 한두 개의 '비밀 전략'만을 골라 실천해도 무궁무진하고, 긍정적이고, 더 중요하게는 수익을 높여주는 결과를 체험할 것이다. 틈새 사업가라면 최소한 지역 신문에 긍정적으로 언급되어 이름을 알리는 계기를 마련할 수 있다.

그러나 7가지를 모두 조합하면 틈새 사업가로서 당신이 갖고 있는 가장 큰 잠재력을 발견할 수 있을 것이다. 대중에 대한 노출을 극대화하고 자신이 '전문가'임을 지속적으로 강조함으로써 기대했던 것보다 더 빨리 사업을 성장시킬 수 있다.

7가지 비밀 전략은 시장에서 최첨단을 달리는 분야를 개척할 때 사용할 수 있는 매우 예민한 도구이다. 각각의 도구는 간단해 보이지만 깊이 파고들수록 그 잠재력을 알게 될 것이다. 내 목표는 이런 요령, 비결, 기술을 이용하기 쉽게 설명해주려는 것이다. 그래야, 당신이 나의 제안을 자신의 사업에 그대로 적용해 놀랍고도 신기한 결과를 얻을 수 있을 것이기 때문이다.

각 비법을 최대한 습득할 수 있도록 각 장에서 다음과 같은 형식으로 자세하게 설명하려 한다.

- 비법은 무엇인가?
- 그것은 어떤 효과가 있나?
- 그것은 왜 중요한가?
- 새로운 비법에서 이익을 창출하려면 어떻게 해야 하나?

먼저 맛보기를 하고 싶은가? 뒤에 이어실 내용을 잠깐 훑어보고 싶은가? 그렇다면, 미리보기를 해보자.

미리보기

비밀 성공 전략 1 : 상호를 정하라

사업에 적절한 이름을 붙이는 것은 세상에서 가장 쉬운 일처럼 보인다. 하지만, 그렇지 않다. 이름 때문에 생기는 힘든 일과 무서운 책임을 알게 되면 이름을 다시 생각하고 바꾸어야 할지도 모른다. 상호는 세상에 보내는 첫 번째 사절이다. 적당한 단어를 통해 당신이 누구이며, 무슨 일을 하는지, 그리고 어떻게 사업을 하는지 등 많은 정보를 전달해야 한다.

비밀 성공 전략 2 : 언론에 대한 영향력을 키워라

언론은 우리 생활의 원동력이다. 신문 기사에서부터 텔레비전 쇼 프로그램, 라디오 인터뷰, 인터넷 게시판에 이르기까지 언론에 비친 모습에 따라 대중에게 다가서는 방식이 달라진다.

어떻게 하면 호감 가는 인상을 보여줄 수 있을까? 당신 혼자서는 할 수 없지만 언론을 통하면 호감 가는 인상을 전달할 가능성을 높일 수 있다. 이 중요한 비법을 통해 '언론이 신뢰할 수 있는 전문가'가 될 수 있을 것이다.

비밀 성공 전략 3 : 협회에 참여하라

업계의 협회는 해마다 회의를 열고 협회지를 발간하는 등 많은 일을 한다. 그들은 그 분야의 거물급 인사들을 초빙한다. 협회에 적극적으로 참여하면 자신도 그런 거물 인사가 될 확실한 길에 들어설 수 있다. 입소문을 바라는 서비스 전문가에게는 초석을 깔 수 있는 중요한 수단이다. 지역 모임을 시작으로 전국 모임에 이르기까지 참여를 확대하는 방법을 찾아보라. 그런 활동에 드는 비용과 이점을 분석하고 자신에게 가장 적합한 참여 수준과 장기 계획에 가장 도움이 되는 행사를 정확하게 집어내라. 너무 이기적인 것 같지만 솔직해지자. 어차피 우리는 각자 가장 좋아하는 라디오 방송국에 주파수를 맞추고 있지 않은가?

비밀 성공 전략 4 : 열정적으로 글을 써라

펜은 칼보다 강할 뿐만 아니라 지구상에 있는 모든 것을 능가한다. 글로 쓰인 말은 놀라운 힘을 가지고 있다. 당신은 그것을 이용해 틈새 사업가로서의 단단한 발판을 놓을 수 있다.

간단한 안내문, 기사, 체크리스트부터 시작하라. 그런 다음 틈새 사업가들이 자신의 신뢰도를 높일 수단으로 어떤 책을 쓰고 출판하는지 알아보라. 나는 몇 가지 공통적인 실수 사례를 통해 일을 적절하게 관리하고 조절할 수 있는 방법을 알려줄 생각이다. 뿐만 아니라 출판사를 통하는 전통적인 출판과 자비 출판의 차이에 대헤 터득한 지식도 이야기해주려고 한다.

비밀 성공 전략 5 : 제품과 시스템을 만들어라

제품과 시스템을 만들면 하나의 노력으로 두 개를 얻을 수 있다. 그만큼 전문가로서의 정체성이 뚜렷해지기 때문이다. 전문성은 틈새 사업가로서의 위치를 굳히며, 가장 좋은 점은 적은 노력으로도 개발하고 유지할 수 있는, 지속적이고 든든한 2차 수입원이 생긴다는 것이다.

나는 교육용 CD부터 다양한 컨텐츠를 수록한 DVD에 이르기까지 대중이 선호하는 교육용 도구를 제작하는 방법을 알려주려고 한다. 좋은 제품과 나쁜 제품을 구분하는 기준은 무엇일까? 당신은 그 차이뿐만 아니라 인기 '가정 학습 강좌'를 기획하고 홍보하는 데 필요한 것들도 알게 될 것이다.

비밀 성공 전략 6 : 교육하라–워크숍, 웨비나 등

(웨비나 : 온라인상에서 진행되는 세미나)

이 장의 앞부분에서 언급했듯이 전문가는 교육한다. 최고의 서비스 전문가가 되는 법을 배우는 데 시간과 에너지를 모두 투자한 터라 좀 두렵게 느껴질지도 모른다. 교육에 대해서는 전혀 생각하지 못했을 것이다.

그러나 교육은 틈새 사업가로 성공하기 위한 중요한 요소이다. 이 장에서 당신은 좋은 교육 자료를 구성하는 방법, 학생을 구하는 곳, 전문 지식을 전달하는 방법, 자신에게 가장 적합한 교육 방식에 대해 알게 될 것이다.

비밀 성공 전략 7 : 서비스를 확대하라

코칭과 컨설팅은 '전문성'의 자연스러운 확장물이다. 요즘 강연 시장에서 가장 유명하고 높은 보수를 받는 코치와 컨설턴트 중에는 틈새 사업가 출신들이 더러 있다. 우리는 성과 위주의 사업에서 멘토링과 교육 쪽으로 옮겨간 전문가 몇 명의 인터뷰를 포함해 그 두 가지 방식을 깊이 있게 살펴볼 것이다.

틈새 사업가는 혼자여서는 안 된다. 인맥을 형성하고 유지하는 것은 성공의 또 다른 토대이다. 이 장에서는 당신의 전문 지식을 프랜차이징과 라이센싱, 또는 요즈음 인기가 많은 전략적 제휴로 확대하는 방법을 알아보려고 한다. 어떤 것이 효과적인지, 성공을 유지하기 위해 알아야 할 것들을 소개할 것이다.

준비하시고 출발!

지금까지 앞으로 읽을 것들을 슬쩍 훑어보았다. 흥미로운가? 이 '비법'들을 당신의 사업에 응용할 방법을 배울 준비가 되었는가? '전문가'로서 당신만의 자리를 굳히고 싶은가?

그렇다면, 출발하라. 힘든 과정이 놓여 있으므로 마음의 준비를 단단히 하기 바란다. 적어도 해볼 가치가 있는 일은 잘 해보아야 하지 않겠는가? 자신이 주인이 되어 운명을 개척해나가기 바란다. 그리고 정말 알아두어야 할 말이 있다.

'일에 열정을 바칠 때의 기쁨과 흥분을 기대하라. 그것은 내리고 싶지 않은 롤러코스터이다.'

내 말이 믿어지지 않는가? 그렇다면, 그냥 계속 읽기만 해도 좋다. 곧 내 말을 정확하게 이해하게 될 것이다.

4장
요약

1. 비밀 성공 전략 1 : 상호를 정하라.

2. 비밀 성공 전략 2 : 언론에 대한 영향력을 구축하라.

3. 비밀 성공 전략 3 : 업계 행사에 참여하라.

4. 비밀 성공 전략 4 : 글을 써라.

5. 비밀 성공 전략 5 : 제품과 시스템을 만들어라.

6. 비밀 성공 전략 6 : 교육하라 _ 워크숍, 웨비나 등.

7. 비밀 성공 전략 7 : 서비스를 확대하라.

틈새 사업가
도나 스몰린–쿠퍼

　도나 스몰린–쿠퍼는 정리 전문가이다. 집안 정리에 관한 요령, 힌트, 지식을 무한정 가지고 있다. 아무리 정리에 서투른 사람도 깔끔하게 정리할 수 있도록 도와주는 일을 한다. HGTV에 고정 출연하고 있으며 몇 권의 베스트셀러도 썼다.

스몰린–쿠퍼의 조언

　스몰린–쿠퍼는 틈새를 어떻게 발견했는지 묻는 말에 웃음을 터뜨리며 답했다. "내가 기대하는 것이 아니라 확신하는 것에서 찾았죠." 스몰린의 전직은 카피라이터였다. "아이암스 (Iams:애완동물 사료 브랜드–옮긴이)의 개와 고양이 사료, 은행업, 건강관리, 트로이 빌트 트랙터(Troy Built Tractor), 캐롤라이나 터키에 관한 광고 문구를 썼죠."

　그러던 어느 날 스몰린–쿠퍼는 예전에 함께 일했던 한 편집자의 전화를 받았다. "그들은 정리에 관한 책을 쓸 사람을 구하고 있었어요." 그 결과물이 바로 『집을 청소 하세요 Unclutter Your Home』로, 한 명의 전문가가 탄생하는 순간이었다. "출판사의 책 홍보를 위해 라디오에 출연하게 되었는데, 갑자기 정리 전문가로 소개되었죠."

"난 전문가가 아니고 그냥 책을 한 권 썼을 뿐이라고 말했어요. 하지만, 책을 썼기 때문에 전문가가 되었다는 사실을 깨달았죠." 스몰린-쿠퍼는 전문 지식을 더 발전시켜 지금까지 5권의 책을 써 육십만 부의 판매고를 올렸다. "그건 일부분일 뿐이에요. 직업 강사로 일하기 시작했을 뿐만 아니라 한 홍보 회사의 대변인으로 일해 달라는 요청까지 받았으니까요. 하나가 그다음 하나로 계속 이어지더군요."

더 상세한 정보는 www.unclutter.com에서 확인하기 바란다.

지혜 한마디

당신은 틈새를 우연히 발견할지도 모르며, 실제로도 그런 사람들이 많다. 보물을 우연히 발견하면 무척 기쁘기야 하겠지만 그렇다고 그런 기적이 올 때까지 마냥 기다릴 필요는 없다. 7가지 비밀 성공 전략을 통해 당신만의 마법을 걸 수 있기 때문이다.

MICRO
BUSINESS

상호를 정하라

사람들은 이름을 통해 당신의 사업에 대해 알 수 있다.
간단한 몇 마디가 만들어내는 인상이 고객을
유혹할 수도, 내쫓을 수도 있다.

PART 05

상호는 당신이 고객과 연결되는 출발점이다

수잔의 이야기-2부

드디어 때가 되어 틈새 사업가가 되기 위한 계획을 세웠다. 사업을 시작하기로 결심하니 무척 설렜다. 마침내 내 운명을 스스로 책임져야 할 때가 온 것이었다. 나는 나만의 기술과 경험을 바탕으로 혼자 세상을 헤쳐 나갈 생각이었다.

나는 그런 생각에 들뜬 채 상호를 〈다이어뎀 커뮤니케이션〉이라고 붙였다. 다이어뎀(Diadem)은 귀족이 신분을 표시하기 위해 착용하는 보석 박힌 머리띠, 곧 왕관을 뜻한다. 나는 아주 적당한 이름이라고 생각했다. 최고의 이름답게 최고의 성과를 보여줄 것이기 때문이었다.

하지만, 문제가 생겼다. 그 이름은 아무것도 가져다주지 않았고, 아무런 효과도 없었다. 다이어뎀 커뮤니케이션이라는 이름이 대중의 시선을 전혀 끌어당기지 못했던 것이다. 그들의 관심을 부추기거나, 새롭고 굉장한 나의 회사를 조금 더 가까이 들여다보도록 유혹하지 못했다. 나는 수없이 많은 커뮤니케이션 회사 중의 하나에 불과했다.

나는 전혀 눈에 띄지 않았다. 결국, 내가 할 수 있는 일은 단 하나뿐이었다. 나는 이름을 바꾸어야 했다.

상호의 의미

이름에는 어떤 의미가 있을까? 특히 상호의 경우, 생각보다 훨씬 많은 의미가 담겨있다.

상호를 짓는 것은 사업을 시작할 때 하는 일이다. 그리고 나는 사업을 시작할 때 내려야 할 가장 중요한 결정이 바로 이름을 짓는 것이라고 믿는다. 이름은 사업을 정의하는 것 이상의 역할을 한다. 가장 본질적인 이름은 당신이 누구인지, 무슨 일을 어떻게 하는지, 그리고 당신이 개인적, 직업적으로 어떤 태도를 가지고 있는지 등 많은 것을 전달한다.

상호는 가장 훌륭하고 강력한 마케팅 수단이다. 미래의 고객들은 광고, 신문기사, 심지어는 전화번호부에서 상호를 접할 때마다 뭔가를 배운다. 눈길을 잡아끄는 로고, 세심하게 만든 그래픽 등 미적인 면을 제외하더라도 이름 자체가 당신의 대사 역할을 한다. 단 몇 마디가 당신이 어떤 일을 하는지, 왜 선택받아야 하는지를 세상에 알린다.

이름을 짓는 것은 가볍게 받아들여서는 안 될 큰일이다. 따라서 세심한 생각의 과정이 필요하다. 그것은 집의 현관을 선택하는 것과 비슷하며, 사람들은 이름을 통해 당신의 사업에 대해 알 수 있다. 간단한 몇 마디가 만들어내는 인상이 고객을 유혹할 수도, 내쫓을 수도 있다. 따라서 목표 시장의 수많은 고객들을 유혹할 적절하고, 완벽하고, 사업의 본질을 꿰뚫는 이름을 짓는 것은 어려울 뿐만 아니라 무척 부담스러운 작업이다.

다행히 좋은 이름을 짓는 것이 전혀 불가능하지는 않다. 이름이 전달해야 할 중요한 요소를 집어내고 단계적인 과정을 밟는다면 당신의 사업에 가장 이상적인 이름을 지을 수 있다.

고객은 이름을 보고 연락을 한다

소비자들은 주의력이 무척 짧아서 눈 깜짝할 사이에 결정을 내린다. 성급함은 전 국민적인 특성이다. 서비스 전문가를 찾을 때도 그런 성격이 한몫을 한다.

일반적인 이름이 통하지 않는 것은 그 때문이다. 고객이 찾는 사람은 그냥 그래픽 디자이너가 아니라 편집 디자인을 전문으로 하는 그래픽 디자이너이다. 그래픽 디자인을 한다는 사실만 담긴 상호를 생각해 보자. 일반 소비자들은 그 회사가 편집 디자인도 하는지 알아볼 수도 있고 그렇지 않을 수도 있다. 그보다는 '편집 전문'이라는 말을 내세운 그래픽 디자이너를 찾아 전화번호부를 훑어볼 가능성이 더 크다. 이 때문에 자신을 전문가라고 선전하는 사람은 전문 사업을 뿌리내릴 가능성이 훨씬 더 크다. 따라서 당신이 할 일은 서비스를 이용하도록 고객의 짧은 주의력을 잡아끄는 것이다. 그 열쇠가 바로 회사의 상호이다.

이름은 당신의 인상을 전달한다

인상이 가장 중요하다. 소비자는 당신이 실제로 하는 일만큼이나 그 일을 하는 방식을 기준으로 결정을 내린다.

한 가지 예를 살펴보자. 고급 아이스크림 회사가 수십 군데 있다. 그 회사들을 자세히 살펴보면 제품에는 큰 차이가 없다. 그 아이스크림이 그 아이스크림이다. 그런데 단 한 가지, 이미지를 전달하는 방식에 차이가 있다.

아이스크림 회사인 '벤&제리'는 홀치기염색을 한 포장지와 아이스크림 통에 그려진 소 그림이라는 파격적이고 특이한 방법으로 홍보를 한다. '하겐 다즈'는 그 반대의 노선을 취해 우아하고 단순한 포장지로 고급 고객의 구미를 끌어당긴다. 두 회사는 비슷한 제품을 판매하지만 서로 다른 틈새를 겨냥하고 있다. 이런 차이는 이름에서부터 분명하다. 벤&제리는 가볍고

낮은 수준의 감성에, 하겐 다즈(만든 이름인데도)는 이국적이고 세련된 감성에 호소한다.

똑같은 개념을 서비스 전문가에게도 적용할 수 있다. '밥의 배관수리'와 '밥의 즉석 배관수리', 그리고 '프랭클린 가족법'과 '이혼 박사'는 근본적으로 다른 종류의 업체로 인식된다.

이름은 당신이 무엇을 하는지 말해준다

아주 간단한 이야기다. 사업체의 명칭은 어떤 일을 하는지 알 수 있도록 분명하게 정의해야 한다. 두말할 필요도 없겠지만, 그런 역할을 하지 못하는 상호도 있다. 다음의 예를 살펴보자.

- 헐버트 브라더스
- 멋진 이미지
- 해리스 비치

과연 뭘 하는 회사들일까? 이름만으로 무슨 일을 하는 회사인지 짐작할 수 있는가? 그렇다면, 당신이 나보다 낫다. 나는 위의 이름만으로는 각각 배관 공급 업체, 미용실, 법률 회사라는 것을 전혀 짐작할 수 없었다.

이런 이름은 다음 둘 중 하나이다. 너무 자신이 넘치거나, 너무 똑똑하다는 것이다.

되도록이면 상호에 사업주의 이름을 넣지 마라

누구든 자기 이름을 넣어 상호를 짓고 싶은 유혹을 강하게 느낀다. 당신은 지금까지 그 이름으로 살아왔고, 이미 당신의 이름을 아는 고객과 거래를 하고 있을지도 모른다. 사무실 문에 이름을 걸어놓고 영업을 하면 자부심도 커진다.

그러나 당신의 이름은 상호로 내세울 만큼 강력한 선전 효과를 내지 못한다. 물론, 모든 규칙에는 예외가 존재한다. 당신이 빌 게이츠, 마돈나라면 이름만으로도 고객을 회사로 불러올 수 있을 것이다. 하지만, 나를 포함한 대부분의 사람들은 분명 그 범주에 속하지 않는다. 적어도 아직까지는 그렇다.

그런 식으로 이름을 지으면 지리적인 제약도 받는다. 당신의 이름이 알려진 곳까지만 사업의 영향이 미칠 것이기 때문이다. 내가 사는 뉴욕 북부에서 헐버트 브라더스라고 말하면 사람들은 배관 공사를 연상할 가능성이 크다. 하지만, 새크라멘토에서 그 상호를 말하면 사람들은 멍한 눈길로 나를 쳐다볼 것이다.

되도록이면 애매한 뜻의 상호를 짓지 마라

반대로, 소비자들이 너무 많은 것을 연상하도록 하는 이름이 있다. 구체적으로 어떤 사업에 종사하는지 알려주지 못하고 의

분만 남기는 것이다.

멀리 갈 것도 없이 지금까지 읽은 내 이야기에서 그 예를 찾을 수 있다. '다이어뎀 커뮤니케이션'은 대다수의 대중에게 아무런 인상도 주지 못했다. 그들은 커뮤니케이션이라는 말은 이해했지만 다이어뎀은 무슨 뜻인지 몰랐다. 그냥 내 성이라고 생각하는 사람들도 있었다. 두 쪽 모두 아무런 도움이 되지 않았다.

불분명한 이름이 사업의 목적을 가릴 때가 많다. '컨트리 크리에이션'이라는 상호는 수많은 의미를 전달한다. 꽃꽂이에서부터 무명옷, 심지어는 소수 정예의 거친 반란군에 이르기까지 온갖 것들을 연상시킨다. 이런 회사의 소유주들은 고객이 이름을 어떻게 받아들이느냐에 좌우되는 수밖에 없다.

게다가 그런 이름은 너무 흔하다. 구글(www.google.com, 인터넷 검색사이트—옮긴이)에서 '컨트리 크리에이션'을 검색하면 5만 8천 건 이상의 결과가 나온다. 당신은 수천 개 중의 하나가 되고 싶은가, 아니면 유일한 하나가 되고 싶은가?

나는 후자를 선택할 것이며, 그럴 때도 상호에 어떤 일을 하는지를 설명하는 글이 들어가는지 반드시 확인해야 한다. 당신의 사업이나 그것을 판단할 사전 지식이 전혀 없는 소비자는 이름을 바탕으로 당신이 어떤 전문 사업에 종사하고 있는지 추측한다. 따라서 틈새 사업가는 자신이 어떤 직업에 종사하는지, 그리고 어떤 쪽에 전문성을 갖고 있는지 전달하는 상호를 지어야 한다.

상호로 사업 운영 방식을 전달할 수 있다

전문가들마다 일 처리 방식이 독특하다. 어떤 분야든 특별한 기준과 기대치가 있지만, 그런 일정한 범위 안에서도 다양한 차이를 만들 수 있다.

어떤 전문가들은 본능적으로 협력을 한다. 그들은 팀을 이루어 일하는 것을 선호하며, 고객들과 긴밀하게 교류한다. 반면에 개별적으로 일하는 것을 선호하는 전문가도 있는데, 그들은 웬만하면 고객과 문제를 일으키지 않는 선에서 편하게 지내려고 한다.

따라서 운영 방식이 분명하게 설명된 이름을 지으면 고객이 자기 성향에 맞는 사람을 쉽게 찾아낼 수 있다. '밥의 즉석 배관 공사'의 예처럼 한마디만 더 넣어도 그런 목표를 이룰 수 있다. 하지만 '무한 배관 공사'라는 이름은 일을 더 어렵게 만들지도 모른다.

상호로 사업주의 방식을 알릴 수 있다

말은 강력하다. 당신이 자신의 사업을 설명하기 위해 사용하는 말은 당신이 어떤 사람이며, 어떤 서비스를 제공하는지 등 많은 것을 전한다. 단어 선택은 소비자들에게 길잡이 역할을 한다. 특정한 말이 특정한 계층에 호소력을 발휘해 더 많은 것을 알고자 하는 심리를 자극한다. 하지만, 같은 단어라도 소비자를 끌어들이거나 내쫓을 수 있다. 가장 많은 목표 고객을 유혹하는 동시에 무관심한 아이쇼핑족을 막을 수 있는 적절한 말을 선택하는 것이 중요하다.

언어는 주관적이다. 특정한 상황에 효과가 있는 단어를 명쾌하게 생각해낼 신뢰할만한 방법은 없다. '전체적인' 처럼 어떤 상황에서는 긍정적으로 들리는 단어가 다른 상황에서는 부정적으로 들릴 수 있다. 전체적이라는 말은 집단적인 것을 수용하는 많은 신세대에게는 솔깃하지만 구세대에게는 흥미를 주지 못한다.

무엇보다 사용할 단어의 무게를 인식해야 한다. 그 말은 목표 고객들에게 어떤 의미를 전달하는가? 똑같은 말도 사용되는 상황에 따라, 듣거나 읽는 사람에 따라 뜻이 천차만별로 달라진다.

'저렴한' 이라는 말을 예로 들어보자. 어떤 사람은 그 말을 '편하게 살 수 있다' 는 뜻으로 듣는다. 그럴 때는 합리적인 가격에 구입할 수 있는 품질 좋은 물건이나 서비스를 뜻한다. 하지만, 그것을 오로지 싸다는 뜻으로만 받아들이는 사람도 있다. 품질에 자신이 없으니 가격으로 밀어붙인다고 생각한다. 앞의 상황이라면 '저렴한' 이라는 말을 상호에 넣어도 바람직하지만 두 번째 상황이라면 망하는 지름길이다. 요컨대, 목표 시장을 잘 파악해야 한다.

더 쉽게 이해하려면 거리에서 마주치는 간판을 살펴보라. 목표 고객의 시선을 끌기 위해 고심한 제품과 서비스 광고를 눈여겨보라. 그들에게 효과가 있는 말이 당신에게도 효과가 있을 가능성이 크다. 대기업들은 광범위한 시장조사를 해서 목표 고객에 대한 실험을 거친 뒤에 제품을 시장에 내놓는다. 그들의 상호 중에서 당신의 목표 시장을 겨냥한 제품과 서비스를 찾아보라. 그리고 그것들을 활용해 비슷하지만 완전히 똑같지는 않은 이름을 만들어보라.

목표 고객을 유혹하는 단어를 선택할 때는 그것이 당신의 이미지를 반영하는지 확인하라. 당신은 '척추 박사, 즐거운 척추 치료사' 인가, 아니면 '기본에 충실한 척추 관리사' 인가? '척추 박사' 는 유쾌하고 친근감을 주는 반면에 '기본에 충실한 척추 관리사' 는 진지하고 합리적인 인상을 풍긴다. 두 상호는 각각 다른 고객의 눈길을 끈다.

당신은 어떤가? 어떤 단어가 당신의 스타일을 대중에게 전달할까? 이제 당신 자신을 점검할 때가 되었다. 당신은 다음 중 어떤 유형으로 서비스를 제공하는가?

- 모든 고객에게 친근감을 준다는 사실, 혹은 특정 고객에게만 서비스를 제공한다는 사실에 자부심을 느끼는가?
- 당신은 소탈한가, 격식을 차리는가?
- 고객이 당신을 현실적인 실용주의자, 혹은 높은 이상을 가진 야심가로 생각해주기를 바라는가?

당신 자신과 고객에게 솔직하기만 하다면 위의 질문들에는 정답이나 오답이 없다.

당신의 직업적인 방식을 표현하는 말을 쓰려면 단어를 의식적으로 잘 선택해야 한다. 지금 선택한 것을 앞으로도 편하게 유지할 수 있는지 확신해야 한다. 자, 당신 자신에게 진실해야 할 시간이다. 타고난 본성과 근본적으로 다른 인상을 유지하는 것은 너무 힘들기 때문이다. 당신의 이름은 약속과 같다. 미래의 고객에게 친근하고 친절하게 대하겠다고 약속한다면, 웃으며 수다를 떨 준비를 하는 게 낫다.

수잔의 이야기-3부

새로운 지식으로 무장하고 난 뒤에 나는 회사의 이름을 바꾸기로 했다. 나는 내가 제공하는 서비스를 자세히 들여다보았다. 그리고 목표 고객과 업무 방식을 꼼꼼히 따졌다. 몇날 며칠 동안 고심한 끝에 내가 하는 일을 잘 대변한다 싶은 단어를 생각해냈다. 그래서 나는 '무역박람회 코치(The Tradeshow Coach)'가 되었다.

새 이름은 완벽했다. 그것은 내가 누구인지, 무슨 일을 하는지 설명했다. 나는 무역박람회 전시업체들에게 조언을 해주는 코치인 것이다. 그래서 안내하거나, 지시하거나, 가르치거나, 명령하지 않고 코치를 한다.

더 중요한 것은 새로 지은 상호가 나를 같은 업계의 다른 전문가들과 구별되게 했다는 점이었다. 수많은 커뮤니케이션 회사가 무역박람회에 전시를 하려는 고객들을 도울 준비가 되어 있었지만 특히 내게는 전문성이 있었다.

그 효과는 즉시 나타났다. 사람들이 내가 무슨 일을 하는지 알게 되자 전화가 빗발치기 시작했다. 예전에는 나를 찾을 이유를 못 느끼던 고객들이 내게로 돌아섰다. 그것은 내가 내린 최고의 결정이었다.

상호 짓기 5단계

이제, 훌륭한 상호의 조건을 알았다. 그렇다면, 적당한 이름을 지으려면 어떻게 해야 할까? 최고의 결과를 얻으려면 많은 사람들의 의견을 들어보아야 한다. 가족, 친구, 동료들에게 도움을 요청하라. 다양한 관점을 제시하는 과정에서 독창적인 결과물이 나올 때가 많다. 의논할 사람들을 모았다면 5단계 과정을 시작하라.

1단계 : 자신이 누구인지 고려하라

자신에게 솔직해져라. 당신은 사람들이 자신을 어떻게 알아주기를 바라는가? 개인적인 인간으로 비춰지고 싶은가, 아니면 대중적인 인간으로 비춰지고 싶은가? 틈새 사업가들 중에는 사생활과 직업을 분명하게 구분하는 사람도 있고, 그 둘을 쉽게 소화시키는 사람도 있다. 이때도 정답이나 오답이 없다. 단지 개인적인 취향이 있을 뿐이기 때문이다. 자신이 수용할 수 있다고 생각되는 개인적인 이름이나 대중적인 이름으로 목록을 만들어 보라.

예:

- 무역박람회 코치 : 바로 나이다. 알려진 이름과 같은 성격을 가지고 있다.

- 클라크 연예 법률 : 3장에 나온 연예 전문 변호사이다. 클라크는 자기 이름을 내건 쪽이다.

- 도브 프리드먼 사진 : 회의와 행사 사진을 전문으로 찍으며 자신의 실제 이름을 알리는 쪽을 선호하는 전문가이다. 솔직히,

우리는 관련이 있다. 그는 내 아들이며, 내가 그의 자리를 찾도록 도와주었다.

당신은 하나의 인물을 창조하고 싶은가, 아니면 실제 이름을 사용하고 싶은가? 전자를 선호한다면, 어떤 유형의 인물을 선호하는가?

2단계 : 자신이 무슨 일을 하는지 고려하라

틈새 사업가로서의 전문성을 강조하려면 상호를 활용하라. 가장 효과적인 상호를 지으려면 틈새 사업가가 종사하는 일의 종류뿐만 아니라 구체적으로 중점을 두는 분야를 설명해야 한다. 구체적으로 고객이 어떤 제품과 서비스를 원할 때 당신을 찾게 되는지 생각해서 단어 선택 범위를 좁히고 그것을 나열하라.

예:

- A+납세 신고 : 이 회계사가 어떤 분야의 전문가인지 추측해보라.
- L.A. 성 건강관리 : 특정 지역에서 성 관련 문제를 상담해주는 기관
- 바디 워크 센터 : 내 딸이 운영하는 마사지 치료업체. 이번에도 자랑스러운 엄마가 도와주었다.

낭신은 고객이 어떤 제품과 서비스를 원할 때 자신을 찾기를 바라는가?

3단계 : 당신의 방식을 고려하라

선택한 단어는 당신이 자신을 어떻게 생각하며, 타인이 어떻게 바라보기를 원하는지 많은 것을 말해준다. 품위 있는 말이나 저질스러운 말, 자유분방한 말이나 제약이 있는 말이 있다. 사람들에게 보여주고 싶은 것을 대변하는 단어를 넣어 목록을 만들어라.

예:

- 명쾌한 파이낸셜 그룹 : 이 자산 관리 업체는 고객이 명쾌한 목표를 정해서 달성하도록 돕는 데 집중한다.
- 스마트싱킹닷컴(smartthinking.com) : 온라인 교육 업체로, 어떤 서비스를 제공하고 어떤 고객의 관심을 끌고 싶은지 강조하는 이름을 갖고 있다.

당신의 방식을 정의하는 이름을 나열해보라.

4단계 : 조합하라

1, 2, 3단계의 목록에 있는 요소들을 고려해 만족스러운 합성어가 나올 때까지 끼워 맞춰 보라. 이 단계에서 벌써부터 완벽한 이름을 찾으려고 애쓸 필요는 없다. 지금은 가능한 한 적당한 이름을 많이 찾는 것이 목표이다.

합성어를 여기에 나열하라.

5단계 : 시험하라

목록을 살펴보며 이름을 연구하라. 그 이름들은 인터넷 검색에 나오는가? 많은 경쟁 업체들과 너무 비슷하지는 않은가? 이미 존재하거나 너무 비슷해 보이는 것들은 제외하라.

연구를 통해 얻은 결론을 적어라.

지금쯤 적당한 이름을 골랐을지도 모른다. 그렇지 않다면 위의 과정을 반복하라. 두세 번, 심지어 네 번 정도 반복하게 되더라도 실망하지 마라. 이미 수없이 많은 업체가 존재하는 상황에서 독특한 이름을 찾고 있으니 당연한 현상이다.

5장 비밀 성공 전략 1 _ 상호를 정하라 _ 117

좋은 상표 = 대박

상표를 만드는 것은 브랜드를 구축하는 첫 단계이다. 브랜드는 고객이 당신의 회사를 떠올릴 때 연상하는 특징적인 것이다. 대중은 그런 특징을 더 중요하게 생각할 수도 있으며, 그 결과 상호보다는 상표를 그 조직을 대변하는 특징으로 생각한다. 예를 들어, 갈색의 배달 트럭은 UPS 상표를 구성하는 기본 요소이다. '트럭과 로고 = 배달 서비스'라는 인식이 보편적으로 깔려있다. 하지만, 임의의 집단에게 UPS가 무슨 의미인지 물어보면 '유나이티드 파슬 서비스(United Parcel Service)'라고 대답할 수 있는 사람은 극소수이다.

강력한 상표를 가지고 있으면 고객들의 눈에 잘 띄고 대중의 머릿속에 쉽게 각인된다. 따라서 상표를 만들 때도 신중한 생각과 계획이 필요하다.

성공적인 상표를 만든다는 것은 아주 방대한 주제이기 때문에, 그것만을 다루는 책도 많다. 그러나 학문적인 것은 우리의 관심분야가 아니므로 여기서는 상표를 만들 때 가장 중요한 원칙 하나를 강조한 다음, 성공적인 상표를 만들기 위한 5가지 요소를 설명하려고 한다.

상표를 만들 때 지켜야 할 가장 중요한 원칙

- 일관성이 있어야 효과적이다.
- 일관성이 있어야 효과적이다.
- 일관성이 있어야 효과적이다.

일관성은 효과적인 상표를 만들 때 가장 중요하다. 광고는 왔다가 그냥 사라질 수 있으며, 회사가 방침을 바꿀 수도 있다. 또한, 서비스 품목을 새로 늘리거나 축소할 수 있다. 하지만, 회사가 온갖 변화를 겪는 동안에도 상표는 한결같이 남아있어야 한다.

코카콜라의 사례를 보라. 나는 코카콜라의 광고, 다양한 제품, 국제 마케팅 전략을 설명하면서 이 책의 나머지를 채울 수도 있다. 그러나 코카콜라가 어떤 방향으로 가든 한 가지는 늘 그대로이다. 바로 붉은색과 흰색의 배합, 구불구불한 글자 로고, 특이한 유리병 모양이 그렇다.

이런 일관성이 코카콜라가 세계에서 가장 널리 알려진 상표가 되는 결과를 가져왔다. 세계에는 영어를 쓰지 않거나 심지어 이해도 못 하는 곳이 있다. 하지만, 그런 곳에서도 상표 덕분에 코카콜라를 찾을 수 있다.

상표를 구성하는 5가지 요소

상표를 구성하는 5가지의 요소는 다음과 같다.

1. 로고 : 로고는 시각적으로 두드러진 효과가 있어야 하며, 한번 보고도 기억하기 쉬워야 한다. 단순한 문양이 최고일 때가 많지만 단순하다고 해서 쉽지는 않다. 비용이 많이 들겠지만 독특하고 효과적인 로고를 위해 그래픽 디자이너에게 의뢰하는 방법도 고려해보라.

2. 색상 : 색은 매우 강력한 도구이다. 어떤 색은 안정된 기분을, 또 어떤 색은 격렬한 감정을 불러일으킨다. 기본 색상을 세 가지로 정하라. 로고, 사무실, 광고 등 당신의 상호가 대중의 시선과 만나는 곳이면 어디든지 그 색을 활용해야 한다. 단순한 색을 선택하라. 애매하거나 특이한 색상은 인쇄비용만 높인다. 당신이 제공하는 서비스처럼 상표도 전문화될수록 비용이 높아진다.

3. 글자체 : 로고와 인쇄물을 만들 때 사용되는 글자체(서체)는 아주 까다로운 부분으로 생각될 수도 있다. 하지만, 어떤 글자체를 선택하느냐에 따라 브랜드의 모양과 느낌이 크게 달라진다. 쉽게 읽히고 자신의 이미지와 어울리는지 유의하면서 원하는 것을 하나 고르자. 어떤 서체는 저작권이 있어 사용료를 내야 한다. 그럴 경우에는 당신의 요구와 목표를 잘 이해하는

그래픽 디자이너와 상담하는 것이 가장 좋은 방법일 수 있다.

4. 언어 : 언어 선택은 회사의 이미지를 좌우한다. 당신이 표현하고자 하는 이미지와 일치하는 언어를 사용해야 한다. 예를 들어, 자신의 브랜드를 자유분방한 위장병 전문의로 표현하고 싶을 때는 그런 고객이 기대할 수 있는 언어를 써야 한다. 하지만, 가족처럼 친근한 변호사를 표현하고 싶을 때는 사용하는 언어가 완전히 달라질 것이다.

5. 이미지 : 사업에는 항상 사진이 잘 쓰이는데, 그것은 당신이 표현하고 싶은 이미지를 강조해주는 것이어야 한다. 이는 사무실이 깔끔하고 매력적이라는 인상을 주는지 확인하는 것만큼이나 간단하다. 직원과 고객들이 찍힌 사진은 행복한 사람들의 특징을 표현해야 한다. 꾸며낸 듯한 미소를 짓는 굳은 표정의 사진과 회사의 정면을 찍은 사진은 피하라.

완벽한 이름, 상표는 어떤 역할을 하는가?

등록상표란 무엇인가?

완벽한 이름을 정했다면 그것을 등록하고 싶을 것이다. 아마 상표가 인쇄물에 표시될 때 가끔 ⓡ과 함께 'ᵀᴹ' 기호가 찍혀 있는 것을 자주 보았을 것이다.

상표는 단어, 구절, 기호, 문양이 단독 혹은 조합되어 상품의 근거를 정의하고 구별하게 해준다. 요컨대, 미국 특허상표청에 따르면 상표는 한 제품의 이름이다.

상표는 사업의 중요한 자산이기도 하다. 너무도 중요하기 때문에 크리넥스, 제록스의 소유주들은 자기들의 상표가 일반명사화되지 않도록 끊임없이 전쟁을 치르고 있다. 최고의 기업들조차 이런데 당신의 상표가 그냥 스쳐 지나는 말이 되도록 해서는 안 된다. 아울러 상표와 로고를 등록해서 다른 회사가 사용하지 못하도록 막아야 한다.

상표의 진실

우리 모두는 인생에서 힘든 일을 겪으며 교훈을 배운다. 우리는 세상에서 가장 키가 크거나 가장 빠르거나 맞춤법에서 최고가 아닐지도 모른다. 아무리 노력해도 플로 아줌마처럼 케이크를 잘 굽거나, 마리오 안드레티처럼 차를 잘 몰 수는 없는 것이다. 불공평하지만 인생이란 그렇다.

상표를 연구하면 그런 사실을 더 절감하게 된다.

상표는 모두 다르게 만들어지지만 미국의 특허상표청은 모든 이름을 똑같이 보호해야 한다고 생각하지 않는다.

실제로 어떤 이름은 상표로 등록될 수 없다. '베스티의 프레쉬 브레드' 라는 상표를 등록하려는 제빵 기술자는 운이 없다. '프레쉬' 와 '브레드' 라는 단어는 당신의 제품에만 특별하게 적용되지 않는 일반적인 설명어로 간주된다. 다른 기술자들도 얼마든지 신선한 빵을 만들어 그 사실을 광고할 수 있기 때문이다.

상표 전담 변호사가 필요할까?

틈새 사업가는 인터넷에서 양식과 참고 자료를 찾아 손쉽게 상표 선택, 등록과 관련된 일을 처리할 수도 있다. 그러나 아래의 경우처럼 변호사와 상담을 하고 싶을 때도 있다.

- 상표등록청으로부터 등록을 신청한 상표가 설명적인지 암시적인지 혼동된다는 통보를 받을 때. 로고가 뚜렷한 특징을 갖고 있지 않으면 등록되지 않는데, 어떤 로고가 좋거나 나쁘거나 평범한지를 판단하는 기준은 늘 애매하다. 상표 전담 변호사는 독창적인 상표를 만들어 사용할 수 있는 방법을 조언해준다.
- 누군가가 당신의 상표를 도용할 때
- 누군가가 당신이 자신의 상표를 도용하고 있다고 주장할 때

웹사이트의 이름

상표를 선택해서 보호받게 되었으면 마지막으로 생각해야 할 일이 남아있다. 바로 도메인 이름이다. 도메인 명은 웹사이트의 주소이다. 이는 상호, 상표와는 구별되는 것으로 조금 달

리 생각해야 한다.

도메인 명은 짧으면서도 강력해서 기억하고 쓰기 좋은 것이어야 한다. 다시 말해, 상호와는 다를 수 있다. 나는 가능하면 도메인 명을 구입할 것을 강력히 권한다.

사람들이 인터넷을 어떻게 사용하는지 생각해 보라. 그들은 어떤 단어로 당신의 서비스를 검색할까? 친환경 인테리어 디자이너는 도메인 이름에 초록, 집, 흙, 생태, 가구 같은 단어를 하나만, 혹은 조합해서 넣을 것이다.

사업이 대체로, 혹은 전적으로 온라인에서 이루어진다면 적당한 도메인 명을 고르는 것이 무엇보다도 중요하다. 아마존닷컴, 엑스피디아닷컴, 오르비츠닷컴 등을 보라. 그들의 웹사이트는 정체성과 직결된다.

대부분의 틈새 사업가들이 온라인에서만 영업을 하지는 않지만, 그렇다고 도메인 명의 중요성이 줄어드는 것은 아니다.

도메인 명을 지을 때 해야 할 것과 하지 말아야 할 것

● **짧고 간단하게 지어라** 도메인 명은 기억하기 쉬워야 한다. 이상적인 이름은 다른 사람에게 말로 할 수 있는 다섯 글자 이내의 것이다. 외우기 쉽고 분명한 이름을 짓는 것이 가장 중요하다.

●**문장부호를 넣지 마라** 사람들은 문장부호를 기억하지 않는다. 괄호, 밑줄, 연결 부호를 넣어야 한다면 차라리 다른 이름으로 바꾸어라.

●**맞춤법을 정확하게 따르라** 사람들은 당신이 도메인 명의 단어를 정확하게 썼을 것이라고 추측한다. 그들이 글자를 잘못 입력해서 당신의 홈페이지를 찾게 되는 것은 민망한 일이다.

●**틀린 도메인 명으로도 검색을 할 수 있다는 사실을 잊지 마라** 인터넷 주소창에 www.washingtenpost.com을 치면 자동으로 www.washingtonpost.com으로 연결된다. 이 신문만 이런 방법을 쓰는 게 아니다. 사용자들이 도메인 명을 틀리게 입력해도 당신의 홈페이지로 연결되는 경로 수정 프로그램을 설치하는 것이 현명한 방법이다. 나도 그런 예에 속한다. 내 성인 '프리드먼(Friedmann)' 마지막에 'n'이 하나 더 있다는 것을 아는 사람은 거의 없다. 게다가 '프리드먼'은 독일식 이름이어서 발음과 철자가 일반 미국인들에게 익숙하지 않다. 그러니 나는 영원히 '프리드 맨 여사'로 불릴지도 모른다. 고심 끝에, 'Friedmann', 'Friedman', 'Freedman', 'Freeman' 등 내가 검색될 수 있는 다양한 경우를 생각해 보았다. 내 말을 이해하겠는가? 비용이 많이 들어갈 수 있으므로 기본적인 것으로 만족하기 바란다. 누군가 그중 하나만 검색해도 당신에게 연결될 수 있다는 것을 좋게 생각해라.

●**설명을 삽입하라** 도메인 명을 이용해서 당신의 이미지를 강조하라. 고객들에게 당신이 하는 일을 알릴 기회라고 생각하라. www.charleston.com 보다는 www.charlestonchiropractic.com이 낫다.

●**너무 난잡하게 만들지 마라** 상표가 분명하고 핵심을 찔러야 하는 것처럼 도메인명도 당신이 누구이며 무슨 일을 하는지 분명하고 효과적으로 알려야 한다. 홈페이지는 톡톡 튀는 표어나 귀여운 문구를 쓰는 곳이 아니다. 유일한 예외라면 당신의 표어나 문구가 아주 잘 알려져 있어서 도메인 명으로 효과적인 역할을 해낼 경우이다. 예를 들어 www.wetryharder.com ('we try harder'는 에이비스 렌터카의 유명한 광고 문구이다-옮긴이)를 보면 누구라도 '에이비스 렌터카'를 연상한다.

●**마지막에 닷컴(.com)을 넣어라** 도메인 명을 구입할 때 .com, .biz, .net, .org, .info 등 다양한 접미사를 제안 받게 되는데 일단 .com 도메인 구입을 고려해야 한다. 인터넷 사용자 90퍼센트가 .com 도메인 형식을 선호하고 맨 먼저 확인해 보려고 하기 때문이다. 자금이 허락하면 전체를 구입해서 2차 도메인이 모두 당신의 홈페이지로 연결되게 하면 더 좋다.

●**당신의 이름을 빼앗기지 마라** 도메인 등록의 유효기간은 일 년이다. 등록 기간이 지나면 당신도 모르는 사이에 다른 사람이 그것을 가로채 버릴지도 모른다. 등록 서비스 업체가 도

126

메인 갱신 시기가 되었다고 알려줄 때까지 기다리지 마라. 날짜를 달력에 표시해 두고 그전에 갱신하거나 자동 갱신을 신청하라. 당신을 찾는 고객이 다른 사람에게 연결되기를 바라지는 않을 것이다. 따라서 도메인 명을 강탈해가는 침입자를 경계하라. 도메인 명 등록 기간이 끝나면 누구나 쉽게 그것을 가로챌수 있다. 사이버 무단 침입자는 당신의 도메인 명을 도로 당신에게 팔려고 할지도 모른다. 특히 괜찮은 도메인은 높은 가격으로 팔린다. 기록에 남은 최고 가격은 얼마일까? 2006년 초에 Sex.com은 자그마치 1천4백만 달러에 팔렸다. 두 번째로 높은 가격은 그래도 입이 쩍 벌어지는 Business.com의 7백5십만 달러였다.

조안 레프코위츠

조안 레프코위츠는 진정한 틈새 사업가이다. 액세서리 브레인스톰(Accessory Brainstorms)의 사장인 조안은 생활용품 발명뿐만 아니라 패션과 화장품 쪽 제품 발명에 종사하는 사람들을 위해 특허 대행과 마케팅 상담을 한다. 머리를 손질하는 기구인 톱시 테일을 아는가? 그것은 조안이 전국적인 선풍을 일으키도록 도와준 제품들 중 하나이다.

레프코위츠의 조언

조안은 상표의 중요성을 아주 잘 알며 전문 기술을 이용해서 자기 사업에 맞는 강력한 상표를 개발했다. 액세서리 브레인스톰을 설립하기 전에는 액세서리 재료 갤러리를 운영했다.

조안은 이렇게 말한다. "특이한 로고, 색상, 그리고 전시실에서 옷을 입는 방식에 이르기까지 우리에게는 아주 강력한 상표가 있었어요." 조안의 직원들은 검정, 빨강, 하양, 회색 옷만 입어서 고객의 시선을 액세서리에 집중시킨다. "그런 많은 요소들이 액세서리 브레인스톰을 만드는 데 핵심이 되었답니다."

"그래픽 작업이 필요하면 전문 디자이너와 함께 일했어요. 우리 홈페이지와 광고에 늘 이 로고가 찍혀 있죠." 액세서리 브레인스톰의 로고는 눈부시게 반짝거리는 나사가 특징이다. "우리 업계에서 나사는 아주 특별한 의미가 있어요. 나는 그것이 우리를, 다시 말해 반짝거리는 영감을 표현한다고 생각합니다. 어떻게 보면 그 문양이 우리를 대변하는 셈이죠."

더 자세한 정보는 www.AccessoryBrainstorms.com에서 찾아보기 바란다.

지혜 한마디

시각적인 요소는 강한 상표를 만들어낸다. 당신의 색상, 차림새, 로고, 광고 방식, 심지어는 당신이 일하는 건물의 건축 양식까지 고려하라.

5장
요약

1. 상호는 고객과 연결되는 출발점이다.

2. 상호는 당신의 이미지와 상표를 대표한다.

3. 상표 등록을 통해 상호와 상표를 보호하라.

4. 도메인 명을 등록하라.

5. 도메인 명의 갱신 시기를 놓치지 마라.

MICRO BUSINESS

언론에 대한
영향력을 키워라

기자가 대중에게 당신의 정보를 제공할 때,
그만의 독특한 유효성은 돈으로 살 수 없다. 긍정적인 기사는
너무도 가치가 크기 때문에 돈으로 따질 수 없다는 것이다.

PART 06

광고는 비싸지만 기사나 인터뷰는 돈으로 따질 수 없다

기자, TV와 라디오 제작자로부터 전문지식과 조언을 요청받는 언론의 얼굴마담이 되는 기분은 어떨까? 그런 기회는 생각보다 쉽게 온다. 인지도는 마케팅이라는 무기창고 속의 비밀 무기이다. 그것이 가진 강력한 효과는 돈이 덜 들고, 위험도 거의 없고, 효과적이고, 또 무엇보다도 방법을 알면 이용하기 쉽다. 그 이상 무엇을 더 바라겠는가?

언론 영향력을 키운다는 것은 언론을 알고, 그것을 자신에게 유리하게 이용하는 방법을 아는 것과 같다. 당신이 할 일은 간단하다. 관심을 끌어 당신이 누구이고 무엇을 하는지, 그것이 왜 중요한지 언론에 알리는 것이다.

지금까지의 이야기들처럼, 핵심은 전문화, 같은 분야의 제너럴리스트들과 차별화되는 방법에 집중해서 경쟁력을 확보하는 것이다. 하지만, 더 있다. 당신이 무엇을 제공할 수 있고, 당신이 왜 그것을 제공하고 있는지 세상에 알리는 것은 목표 고객에게 또 다른 서비스가 될 수도 있다.

언론에 대한 영향력을 키우려면 훈련 계획을 세워야 한다. 바라는 결과를 얻고자 언론 대응 전략을 준비하는 것이다. 따라서 시간을 내어 자신이 어떤 결과를 원하는지 생각해 보는 것이 중요하다. 그래야, 새로운 위치로 올라서고 마케팅의 수명을 늘릴 계획을 설계할 수 있을 것이기 때문이다.

모든 훈련 계획이 그렇듯 규칙적인 반복이 필요하다. 단 한 번 하는 것으로는 불가능하다. 한번으로도 당신과 당신의 사업에 긍정적인 반향을 불러일으킬 수 있겠지만 한 분야에서 전문가라는 평판을 얻으려면 언론에 꾸준한 노력을 기울여야 한다.

좋은 취재원이 되기 위한 7단계

언론과 효율적으로 일하려면 기본적인 몇 가지를 알아두어야 한다. 그러면 그들은 당신을, 당신은 그들을 존중하는 관계가 형성된다.

1. **자기 홍보를 삼가라** 언론과 일을 할 때 잊지 말아야 할 가

장 중요한 원칙은, 당신 이야기만 해서는 안 된다는 것이다. 언론은 어떤 분야에서 전문가 역할을 할 수 없으므로 당신 같은 전문가를 찾는다. 그들은 자기들의 목표 시청자나 독자에게 도움이 될 정보가 필요해서 전화나 이메일을 통해 문을 두드린다. 전문가라는 지위는 특히 적절하고 든든하고 신뢰할 취재원이 되어줄 때 다져진다. 항상 충분한 정보를 제공하면서 자신이 전문가임을 보여주어야 한다.

2. **접근성을 높여라** 나는 언론 중에서도 특히 인쇄 매체와 30년 동안 일을 했다. 그동안의 경험으로 언론에 종사하는 사람들이 늘 빡빡한 일정에 매여 있다는 사실을 알았다. 따라서 그들이 당신을 찾을 때 연락이 닿아야 인터뷰가 성사된다. 그렇지 않으면 그들은 다른 전문가를 찾는다. 아주 간단한 법칙이다. 이름을 알리고 싶다면 즉시 전화를 걸거나 이메일에 답장을 하라. 나는 어느 정도 인지도가 있는 것이 아예 없는 것보다는 훨씬 낫다고 굳게 믿고 있다. 『아메리칸 쿼터 호스 저널』(단거리 경주마 관련 잡지─옮긴이)에 등장하는 것을 마다하지 않는 이유도 모두 그 때문이다. 그쪽 계통의 제조업체들도 무역박람회에 참여하므로 많은 도움이 된다.

3. **신중하게 대응하라** 기자의 전화를 받을 때 어떤 모습을

보여줄지 미리 생각해두면 만족스러운 인터뷰를 할 수 있다. 나는 늘 프로젝트에 열중하고 있을 때 전화를 받기 때문에 호흡을 바꾸어 기자의 질문에 대응할 시간이 거의 없다. 만약 내가 관심을 두고 있고 설득력 있게 이야기할 수 있는 주제라면 상대의 마감 시한을 묻는다. 마감이 바로 그날이면 20~30분 뒤에 다시 전화를 걸어달라고 부탁한다. 주말에 전화를 받을 때는 다음 날 통화 약속을 잡는다. 또한, 질문 목록이 있는지 물어보고, 있다면 팩스나 이메일로 보내달라고 요청한다. 구체적으로 준비할 시간을 벌기 위해서다. 가능하면 알찬 내용과 실례로써 설득력 있게 표현하는 것이 가장 중요하다. 언론은 당신의 실제 경험을 선호하고 귀담아듣는다.

4. 정보에 관대하라 나는 기자들이 원하는 것보다 더 많은 것을 주려고 한다. 이처럼 정보에 관대한 이유는 시장에서 전문가로서의 위치를 굳히기 위해서이다. 나는 늘 기자들에게 더 많은 정보가 필요한지 묻거나, 내 홈페이지에 가면 무료 기삿거리가 그득하다고 귀뜸한다. 또, 관련 분야에 관한 정보가 더 필요하면 알려달라고 말하는 전략도 쓴다. 미래의 취재원이 되고자 자원봉사를 하는 것이다. 나를 인터뷰하는 많은 기자들은 자유직업인이어서 여러 출판물에 글을 쓴다. 이런 전략은 라디오와 텔레비전에서도 먹힌다. 그들은 믿을 만하고 알찬 정보를 제공

하는 전문가를 섭외하면 계속 그 사람에게 의뢰를 한다.

5. 인터뷰의 핵심을 간파하라 인터뷰의 목적, 목표와 일치하는 정보를 제공해야 한다. 나는 기자들이 원하는 정보를 주고자 인터뷰 도중에 자주 확인을 한다. 기자들에게는 기사로 쓸 주제에 관한 실질적인 실마리가 없다. 따라서 그들이 설득력 있고 알찬 내용을 쓸 수 있도록 이끌어주는 것이 중요하다. 기자들은 그런 도움을 주면 무척 고마워하는데, 그것은 그들의 사랑을 받기 위한 또 다른 전략이다. 군중 속에서 두드러지고 싶다면 기자들의 기사에 맞는 최고의 인터뷰를 하겠다는 목표를 세워라.

6. 계속 연락하라 내가 이용하는 또 다른 전략은 언론과의 연결고리를 유지하는 것이다. 특히 증정본을 받으면 감사편지를 쓴다. 그런 다음 그 사람을 나만의 언론 자원 목록에 포함시키고 늘 새롭게 발생하는 정보를 알려준다. 많은 기자들은 자유직업인이기 때문에 그들이 앞으로 어떤 출판물에 어떤 기사를 쓸지는 아무도 모른다. 따라서 그들의 기억 속에 살아 있어야 한다.

7. 기사를 활용하라 인쇄물, 라디오, 텔레비전 등 어디에서

인터뷰를 하든 될 수 있으면 그 기사를 잘 활용하는 것이 중요하다. 고객이나 그런 정보를 받는 것을 중요하게 생각할 만한 잠재 고객에게 기사를 복사해서 보내는 방법도 고려하라. 온라인 기사는 홈페이지의 적절한 장소에 링크를 걸어놓아라. 내 홈페이지에는 무료로 기사를 검색할 수 있는 보물 창고가 있는데, 여기에 좋은 기사 거리를 찾는 기자들이 흥미를 갖는 일이 많다. 나는 모든 사람들이 내 정보를 아주 쉽게 이용할 수 있게 해두었다. 내가 원하는 것은 오로지 기사 맨 밑에 적혀있는 필자의 이름이다. 나는 모든 기사에 내 홈페이지와 이메일 주소가 적혀 있는지 확인한다.

텔레비전에 출연한 동영상이나 라디오 인터뷰 오디오 파일도 효과가 좋다. 가능한 한 많은 사람들에게 당신의 명성을 알려야 한다는 것을 기억하라.

특별한 영향력을 가진 3개의 집단

지금부터 인쇄, 라디오, 텔레비전 등 여러 종류의 언론이 제공하는 기회에 대해 살펴보고, 아울러 피해야 할 중대한 실수에 대해 생각해 보자. 이들 영향력 집단은 당신의 메시지를 전달할 뿐만 아니라 당신의 정체성을 구축하고, 당신을 노출해서 인지도를 높여줄 힘을 가지고 있다. 이 세 가지 모두를 조합해서 활용한다면 극적인 힘을 발휘할 수 있다. 그러나 내가 그랬듯이 당신도 어느 한 가지가 나머지에 비해 자신에게 효과적으로 작용한다는 사실을 알게 될 것이다.

내게는 인쇄물이 전문가로서의 나의 지위를 다져주는 것을 여러 번 경험하였다. 목표 시장의 고객들이 전시 정보를 찾을 때 그들은 홈페이지와 무역 잡지에 인쇄된 글을 찾는다. 라디오와 텔레비전은 대체로 그들에게 가장 유용한 정보를 제공하지 못하기 때문이다. 하지만, 당신의 경우는 완전히 다를 수 있다. 텔레비전이나 라디오 토크쇼 출연이 당신의 직업적인 위치를 단단하게 굳힐 수 있다는 것이다. 핵심은, 당신이 제공하는 정보와 관련해서 어떤 매체가 목표 고객들에게 가장 큰 영향을 미치는지 정확하게 아는 것이다.

영향력 집단 1 : 인쇄 매체를 통해 독창성을 알려라

신문업계에는 이런 말이 있다. 광고는 비싸지만 사설은 돈으로 따질 수 없다. 짧은 이 말 속에는 독자들이 광고를 통해 수집하는 자료보다 기사나 칼럼에서 읽는 정보를 훨씬 더 신뢰하고 존중한다는 뜻이 들어 있다. 기자가 대중에게 당신의 정보를 제공할 때, 그만의 독특한 유효성은 돈으로 살 수 없다. 긍정적인 기사는 너무도 가치가 크기 때문에 돈으로 따질 수 없다는 것이다.

나는 홍보 분야에 종사한 이후로 인쇄 매체에 진지한 열정을 가지고 있었다. 수백 건의 기사에 등장했지만 나는 여전히 최근 기사나 보관 중인 기사에 찍힌 내 이름을 볼 때마다 전율을 느낀다. 인쇄 매체를 그처럼 강력하게 만드는 견고하고 지속적인 어떤 것이 분명히 있는 것 같다. 아, 당신 생각이 맞다. 나는 인쇄 매체를 1,000퍼센트 지지하는 진정한 인쇄 매체 옹호자이다.

인터뷰 잘하는 법

기자가 준비된 질문을 들고 막 전화를 했거나, 이메일을 보냈거나, 사무실로 찾아왔다. 다음은 인쇄물에서 스타가 되고 기자의 '의뢰' 목록에 자리를 잡기 위해 해야 할 것과 하지 말아야 할 것 10가지이다.

● 해야 할 것 : 기자의 관점에서 생각하라. 그들은 좋은 기사를 쓰기 위해 당신에게서 무엇을 얻으려고 할까? 당신의 주장을 전달하는 뉴스거리를 찾아라. 업계 동향, 통계, 신기술이나 신제품, 자신만이 할 수 있는 팁, 기술이나 전략, 유용한 조언 등 시기적절한 정보를 강조하라. 인간적인 흥미를 불러일으키는 이야기가 좋다. 기자는 그 덕분에 자칫 무미건조한 내용만 늘어놓을 뻔한 기사를 재미있게 쓸 수 있을 것이다.

●하지 말아야 할 것 : 기자가 스스로 부탁하지 않는 한, 그가 어떤 기사를 쓸지 지레짐작하지 마라. 기자가 '한 여자의 솔직한 이야기'를 간결하게 쓰려고 하는데 미리부터 흥미 위주의 의견이나 굉장한 인용문을 준비해두어서는 안 된다. 기자가 원하거나 요구하지 않는 것을 주다가는 불쾌감까지 줄 수 있다. 그들의 요구를 잘 듣고 그것만을 제공하라.

●해야 할 것 : 언론과 유대 관계를 구축하라. 편집자와 작가들을 파악하라. 그들에게 취재원이 되어주겠다고 자청하라. 기자들은 취재원 목록을 가지고 있는데, 거기에는 주로 정보가 많고, 친절하고, 인용할 만한 자격이 있는 사람들이 올라가 있다. 그들은 특정 주제에 관한 기사를 써야 할 때 맨 먼저 그 목록을 펼쳐본다. 당신의 최우선순위는 취재원 목록에 들어가는 것이다.

●하지 말아야 할 것 : 기자가 하찮아 보인다고 천대하지 마라. 오늘 오마하 상공회의소에 관한 기사를 쓰고 있는 기자가 내일 가장 유명한 경제 신문에 실릴 기사를 쓰지 말라는 법은 없다. 언론계 전문가들은 놀랍도록 빠르게, 자주 자리를 옮긴다. 그들은 자리를 옮겨도 머릿속 기억은 가지고 다닌다. 힘이 없다고 무시당한 기자는 영향력이 있는 자리에 올라가면 예전의 일을 모두 기억한다.

●해야 할 것 : 쓸만한 자료집을 만들어 기자들에게 우편이나

온라인으로 보내겠다고 제안하라. 한 쪽짜리 회사 연혁, 영업 수치(필요할 때)와 같이 흥미를 끄는 적절한 정보, 당신이 제공하는 서비스와 그것이 특별한 이유에 관한 정보, 적당한 사진(어떤 행동을 하는 사진이 가장 효과적이다)이나 사진을 찾을 수 있는 온라인 사이트 링크, 주요 연락 정보 등을 넣어라. 그 모두가 정확하고 증명할 수 있는 것들이어야 한다. 당신이 잘 알려지지 않았고 언론사의 관심을 끌고 싶다면 독특한 포장으로도 큰 효과를 거둘 수 있다.

● 하지 말아야 할 것 : 온갖 잡다한 것들을 자료집에 집어넣으면 안 된다. 짧고 핵심을 찌르는 것이 훨씬 더 낫다. 거짓 사실, 얼굴 사진, 오래되었거나, 틀렸거나 과장된 정보는 피하라. 잘못된 통계는 망하는 지름길이다. 모든 통계에는 전후 관련 자료를 함께 제공하라. 가방, 서류가방, 파일에 쉽게 들어가는 표준 규격이나 약간 더 작은 폴더가 가장 좋다.

● 해야 할 것 : 입소문을 내고자 최선을 다한다. 무역박람회, 네트워크 행사를 비롯한 기회가 될 수 있는 모든 장소에서 언론에 손을 내밀어라. 홈페이지를 기자들의 주요 취재 공간으로 만들어라. 기사, 통계, 사진, 인용문, 자주 하는 질문과 답 등을 게시해 두면 더 좋은 기사를 쓸 수 있는 정보를 많이 얻어갈 것이다.

● 하지 말아야 할 것 : 기자회견을 하지 마라. 특히 중요 발

표, 신제품 소개(정말 새롭거나 혁신적인 제품일 때만), 전반적인 업계 동향에 관한 주제를 발표할 때를 대비해 가급적 기자회견을 자제하라. 뉴스가 될 만한 가치도 없는 내용으로 필요도 없는 행사를 열면 기자들의 화를 돋우고 실망만 안겨줄 뿐이다. 그런 행사는 절대로 추천하지 않는다.

●해야 할 것 : 약속을 지켜라. 인터뷰 약속을 잡아놓았다면 시간을 지켜라. 기자에게 자료를 보내겠다고 약속했으면 특급 우편을 이용하고 잘 받는지 확인하라. 약속한 사진은 적절한 설명을 덧붙인다. 기자들은 빡빡한 일정에 따라 일한다. 기대하고 있는 것을 전달하지 못하면 당신이 아닌, 더 도움이 될 다른 취재원을 찾는다.

●하지 말아야 할 것 : 특히 일반적인 관심 분야를 주제로 기사를 쓰는 언론사의 기자는 당신이 하는 일에 대해 모든 것을 알고 있다고 생각해야 한다. 배경 자료와 실례를 제공하되, 전문용어는 피하라. 적어도 한번은 약어를 자세하게 풀어 말하고, 화제에 오른 수상 경력, 자격증, 명예직 등의 배경을 설명한다.

당신의 비밀 무기

당신의 홈페이지는 강력한 도구이며, 언론 매체에 노출되려는 목표에 한 걸음 더 다가서게 해주는 소중한 동지이다. 사이트의 공간을 기자들이 작성하고 있는 기사를 조사하고 살을 붙이는 중요한 수단과 자원을 제공하는 데 이용하라.

기자들이 언제라도 당신의 홈페이지에 접근할 수 있어야 한다. 그들은 오전 마감 시간을 맞추려고 새벽 3시에 작업을 하거나 비행기 안에서 마지막 기사를 서둘러 작성할 때도 있다. 그들은 기사의 비어 있는 공간을 마저 메우려면 당신의 홈페이지에 있는 자료들이 도움이 된다는 사실을 잘 안다. 그런 서비스로 언론의 흥미를 끌지 못한다면 다른 것으로도 어렵다.

홈페이지에는 무엇이 있어야 하나?

- 기사
- 경력 정보
- 내려받을 수 있는 고해상도 사진
- 간단한 보고서
- 팁시트(tip sheet)
- 시기적으로 적당한 주제에 관한 글
- 수상경력

영향력 집단 2 : 라디오

꽤 오랫동안 라디오가 한물갔다는 인식이 있었다. 아니, 한물가지 않았다면 적어도 마지막 고통스러운 몇 년을 버티고 있디는 깃이있다. 하지만, 그것은 사실이 아니었다. 라디오는 분명히 부활했다. 하지만, 지금 우리가 이야기하고 있는 것은 할아버지 시대의 라디오는 아니다.

오늘날, 그리고 미래의 라디오 프로그램은 점점 더 틈새를 겨냥하고 있다. 국영방송을 듣는 사람에서 낮 시간의 토크쇼에 귀를 기울이는 보수적인 군중에 이르기까지 청취자들은 특별히 자기들의 요구를 채워주는 프로그램을 찾는다. 그래서 스포츠, 뉴스, 여성 방송이 있다.

위성 라디오와 인터넷 라디오 방송까지 한데 묶으면 프로그램을 원하는 청취자가 급격히 늘어난다. 아울러, 그런 요구는 점점 늘고 구체적으로 변하고 있다. 따라서 좋은 라디오 게스트가 되는 법칙은 계속 바뀔 수밖에 없다. 이제는 지역 방송국의 요구에 따라 훌륭한 인터뷰를 하는 것만으로는 충분하지 않다. 그래서 반드시 알아야 할 5가지를 소개한다.

1. 누구에게 이야기하는지 파악하라

라디오 관계자가 인터뷰 요청을 하면 어느 방송국인지, 어떤 쇼를 위한 인터뷰인지, 진행자는 누구인지 물어라. 그런 다음 인터뷰 의뢰를 수락하되, 가능한 한 고자세를 유지하라. 그렇게 해야 하는 이유가 있다.

지금 인터넷은 우리의 가장 친한 친구가 되었다. 구글에서

명칭이나 호출 부호로 라디오 방송국을 검색하고, 쇼와 진행자에 관한 정보도 찾아보라. 공식 홈페이지에 기재된 것보다 더 많은 내용을 읽어두면 쇼에 출연하기 전에 방송국과 쇼를 전반적으로 파악할 수 있다.

라디오 진행자 중에는 독단적인 논쟁을 벌이거나 공개적으로 망신을 주려고 게스트를 초대하는 사람들도 있다. 이는 쉽게 눈치를 챌 수 있으므로 아무런 대책 없이 당하기만 해서는 안 된다. 따라서 출연 여부도 신중하게 결정해야 한다. 방송국이나 쇼가 당신의 목표 고객을 떠나게 할 가능성이 있다는 판단이 들면 인터뷰를 취소하라.

2. 무슨 말을 하고 있는지 파악하라

인터뷰 중에 요점을 놓치지 말고 자신이 어떤 것을 이야기하고 있는지 잊으면 안 된다. 특히 토크쇼를 즐겨듣는 청취자들은 곧잘 대화 내용이 사실인지 확인하려고 한다. 어떤 말이 의심스럽거나 정확하지 않게 들리면 기어이 확인을 한다. 방송국에 전화를 걸어 당신이 틀렸다는 것을 진행자에게 알릴 수도 있다.

어떤 것에 대해 잘 모르면 사실대로 말하라. 고정으로 출연하는 쇼에서는 '알아보고 다음 시간에 알려드리죠' 라고 말해도 괜찮다.

3. 논쟁에 대비하라

어떤 라디오 쇼는 논쟁으로 먹고산다. 주제가 셰익스피어 작품이든 지방 의회의 타락상이든 그들은 정중하지만 열띤 토론을 벌여 불꽃이 튀는 것을 보고 싶어 한다. 그런 의도를 잘못이라고 할 수는 없다. 그런 쇼들이 청취율도 높다. 그처럼 전투적인 환경에서 자신의 주장을 굽히지 않는 동시에 다른 사람들의 기분을 해치거나 화를 부추기지 않고 원하는 이야기를 전달할 수 있다면 얼마든지 출연하라.

아무런 준비도 없이 가면 안 된다. 당신이 하는 말이 전부 새빨간 거짓말이라고 소리를 지르는 사람을 아직 만나본 적이 없다면 무척 거북한 경험이 될 것이기 때문이다. 믿을만한 친구들과 역할극으로 연습을 하라. 변호사, 재무 설계사처럼 일상에서 늘 논쟁을 하는 틈새 사업가들은 그런 환경에서 빛을 발할지도 모른다.

하지만, 특히 사람들을 즐겁게 해주는 일에 종사하는 틈새 사업가들은 이성을 잃고 화를 내기 쉽다. 그렇게 되면 직업적인 신뢰도에 심각한 피해를 볼 수 있다. 사전 조사가 중요한 것은 그 때문이다. 적대적인 성향의 쇼가 당신의 성질을 돋울 것 같으면 인터뷰를 거절하라.

4. 뉴스에 귀를 기울여라

146

라디오는 늘 시사 문제를 다룬다. 나는 질의문답식 논평과 설명을 해달라는 요청을 여러 번 받았다. 자연재해나 선거, 새로운 발견, 발명 같은 중요한 사건이 벌어지면 대중은 그 일이 자기 자신 혹은 자기들이 일하는 분야에 어떤 영향을 미칠 것인지 알고 싶어 한다.

따라서 어떤 사건이 발생하면 출연 전에 생각을 정리해서 적어두라. 미래를 준비하고 싶다면, 사건이 터지고 난 몇 시간 안에 이메일로 기사 작성에 도움이 될 보도 자료를 라디오 기자들에게 보내라.

아동 전문 마사지 치료사의 경우, 충격적인 사건을 취재하는 기자들에게 부모들이 심각한 스트레스로 인한 신체 증상을 줄이도록 아이들에게 해줄 수 있는 마사지 방법이 있다고 알리는 방법이 있다.

그런 상황에서는 홍보용으로 정보를 제공해서는 안 되며, 사람들에게 도움을 주는 데 초점을 두어야 한다.

5. 핵심을 짚어 말하라

라디오는 빠르다. 그것도 아주 빠르다. 무엇을 길고 자세하게 설명할 시간이 없다. 진행자가 그것을 허용하지 않는다. 게다가 너무 오래 말을 늘어놓으면 청취자가 돌아선다. 그들은 더 관심이 가는 프로그램을 찾아 채널을 돌린다.

핵심을 짧게 말하는 법을 배워 그런 상황을 극복하자. '음', '어', '저'와 같은 불필요한 말을 자주 해서 시간을 낭비하지 마라. 그런 것들은 좋은 인상을 전달하지 못하고 청취자들의 사랑을 받기 어렵게 한다. 청취자에게 전달하고 싶은 핵심 내용만 말하도록 철저하게 연습하라.

보너스 팁: 물 한 병을 가져가라. 방송 중에 갑자기 목이 마르거나 기침이 나는 최악의 상황에 대비하라.

영향력 집단 3 : 텔레비전

중요한 한 가지만 빼면 라디오에서 통했던 것이 텔레비전에서도 통한다. 텔레비전은 시각적인 매체이기 때문에 주의해야 할 것들이 달라진다. 그중에서 가장 중요한 세 가지는 다음과 같다.

1. 단정하게 보여라

'그 사람은 라디오에 어울리는 얼굴을 가졌다.' 이런 말을 들어본 적이 있는가? 슬프게도 우리 사회는 외모를 중요하게 여긴다. 텔레비전은 특히 더 외모를 따진다.

우리 모두가 눈부시게 아름다울 수는 없다. 하지만, 카메라 앞에 선다고 생각하면 역시 외모가 마음에 걸린다. 직업인답고 깔끔하게, 그리고 유행에 맞게 옷을 입는 것이 좋다. 가장 중요한 것은 목표 고객들에게 영향을 미칠 수 있는 적절한 옷차림이다. 너무 편하고 자유스럽게 옷을 입거나 젊은이들이 보기에 너무 구식이면 생각보다 금세 신용을 잃는다.

사소한 부분에도 유의하라. 아무도 눈치 채지 못할 것 같은 머리 비듬도 온 나라 안의 거실에서는 눈에 확 띈다.

옷을 신중하게 선택하라. 무늬가 있는 것보다는 대체로 단색이 더 낫다. 아울러, 배경과 충돌하거나 배경 속에 묻혀 당신의 존재감을 없애는 의상을 골라서는 안 된다. 중요한 출연 계획이 있을 때는 카메라에 가장 좋은 모습으로 찍히도록 이미지 관리 전문가의 도움을 받아도 좋다.

지나친 욕심은 부리지 않는 게 좋다. 아무도 영화배우 같은 당신을 기대하지 않는다. 이유는 간단하다. 시청자들은 당신이 걸치고 있는 옷이나 장신구보다 전하는 말에 더 집중한다.

2. 의견을 물어라

'말 많은 사람'을 좋아하는 사람들도 많다. 하지만, 텔레비전 시청자들은 대부분 그렇지 않다. 그렇다면, 어떻게 해야 활기찬 모습을 보여줄 수 있을까? 당신이 말하는 내용의 실례를 보여주면 어떨까? 핵심을 찌르는 그림이나 증거가 있는지 생각해 보라.

사전에 쇼 제작자들과 그 문제를 의논하고 그들의 지시를 따르자. 그들은 텔레비전에 효과적인 많은 아이디어를 가지고 있다. 절대 진행자를 놀라게 하면 안 된다. 그것은 몹시 나쁜 방법이며, 다음부터 같은 프로그램에 절대 초대받지 못할지도 모른다.

3. 이야기꾼이 돼라

최대의 효과를 내려면 이야기로 주제를 전달하라. 실제의 예를 넣은 진짜 이야기를 하거나, 상황에 맞게 이야기를 꾸며내도 좋다. 사람들은 이야기에 익숙하다. 이야기는 당신이 제시하는 정보를 연상하게 해주는 방법이며, 지루한 내용에 생기를 불어 넣는다.

이야기는 짧고 핵심을 전달하는 것이어야 한다. 카메라 앞에 나서기 전에 자신감이 생길 때까지 여러 번 말하기를 연습하라. 이야기의 요점에 도움이 되지 않는 세세한 내용은 삭제하라. 그런 이야기는 시청자로 하여금 주제에서 벗어나 관심을 잃게 할 뿐이다.

내 이야기를 누구에게 할까?

언론사가 설명이나 전문 자료가 필요해서 당신을 찾아온다면 가장 이상적일 것이다. 하지만, 그런 일이 일어날 때까지 기다리기보다는 당신이 먼저 손을 내밀어야 한다. 다음과 같은 다양한 방법이 있다.

- 보도 자료 보내기
- 작업을 함께 한 경험이 있는 기자들에게 연락하기
- 기자 회견 열기

그러나 적절한 언론과 작업하지 않으면 시간낭비일 뿐이다.

당신의 이야기를 적절한 언론에 소개하고 있는지 확인해야 한다. 언론의 종류는 수백 가지가 넘는다. 하지만, 지금은 일반 언론과 전문 간행물 두 가지에 대해서만 알아보기로 하자.

일반 매체

가판대에서 볼 수 있는 잡지, 대부분의 텔레비전과 라디오 프로그램, 인터넷 홈페이지와 토론장 등 보통 사람이 접할 수 있는 모든 것들을 아우른다.

일반 매체와 일할 때는 실제 이야기를 쓰거나, 취재원이 되거나, 아니면 인터뷰를 자청하는 방법이 있다. 어떤 역할을 하든지 이 장 앞부분에 소개한 요령과 요점을 참고하기 바란다. 그런 다음 기자의 편의를 위해 할 수 있는 모든 것을 하자.

전문 간행물

여기에는 전문 분야에 종사하는 사람들이 읽지만 해당 분야 밖의 사람들에게는 잘 알려지지 않은 간행물(일간지와 잡지)이 속한다. 흔히 전문가 협회가 관리하는 회원제 홈페이지에 실린다. 전문 간행물은 일반 대중에는 잘 알려지지 않지만 업계의 유력자들에게는 영향을 미칠 수 있다.

일반 매체와 전문 간행물 모두가 끝없이 이야깃거리를 요구한다. 잡지는 가득 채워질 내용이 필요하고, 쇼는 손님이 필요하며, 홈페이지는 기록이 필요하다. 그러나 양쪽의 내용은 다르다. 전문 간행물에 기고하는 깊이 있는 기사는 일반 독자들에게는 수면제가 되기 쉽다. 반면에 고향 신문에 기고하는 일반적인 관심거리에 관한 기사는 업계의 독자들에게 이런 반응을 일으키게 할 것이다. '그래서, 뭐 어쩌라고······?'

적절한 매체를 골라 기사 내용을 보내는 것은 그리 어려운 일이 아니다. 일반 대중과 업계 전문가들 중 그 내용을 누가 가장 관심 깊게 읽을지 자문해 보면 된다.

업계의 관심을 끌 만한 내용이라면 최고의 전문 잡지를 찾아보도 의사를 타진하라. 그러나 일반 소비자의 요구에 맞는 내용이라면 일반 언론사에 연락해야 한다. 그 두 가지 범주의 중간에서 어느 정도 학구적이거나 학술적인 독자를 겨냥하는 매체도 많다. 내용이 그런 독자층에게 맞으면 그런 매체를 고려하라.

전문 간행물에 글쓰기

전문 간행물은 다르다. 자유기고가를 포함해서 재능 있는 작가와 편집자들이 많지만 전문 간행물이 확보한 뉴스거리의 양과 필요한 양은 차이가 나게 마련이다.

틈새 사업가는 흔히 전문 잡지에 기사나 고정 칼럼을 써달라는 요청을 받는다. 그런 황금 같은 기회가 오면 잘 활용해야 한다. 어떤 출판물에 글을 써달라는 연락이 오면 기사의 분량과 마감 시간을 확인하라.

편집자는 그달의 주제와 일치하는 구체적인 내용에 관해서, 아니면 독자들이 관심을 있을 만한 문제를 찾아 써달라고 할지도 모른다.

나는 그런 목적에 부합되는 글을 쓸 수 있도록 현재 진행형의 자료 목록을 컴퓨터에 저장해두고 있다. 그 목록에서 이미 여러 편의 기사가 나왔다.

편집자가 글쓰기 지침을 제공하면 그것에서 벗어나지 말아야 한다. 2천 단어로 된 기사를 원하면 그대로 따르라. 2,500단어로 만들어 보내면 지면 배정과 도안, 순서, 광고 비율에 영향을 미치는 등 수많은 문제를 일으킨다.

자신의 글이 편집될 것에 대비하라. 모든 글이 편집 대상이며, 전문 작가의 글도 예외가 아니다. 그런 것을 수치스러워할 필요는 없으며, 편집자의 수정을 감정적으로 받아들여서는 안 된다. 사전에 교정본을 보거나 적어도 수정 사실에 대해 통보받을 기회는 많다. 마음을 열고 교정본을 보도록 노력하라. 편집자들의 의도는 단지 더 좋은 기사를 쓰려는 것뿐이다.

가능하면 더 좋은 내용을 위해 사진을 이용하거나 제안하라. 물론 그 사진들이 실리지 않을 수도 있다. 하지만, 만약 그것들이 사용되면 미술 담당 편집자의 일을 한결 덜어줄 것이다.

인터넷

요즘은 인터넷을 빼놓고는 언론에 관한 이야기를 할 수 없다. 일간지 발행인들에게 인터넷이 그들의 사업에 어떤 역할을 했는지 물어보라. 어떤 사람들은 눈물을 머금고 최악의 상황이 발생했다고 말할 것이다. 언론에 경사가 생겼다고 주장하는 사람도 있을 것이다.

대답이 어느 쪽인가는 중요하지 않다. 인터넷은 좋든 싫든 많은 사람에게 중요한 정보원의 역할을 하고 있다. 그것의 존재는 모든 틈새 사업가들에게 절대적으로 필요하다.

인터넷 매체에 접근하는 방법

인터넷 매체에 접근하는 몇 가지 경로가 있다. 먼저 인터넷 잡지나 신문에 취재원으로 언급되는 방법이 있다. 또, 개인 홈페이지나 블로그에 글을 쓰는 방법도 있다. 마지막으로 제삼자가 진행하는 인기 토론이나 게시판에 참여해도 된다.

인터넷 매체

인터넷 매체와 일하는 것은 인쇄 매체의 경우와 아주 비슷하다. 그러나 인터넷 매체는 인쇄 매체보다 훨씬 더 많은 뉴스거리를 제공한다. 그만큼 더 바쁘게 일해야 하고 마감 시한도 자주 닥친다.

인터넷 기사의 경우, 길이는 짧아도 내용은 많다. 기자들에게 컨텐츠가 풍부한 글을 제공하겠다는 계획을 세워라. 전체 기사에서 당신의 이름은 한두 번만 언급될 것이므로 기사 자체의 가치를 높여라.

사실 확인은 사본이 영원히 존재하는 웹에서는 정말 중요하다. 아카이브 사이트(주기적으로 웹 문서를 저장, 보관하는 사이트-옮긴이)가 있어서 그것도 모르고 문서를 손쉽게 삭제하거나 수정할 수 있다고 좋아해서는 큰코다치는 수가 있다.

인쇄 매체에 접근할 때는 인터넷 매체도 운영하는지 물어보라. 많은 유명 신문사와 잡지사들은 그렇게 한다. 하지만, 컨텐츠가 다를 때가 많다. 기존의 매체에 당신의 이야기를 쓸 공간이 없다면 인터넷에는 있을지도 모른다. 예를 들어, 내가 일으킨 가장 큰 반란은 나를 찾아온 인터넷 비즈니스위크 기자와 한 인터뷰였다. 나는 그들이 내게 관심이 있을 것이라고는 꿈도 꾸지 않았다. 그것이 매주 발행되는 잡지였다면 그랬을 것이다. 그들은 이미 많은 뉴스 재료를 가지고 있기 때문이다. 하지만, 인터넷 잡지라면 적어도 당분간 더 많은 정보를 원할 것이다.

온라인 매체와 인쇄 매체는 편집 직원이 서로 다르다는 사실에 주의하라. 따라서 보도 자료를 보낼 때는 온라인 매체에도 반드시 보내야 한다.

블로그와 홈페이지

모든 틈새 사업가는 홈페이지를 가지고 있어야 하고, 아울러 블로그를 운영하면 더 좋다. 8장에서 블로그를 다시 설명할 것이므로 여기서는 블로그가 당신의 사업에 관한 새로운 소식을 대중에게 정기적으로 저렴하게 제공한다는 사실만 말해주려고 한다. 블로그는 고객이 당신과 개인적으로 연결되어 있다는 느낌을 주는 수단이기도 하다. 그것은 신세대에게는 21세기형 사랑방의 의미를 갖는다. 사람들은 블로그를 통해 당신을 파악한다. 그들이 당신을 알고 좋아하게 되면 사업에도 도움이 된다.

토론장과 게시판

토론과 게시판으로는 인지도가 그다지 높아지지 않을 수도 있다. 누구나 이름과 이메일 주소만 등록하면 정치에서 만화책에 이르기까지 갖가지 공개 토론에 참여할 수 있는 이런 토론장은 거의 입에 오르내리지 않는다.

그러나 모든 분야의 개척자와 틈새 사업가들에게 토론장과 게시판은 아무리 영향력이 보잘 것 없어도 가야할 곳이다.

왜 그럴까? 게시판과 토론장에는 스스로 목적지를 선택하는 고객이 있기 때문이다. 예를 들어, 누군가가 환경보호 게시판에서 활동한다면 생태학과 관련된 문제에 관심을 두고 있을 가능성이 크다. 당신의 목표 고객들이 환경에 관심이 많다면 토론장과 게시판보다 그들을 더 쉽게 찾을 수 있는 곳이 있을까?

게시판에 참여하는 5가지 규칙

1. 말하기 전에 읽어라 널리 허용되는 '러킹(lurking, 남의 글을 읽기만 하고 자기 의견은 제시하지 않는 것–옮긴이)' 이라는 행위이다. 게시판의 분위기와 어떤 사람들이 활동하는지 파악할 수 있다.

2. 바른말을 써라 목표 고객 중 어떤 계층은 기기묘묘한 인터넷 은어를 이해하고 유행처럼 사용할지도 모르지만 당신이 그런 용어를 사용하는 것은 바보 같은 일이다.

3. 화내지 마라 인터넷 토론은 빨리 달아오르기 때문에 침착성을 잃으면 나쁜 평판을 듣기 쉽다. 어떤 전문가들은 온라인에서 벌어지는 일이 '현실' 이라는 것을 차마 받아들이기 힘

들어하기도 한다. 하지만, 온라인에서의 행위가 실제 사람들의 구매 결정에 영향을 미칠 수 있다.

4. 소리치지 마라 글자를 굵게 입력하면 소리를 지르는 것으로 여겨지므로 아주 좋지 않은 표현이다.

5. 도배하지 마라 주제 관련 메시지를 올리거나, 같은 메시지를 반복해서 올리거나, 계정을 여러 개 만들어 게시판에 같거나 비슷한 글을 올리는 행위가 여기에 해당한다.

마지막 당부

언론과의 작업은 틈새 사업가의 성공에 큰 영향을 미친다. 개인마다 선호하는 언론이 따로 있다. 나는 인쇄 매체를 신봉하지만 텔레비전 스튜디오의 밝은 조명이나 라디오의 친밀감을 좋아하는 사람들도 있다. 어떤 형식을 선택하든 똑같이 지켜야 할 규칙이 몇 가지 있다.

- 항상 전문가로 남아라.
- 최고의 모습을 보여주려고 노력하는 한편 전달하는 메시지에 집중하라.
- 친절하게 대화를 하려고 노력하며, 솔직하고 정확한 이야기를 해라.

● 언론인들을 더 편하게 해줄 방법들을 생각해 보고, 작업을 원활
  하게 진행하는 데 도움을 주라.

이상의 규칙들을 지키면 그 자리에 있는 동안은 기자들의 입
소문을 거쳐 '만나고 싶은 사람', 유명한 업계의 리더가 될 것
이다.

틈새 사업가
로버트 시칠리아노

로버트 시칠리아노는 개인 안전 분야의 전문가이다. 그는 위험한 상황에 직면한 친구들과 지인들의 끔찍한 이야기를 들은 뒤 그와 관련된 일을 해야겠다고 결심했다. 지금은 『안전한 순간 The Safety Minute』이라는 책의 저자이자 유명 강사로, '투데이쇼', 'MSNBC', '팍스 뉴스' 등의 텔레비전 프로그램에 고정 출연하고 있다.

시칠리아노의 조언

시칠리아노는 이렇게 조언한다. "텔레비전에 출연해서 잘하고 싶으면 라디오방송을 많이 해야 해요. 그러면 자신의 주장을 유창하게 말하고, 질문에 재치 있게 대답하는 법도 배우게 되죠." 이런 능력은 텔레비전에서 특히 중요하다. 뉴스 앵커와 쇼 진행자들은 프로듀서가 적어주는 질문만 던지지는 않기 때문이다.

"방송을 할 때는 자연스럽게 행동해야 합니다. 떨 이유가 없으니까요. 진행자가 어떤 사람이든 가족이라고 생각하고 대답하면 됩니다." 시칠리아노 자신은 공식적으로 언론에 대응하는 훈련을 받은 적이 없지만 새로운 틈새 사업가들은 그것을 고려해 보라고 권한다. "출연자들은 사소한 실수를 많이 합니다. 예를 들어, 의자에 앉아 빙글빙글 도는 것은 누가 말해주지 않으면 깨닫지 못하는 실수죠."

"쇼에 나가려면 먼저 쇼를 보아야 합니다. 질문을 받는 전문가들을 집중적으로 관찰하세요. 그들의 행동과 태도를 표본 삼아 겸손하고 침착한 태도, 집중하는 자세를 배워야 합니다."

더 많은 정보는 www.realtysecurity.com에서 찾아보라.

지혜 한마디

텔레비전에 출연해서 더 잘하려면 라디오 방송이나 공개 토론을 통해 연습하라. 마음을 느긋하게 먹고 침착해야 한다. 미리 쇼에 대해 연구하면 출연 준비에 도움이 된다.

6장
요약

1. 언론의 종류에 따른 차이를 이해하라.

2. 당신의 목표 고객을 유혹하는 언론을 찾아라.

3. 언론에서 무엇이 효과가 있고 없는지 그 규칙을 배워라.

4. 홈페이지 운영으로 언론이 당신을 쉽게 찾도록 유도하라.

5. 인쇄 매체와 인터넷 매체를 모두 이용해서 이름을 알려라.

6. 블로그, 토론장, 게시판 등을 활용하는 법을 배워라.

7. 항상 전문가답게 행동하라!

MICRO BUSINESS

업계와 협회에
참여하라

업계 행사는 황금같은 인맥형성의 기회를 제공한다.
그것은 당신이 몸담은 분야의 거물들이 모두 모이는 자리이며
구매자와 판매자가 함께 모이는 자리이다.

07

PART

업계와 협회의 인정은
고객의 신뢰로 이어진다

인간이 사회적인 동물인 것처럼 틈새 사업가도 혼자 살 수는 없다. 모든 틈새는 업계 안에 있다. 업계는 당신의 전문성을 향상시키고, 같은 일에 종사하는 사람들에 대한 정보를 주고, 유력자들과 인맥을 형성하게 해주는 등 온갖 기회를 끝없이 제공한다.

이 장에서는 지역 수준에서 출발해 업계에 참여하는 방법에 관해 이야기하려고 한다. 그리고 업계 행사에서 강연을 하면 전문가로서의 지위를 극대화하고 아울러 사업을 발전시킬 절호의 기회를 얻게 되는 이유를 알려줄 것이다. 아울러, 많은 사람들이 자주 언급하지만 잘 이해하지 못하는 '정보 공유'가 어떻게 인맥을 형성하는 데 도움이 되는지도 알려줄 생각이다.

시작하기 : 참여하라

같은 직업에 종사하는 사람들의 모임이나 전문가 조직에 참여하기가 망설여질 때가 있다. 그런 조직에는 업계에서 유명하고 존경받는 사람들이 가득하다.

그처럼 유명한 사람들은 어떻게 그 자리에 올랐을까? 그들은 흥미를 느끼거나 전문 지식을 공유할 수 있는 곳에 자발적으로 참여했기 때문이다.

처음에는 이름뿐인 회원(회비만 내면서 조직에 아무런 기여를 하지 않는 사람)으로 출발할지라도 나중에는 조직을 움직이는 데 도움을 주는 적극적인 회원이 되기 바란다.

다행히 그렇게 하는 것은 아주 쉽다. 전문 조직은 늘 새롭고 열정적인 봉사자를 찾는다. 특히 경험이 풍부한 기존 회원들이 은퇴하거나 활동량을 줄이기 때문에 그런 시기가 자주 찾아온다. 실제로, 어떤 조직에서는 주도적인 위치에 오를 사람에 대한 수요가 아주 강하기 때문에 비교적 이름이 없던 사람이 하루아침에 운영진의 자리에 오를 수도 있다.

물론 그것은 가장 현명한 길이 아닐 수도 있다. 내가 출발 단계에서 권하고 싶은 수준은 흥미가 있고 당신의 지식을 공유하고 싶은 업계 동료를 만날 수 있는 모임을 찾는 정도이다.

또한, 봉사는 한번 시작하면 시간을 많이 투자해야 한다는 사실을 잘 알고 있어야 한다. 다시 말해, 시간과 노력을 투자한 대가는 이름을 알리고 입소문이 나는 것이라고 생각하면 된다. 지역에서도 당신이 원하는 것이 잘 충족되는가? 그렇다면, 굳이 중앙 본부까지 갈 필요는 없다. 하지만, 가장 높은 자리에서 두각을 나타내고 싶다면 성공을 위해 최선을 다해야 할 것이다.

이름을 알려라 : 행사 강연

일단 한 분야의 협회에 가입하고 나면 그곳에서 개최하는 행사에서 강연을 할 기회를 찾아라.

어떤 이점이 있나?

그렇다면, 도대체 왜 잘 알지도 못하는 사람들 앞에서 강연을 해야 하는 것일까? 당신은 연예인이 아니라 척추 치료사, 재무 설계사, 변호사 등 서비스업에 종사하는 전문가일 뿐이지 않은가?

하지만, 당신은 그냥 서비스를 제공하는 직업인이 아니다. 당신은 틈새 사업가, 곧 전문가이다. 그 사실을 증명하려면 업계의 행사에서 연설을 하는 것보다 더 나은 방법은 없다.

전문가 협회로부터 무언의 인정을 받는다는 것은 정말 중요하다. 그것 때문에 대중은 당신이 하는 말을 더욱 믿게 된다. 한 번도 만나지 못했던 사람들이 호감 어린 시선으로 당신을 바라볼 것이다.

강연을 들은 사람들이 나중에 당신의 책이나 제품을 보게 될 때는 이미 당신의 전문 지식에 노출된 후이다. 따라서 그들은 한번이라도 깊은 인상을 받으면 당신이 또 그렇게 할 수 있다고 믿는다. 강연으로 당신의 브랜드 가치를 높이는 셈이다.

연단으로 가는 길

다시 당신의 적극성을 이용해야 할 때가 왔다. 행사를 준비하는 기획 위원회에 당신이 강연을 할 의향이 있고, 실력이 있으며, 준비가 되어 있다는 사실을 알려라. 그들이 먼저 찾아오리라는 기대는 버려라. 미안하지만, 한 분야의 전문가로서 입지를 굳힐 때까지 아무도 당신을 찾아오지 않을 것이다.

행사에 따라 강연자를 섭외하는 방법도 다르다. 다른 행사에 비해 형식적인 행사도 있다. 당신의 업계에서는 어떤 강연 기회가 있고 어떤 절차를 거치는지 알아보라.

회의나 대회에 참석하면 기조연설에서부터 하루 종일 열리는 소규모 모임에 이르기까지 의견 발표를 할 기회는 수없이 많다. 융통성은 목표 달성의 열쇠이다. 주최 측의 요구에 따르려는 태도를 보여라. 그들이 올해에는 자리를 마련해주지 않으면 강연자가 일정을 취소하는 상황에 대비하는 방법도 고려하라.

첫 강연부터 유명세를 타지 못하더라도 실망하지 마라. 사람들 앞에 나서서 이야기를 할 때마다 당신의 전문성이 자꾸 알려진다. 그때마다 신뢰도를 높이고, 이름을 알리고, 어느 한 분야에 정통하다는 사실을 퍼뜨리기 때문이다.

자신의 기회를 신중하게 평가해야 한다. 당신의 필요에 가장 부합하는 행사, 무엇보다도 목표 고객의 시선을 끌어 모을 만한 행사가 있으면 자청해서 연설을 하라.

강연에 대한 대가를 받지 못하는 상황도 있을 것이다. 어디까지나 목표는 자신을 노출하고, 이름을 알리고, 전문성을 높이는 것임을 명심하라. 하지만, 물어본다고 손해 볼 것은 없다. 강연료를 받는 것이 불가능할 때는 박람회 기간에 전시 부스를 얻을 수 있는지 물어보라. 그러면 다시 한 번 자신을 노출하면서 당신의 강연을 들은 사람들을 직접 만나 홍보할 기회가 생긴다. 또한, 전문 잡지에 광고를 할 수 있는지, 혹은 회의 참석자들의 명단을 얻을 수 있는지 물어보는 것도 좋은 방법이다.

초보 강사가 지켜야 할 10가지

1. 마음을 편히 가져라

전문가와 연예인은 엄연히 다르다. 위원회에서 강연을 할 기회를 준다면, 그것은 그들이 당신의 전문 지식을 알고 존중하기 때문이다. 무슨 파격적이고 환상적인 스타 강사를 기대하는 것이 아니다.

2. 요점을 찔러라

강연을 통해 청중에게 전달하고 싶은 가장 중요한 것은 무엇인가? 강연의 중심 주제가 될 요점을 한두 개 정하라. 모든 일화, 실례, 설명이 중심 주제를 강조할 수 있어야 한다.

3. 멋진 제목을 정하라

프로그램의 제목이 관심의 반을 차지할 수 있다. 특히 분과위의 강연을 앞두고 참석자 확보 경쟁이 있을 때는 더욱 그렇다. 사람들이 호기심을 느끼고 당신의 분과 회의에 참석하도록 눈에 띄는 기발한 제목을 만들어라.

4. 진심에서 우러나오는 말을 하라

핵심을 전달하는 데는 '이야기식(스토리텔링)' 방법이 효과가 있다. 이야기는 오래전부터 교육 방법으로 이용되어 왔다. 사람들은 본능적으로 이야기를 좋아한다. 적절한 이야기로 요점을 짚어낸다면 청중을 완전히 장악할 수 있다.

그렇다고 할리우드식 블록버스터 수준의 이야기가 필요하다는 것은 아니다. 그보다는 일하면서 겪었던 것을 토대로 경험에서 우러나오는 이야기들을 활용하라. 청중들과 관련이 있는 일상의 예를 들어라. 이처럼 공감을 끌어내는 방법은, 특히 청중들이 당면한 문제나 과제를 해결하는 데 도움이 될 때 대단히 효과적이다.

5. 통계를 활용하라

사실과 수치는 강연의 근거를 제공한다. 누군가 질문을 하면 자료의 근거를 말할 수 있는지 확인하라. 직접 관찰을 해서 얻은 소견을 제시한다고 해서 부끄러워하지 말고 솔직히 그렇다고 털어놓아라. 전문 분야를 연구하고 있다는 사실을 알리는 것은 전문가로서의 평판에 도움이 된다. 특히 정보가 충분하지 않은 분야에서는 더욱 그렇다. 조금 다른 이야기지만, 정말 그런 경우가 있으면, 같은 분야를 전문으로 다루는 언론에 그 사실을 꼭 통보하라. 전문가로서 가능한 한 많이 인정받아야 한다.

6. 사전에 준비하라

즉석 강연은 매우 어렵다. 사전에 준비하는 것에 비해 훨씬 더 어렵다. 강연 시간을 미리 알아두라. 전달하려는 요점의 윤곽을 대략 정해둔 다음 강연 길이에 맞출 수 있을 때까지 연습하라.

강연 내용은 가장 중요한 부분이 맨 처음에 배치되도록 구성하라. 그렇게 하면 강연이 길어져 끝 부분을 잘라야 하는 상황이 생기더라도 중요한 내용을 전달할 수 있다.

처음 강연을 하게 되었다면 반응을 살피기 위해 더 작은 규모의 모임에서 강연해 보라. 지역 교회, 로터리 클럽에는 늘 강사가 필요하다. 당신의 강연을 듣고 싶어 하는 협회 지부나 지역 모임이 있는지도 확인해 보라.

7. 쪽지를 활용하라

연단에 오를 때 지참할 쪽지를 준비하라. 하지만, 책을 쓰지는 마라. 강연자가 읽는 발표문을 듣고 싶어 하는 사람은 아무도 없다. 당신의 원고는 단지 두려움을 없애기 위한 안전장치일 뿐이다. 강연 내용을 외우겠다고 생각하거나 시도하지 마라. 절대로 도움이 안 된다는 사실을 알아야 한다. 그렇게 하다가 비참하게 실패한 노련한 전문가들을 나는 여럿 보았다. 더군다나 데뷔 무대를 망치고 싶은 사람은 아무도 없을 것이다.

8. 자유롭게 움직여라

신참 강연자는 연단에서 옴짝달싹하지 말아야 한다고 생각한다. 그래서 연설대를 청중으로부터 숨을 수 있는 보호막으로 쓴다. 강연 중에 더 긴장하고 싶지 않다면 억지로라도 움직여보라.

여러 번 경험하다 보면 무대에서 이리저리 움직이거나 통로를 오락가락하는 것이 훨씬 더 긴장 해소에 도움이 된다는 사실을 알게 될 것이다.

9. 긴장을 받아들여라

생애 첫 강연을 앞두고 있다면 어느 정도 떨릴 것이라는 예상을 해야 한다. 어느 정도의 긴장은 대개 더 많은 연습과 준비를 하게 만든다. 더 중요한 것은 그 덕분에 훌륭한 강연을 할 가능성이 커진다는 점이다.

하지만, 지나친 긴장은 문제의 소지가 있다. 준비를 너무 많이 한 나머지 형식적이고 성급하게 강연을 마치는 사람들도 있다. 마음을 편하게 가져라. 그럴 때는 연습이 최고의 치료제이다.

주의사항: 긴장 때문에 술집에 들르지 마라. 독한 술이 신경 안정에 도움이 된다는 것쯤은 누구나 다 아는 사실이다. 그렇다고 실행에 옮기지 말고 술은 강연 뒤의 축배를 위해 아껴두기 바란다.

10. 질의응답 시간에 주의하라

청중은 질의응답 시간을 아주 좋아한다. 그것은 할당된 시간을 쉽게 쓸 수 있는 방법이기는 하지만 초보 강사는 그 시간을 너무 길게 잡아서는 안 된다. 특히 참석자 규모가 클 때에는 질의응답 시간을 잘 요리하기 위한 연습이 필요하다. 그러나 계획보다 강연이 훨씬 빨리 끝나면 하는 수 없이 그 시간을 배

정해야 한다. 다음은 질의응답 시간에 잘 대처하기 위한 방법
이다.

- 답하기 전에 질문을 잘 이해했는지 확인하라. 질문이 헷갈리고
  분명하지 않을 때는 질문자에게 물어보라.
- 질문자가 장황하게 1분 연설을 하고 난 뒤에 자신의 의견에 동
  의하는지, 혹은 어떻게 생각하는지 물어볼 때가 있다. 그럴 때
  는 질문자의 연설을 부연 설명한 다음 대답하라. 그러면 대답을
  생각할 시간을 벌 수 있다.
- 답을 모를 때는 솔직하게 말하라. 틀린 답을 말하는 것보다는
  아무 답도 안 하는 편이 낫다. 나는 그런 상황이 생기면 청중을
  향해 질문에 대답해줄 사람이 있는지 묻는다. 질문이 너무 난해
  하지 않은 한, 대개 누군가가 도움의 손길을 내밀어 대신 대답
  해준다.
- 당신이 질의응답 시간을 완전히 장악하고 있다는 점을 분명히
  보여주어야 한다. 말하기를 좋아하거나 툭하면 회의실을 독방
  으로 생각하는 참석자를 조심하라. 문제가 생기면 청중이 직접
  그 사람에게 조용히 하라고 말하는 경우도 있다. 청중은 당신이
  언짢아하지 않고 강연을 성공적으로 끝내기를 바란다.
- 아무도 질문을 하지 않을까 걱정되면 비교적 우호적인 참석자
  들과 몇 가지 질문을 정해 두라. 아무도 말하지 않을 때의 정적

과 불편한 느낌을 피할 수 있다.

전문 강사가 돼라

강연은 그것을 좋아하고 완벽한 강연 기술을 터득하는 데 시간과 노력을 투자할 의향을 가진 틈새 사업가에게 짭짤한 부업이 될 수 있다. 앞에서도 말했지만 업계 행사에서 강연은 전문가로서의 정체성 구축에 도움이 될 뿐만 아니라 업계 안팎으로 다른 기회를 접할 관문이기도 하다.

업계는 흔히 강연에 거의 비용을 지불하지 않기 때문에 능숙한 틈새 사업가는 유리한(보장은 없지만) 쪽, 다시 말해 후원을 받을 수 있는 쪽을 찾아볼 수 있고 또 그래야 한다.

후원이란 무엇인가?

스포츠나 연예 활동에서의 후원사는 아주 잘 알 것이다. 후원사는 행사에 상호를 내거는 대가로 엄청난 돈을 지불하는 대기업을 말한다. 기업과 유명 강사 사이에 그런 후원 계약이 많은 인기를 끌고 있다. 강사는 그 조직의 대변인이 되어 세계를 돌아다니며 홍보 강연이나 세미나를 한다. 후원을 제공하는 기업은 대개 대기업으로 출연을 할 때마다, 혹은 더 일반적으로 일정한 기간 정해진 금액을 지불한다. 그 대가로 강사는 강연 중에 후원사의 이름, 제품 등을 언급함으로써 그들의 인지도를 높인다. 모든 배포 자료, 유인물, 제품, 증정품 등을 이용해 후원사를 강조한다.

제약회사나 의료 장비 회사들은 의사, 치과의사 등 많은 의료 전문가들과 후원 관계를 맺는 일이 잦다.

업계의 회의에서도 훨씬 더 작은 규모의 후원 계약이 이루어진다. 한 회사가 기조 연설자, 주요 행사의 유명인사, 분과 회의를 후원할 수도 있기 때문이다. 이는 낮은 보수나 무보수로 전문 강사(당신과 같은)를 확보하려는 회의 기획자들에게는 아주 솔깃한 방식이다. 결국, 그 강사는 더 많은 행사에 불려가서 후원 기업을 홍보하게 될 것이다.

어떻게 후원사를 찾을까?

당신을 후원할 기업을 찾는 것은 기술이요 과학이다. 먼저, 당신과 목표 고객이 같은 기업을 찾아야 한다. 당신의 연설과 후원자의 상품, 서비스 두 가지 모두에 흥미를 느끼는 고객이 이상적이다.

미래의 후원사에 접근할 때는 그들이 당신과의 관계를 통해 얻을 이익을 강조해야 한다. 그들의 이름과 상표를 홍보하고 그들의 인지도와 명성을 높일 수 있는 확실한 방법을 찾아야 한다. 그 방법을 예로 들면 다음과 같다.

- 인쇄물에 후원사에 보내는 감사 인사를 눈에 띄게 쓴다.
- 그 인쇄물의 서문이나 결말에 후원사를 언급한다.
- 후원사가 당신의 강연장에 물건을 전시하게 한다.
- 유인물에 후원사의 이름을 넣는다.
- 프레젠테이션의 서식에 후원사의 로고를 넣는다.

그 밖에 후원사의 브랜드 인지도를 높일 수 있으리라고 판단되는 다른 방법들을 활용해보자.

당신의 제품을 선보여라 : 무역박람회

대부분의 업계는 연례 회의나 총회의 일환으로 가맹 회원사들의 신제품과 서비스를 선보이는 박람회를 연다. 박람회장은 인맥을 형성하고, 매출을 올리고, 업계의 동료들과 직접 만나 홍보하는 현장이다. 박람회에는 아주 드문 경우를 제외하면 일반인이 아닌 회사 대표와 전문 언론사의 기자들이 참석한다.

크고 작은 기업들이 무역 박람회로 몰려든다. 모토로라나 나이키 같은 거인 기업과 어깨를 나란히 하는 대단한 회사들이 대거 참여한다. 그들은 직접 고객을 만나 홍보할 기회를 잡고자 수천 달러도 기꺼이 쓰려고 한다.

왜일까?

틈새 사업가가 무역 박람회에 참여하면 특별한 이익을 많이 얻는다. 우리 사회는 일대일 상호작용의 기회를 그다지 많이 제공하지 않는다. 고객이 전 세계에 흩어져 있는 오늘날에는 더욱 그렇다. 하지만, 대부분의 사람들은 자기들과 관련이 있거나 그렇다고 생각하는 회사를 기준으로 사업 결정을 내리는 경향이 있다. 무역 박람회는 그런 관계를 트고 돈독히 하기 위한 이상적인 수단이다.

무역 박람회 참가자가 얻을 수 있는 이익은 다음과 같다.

- 인지도를 높인다 : 수백 명의 방문자들이 당신의 전시품을 구경한다.
- 명성을 높인다 : 한 분야의 거물들 사이에 자리를 잡는다. 그 분야의 전문가로 인정받고 싶을 때 특히 중요하다.
- 판매고를 높인다 : 사람들은 당신이 누구인지 모르면 당신의 서비스도 사지 않는다. 무역 박람회는 같은 업계에 종사하는 동료들, 공급자들, 상호보완적인 관련 업계에서 온 사람들을 만날 아주 좋은 기회이다.

무역박람회를 위한 계획을 세워라

계획은 무역 박람회에 참가하기 위한 과정에서 가장 중요하다. 계획의 핵심은 적당한 박람회를 골라 목표와 목적을 정하는 것이다.

적당한 박람회를 선택하라

먼저 어떤 무역 박람회가 열리는지 조사하라. 어떤 박람회에 참가해야 목표 고객들을 가장 많이 접할 수 있겠는가? 범위가 비교적 좁은 박람회는 어떤 것인가? 규모가 너무 커서 당신의 제품이 수많은 타사 제품에 묻힐 것 같은 박람회는 어떤 것인가? 규모가 너무 작아서 시간을 낭비할 것 같은 박람회는 어떤 것인가? 당신이 목표로 삼은 고객들이 많이 참여하는 박람회를 선택하고, 선전 문구가 아무리 눈길을 끌어도 그렇지 않은 박람회는 무시하라.

많은 분야에서 일 년에 몇 번씩 박람회를 연다. 지역, 지방 박람회가 있으며, 전국 혹은 국제 박람회는 대개 큰 규모로 한 번 열린다. 지리적으로 제한된 지역에서만 운영할 수 있는 틈새 사업가들에게는 지역, 지방 박람회가 가장 적당하다. 하지만, 전국, 세계를 여행할 의향이 있는 사람들은 큰 행사를 노려도 좋겠다.

목표와 목적을 정하라

무역 박람회에 참가해서 무엇을 얻고 싶은가? 목표와 목적을 목록으로 만들어 보라. 최고의 결과를 얻으려면 아래 예와 같이 가능한 한 구체적으로 써야 한다.

- X개의 참여 기업으로부터 양질의 정보를 수집한다.
- X기간 동안 X원의 매출을 올린다.
- X명의 잠재 고객과 인맥을 쌓는다.
- 흥미를 보이는 X명의 방문객에게 제품이나 서비스를 선보인다.
- 홍보와 교육을 위한 소개장을 X부 배부한다.

박람회 전에 목표와 목적을 정하면 쇼를 끝내고 나서 성과를 평가하기가 한결 수월하다.

주의 사항 : 무역박람회에 참가하려면 대체로 비싼 경비를 들여야 한다. 부스를 설치할 공간을 빌리는 데만도 수천 달러가 든다. 행사에서 강연을 할 수 있다면 강연을 해주는 조건으로 부스를 빌리는 방법도 고려하라.

전시에서 해야 할 것과 하지 말아야 할 것

- 해야 할 것 : 참가를 결정하기 전에 신중하게 박람회를 조사하라. 그 박람회는 목표 고객들의 관심을 끌 수 있는가? 무역박람회에 참가하려면 시간, 노력, 자원이 많이 든다. 당신과 함께 일하고 싶은 마음이 없는 사람들에게 그런 투자를 해서는

안 된다.

●하지 말아야 할 것 : 물어보는 것을 두려워하지 마라. 무역박람회 기획자들은 처음 전시를 하려는 사람들에게 유용한 온갖 정보들을 가지고 있다. 예상 참가자 수, 주의사항, 박람회 관계자로부터 기대할 수 있는 도움 등에 관해 물어보라.

●해야 할 것 : 일찍부터 계획을 세워라. 무역박람회에 정기적으로 참가하는 기업들은 전국규모의 행사는 12~18개월 전부터, 소규모 지역 행사는 6~9개월 전부터 계획을 세우기 시작한다.

●하지 말아야 할 것 : 처음 전시를 하게 되었을 때는 그전에 다른 분야의 행사를 찾아가 보라. 효과적이고 비효과적이라고 판단되는 것들을 기록해 두라. 당신의 전시 계획에 그것들을 활용할 수 있는가?

●해야 할 것 : 계획 중인 박람회에 참가하는 목표와 목적을 목록으로 만들어라. 목록은 아주 구체적이어야 한다. 추가 매출을 얼마나 올릴지, 거래처를 몇 군데 정도 뚫을 것인지, 시장에 소개하려는 새로운 서비스에 관한 정보를 얼마나 전달할 것인지 계획하라.

●하지 말아야 할 것 : 다른 사람들이 전부 하는 것을 놓치지 마라. 사람들이 무역박람회에서 '반드시' 해야 한다고 말하는 것도 마찬가지이다. 전문가로서의 정체성을 알리고 목표와 목적을 달성하고자 박람회에 참가하는 것이다. 그 외의 다른 것

들은 목표에서 제외하라.

● 해야 할 것 : 늘 새롭고 독창적인 서비스를 보여주려고 노력하라. 무역박람회 방문자들은 하루 동안 수백 개의 부스를 돌아다니며 구경을 한다. 따라서 그들의 기억에 남으려면 독특하고, 차별화되고, 눈에 띄게 전시해야 한다.

● 하지 말아야 할 것 : 자신의 서비스를 열정적으로 홍보하는 것을 두려워하지 마라. 방문자들은 당신이 자신의 일에 대해 완전히 열광하는지, 그렇지 않은지 다 느낀다. 열정은 전염되며, 더 중요하게는 물건을 팔아준다!

● 해야 할 것 : 80/20 법칙을 알고 명심하라. 최고의 전시 업체들은 행사 시간의 80퍼센트 동안 듣고 20퍼센트 동안 말한다. 방문자들의 요구와 필요에 집중하는 것은 성공으로 가는 지름길이다.

● 하지 말아야 할 것 : 방문자에게 '떠들어대면' 안 된다. 이것은 아주 흔한 습관인데, 전시자가 긴장을 하면 말을 계속 하게 된다. 사실, 수치, 판촉 공세가 끝도 없이 이어지는 것이다. 방문자들은 그런 요인에도 발길을 돌리며, 결국 당신은 수익성 있는 새로운 거래처를 뚫을 기회를 날려 버린다.

● 해야 할 것 : 자신이 전시를 하고 있다는 사실을 잊지 마라. 당신이 무역박람회에서 파는 것은 근본적으로 첫인상이다. 항상 옷차림을 깔끔하게 하고, 예절을 지키고, 전문가답게 행동

하라. 누가 당신을 지켜볼지 알 수 없다.

●하지 말아야 할 것 : 전시장에서 먹고 마시거나 휴대폰을 들고 잡담하지 마라. 휴식이나 신선한 공기가 필요하면 전시장을 벗어나라. 하지만, 완전히 비워두면 안 된다. 대중의 시선이 늘 당신을 따라다니므로 최고의 행동을 보여주어야 한다는 것을 명심하라.

●해야 할 것 : 현실적이어야 한다. 무역박람회는 긴 시간 동안 진행된다. 며칠 연달아 10시간에서 12시간 동안 한 장소에 머물러야 할 때도 있다. 한 사람이 혼자 하기에는 벅차다. 대부분의 틈새 사업가들은 홀로 사업을 운영하므로 친구들에게 도와달라고 부탁하기도 한다. 다른 것은 몰라도 안심하고 간단한 식사를 할 수는 있을 것이다. 절대 전시장을 비워두면 안 된다.

●하지 말아야 할 것 : 절대 잊지 마라! 박람회장에 친구를 부를 때는 훈련을 좀 시켜라. 당신의 서비스를 이해하는지, 당신의 경쟁자들과 어떻게 차별화되어야 하는지, 홍보 문구를 외우는지 확인하라. 또한, 직접 답해줄 수 없는 질문을 받을 때는 어떻게 해야 할지 상의하라.

●해야 할 것 : 유익한 질문을 해라. 설명하는 대상이 누구인지, 그들이 어느 분야의 어떤 자리에서 일하는지 알아야 한다. 그래야, 그 방문자가 미래의 고객이 될지, 안 될지를 판단할 수 있다.

●하지 말아야 할 것 : 당신의 서비스에 관심이 없는 사람은

떠나보내는 것을 주저하지 마라. 무역박람회에는 구경만 하는 사람도 온다. 그들은 시시콜콜 따지면서도 정작 물건은 사지 않는다. 그들 때문에 시간을 낭비하지 마라.

●해야 할 것 : 메모를 하라. 박람회가 시작되기 전에 중요 사항을 적어두는 카드를 미리 만들어라. 행사가 끝나고 나서 사후 관리를 할 때 활용할 관련 정보를 기록하기 위해서다.

●하지 말아야 할 것 : 기억에 의존하지 마라. 기억력이 아무리 좋아도 명함 뒤에 갈겨쓴 글자 몇 개는 박람회가 끝나면 정보로 쓸 수 없다. 게다가 만나는 사람도 수백 명이다. 명함에 글자를 쓰는 것을 실례라고 생각하는 사람도 있다.

●해야 할 것 : 모든 사람들을 정중하고 친절하게 대하라. 오늘의 하급 중역이 내일은 고급 중역이 될 수 있다.

●하지 말아야 할 것 : 박람회 참가 등록을 하면 받게 되는 전시업체 규정집을 반드시 읽어라. 박람회마다 특별히 알아두어야 할 전시 규정과 필요한 물품을 주문할 때 지켜야 할 마감 시한을 알 수 있다. 마감 시한을 어기면 모든 것들에 비용을 더 지불해야 한다.

●해야 할 것 : 언론과 접촉하라. 기자단에 배부되는 기자회견 자료집을 구해라. 인터뷰에 기꺼이 응하라. 흔히 기자들과 자유기고가들은 기사 거리를 찾으려고 전시장을 돌아다닌다. 뉴스 가치가 있다고 판단되는 발표거리가 있으면 그 박람회장

에서 기사회견 일정을 잡아라.

●하지 말아야 할 것 : 무역박람회에 당신이 참여했다는 사실을 홍보하는 것을 잊어서는 안 된다. 목표 고객들에게 박람회장의 어느 장소에서 당신을 볼 수 있으며 직접 방문하면 어떤 이득이 있는지 반드시 알려라.

●해야 할 것 : 사후관리를 하라. 모든 무역박람회에서 가장 중요한 것은 당신이 박람회장을 떠난 뒤에 일어난다. 행사 중에 고객 정보 카드를 산더미처럼 모아두었는가? 그들에게 일일이 방문해주어 고맙다고 인사하는 편지를 보내고 그들에 대한 사후 관리를 서둘러 시작하라.

●하지 말아야 할 것 : 가능하면 실제로 체험하고 교류하는 활동을 주선하는 것을 주저하지 마라. 사람들은 새로운 것을 직접 해보는 것을 좋아한다. 그들은 재미를 느끼고 싶어 한다. 그들이 당신의 전시장에서 즐거움을 느끼게 할 수 있다면 생각보다 더 많은 사람들이 찾아올 것이다.

●해야 할 것 : 전문가로서의 정체성을 살릴 수 있고 목표 고객들이 유용하다고 생각할 증정품을 제공하라. 방문자들이 계속 사용하면서 당신을 전문가로 인정할 만한 것이어야 한다.

●하지 말아야 할 것 : 영업사원들이 추천하는 유행 증정품에 집착하지 마라. 당신의 목표는 다른 전문가들과 동등하게 평가받는 것이 아니라 그들과 차별화되는 것이다.

● 해야 할 것 : 무역박람회에 참석한 것이 효과를 거둘 기회를 잡아라. 결과가 곧바로 나타나지 않을지도 모른다. 로마는 하루아침에 세워지지 않았다. 하지만, 오늘 무역박람회에서 시작한 사업 관계가 내일 높은 수익을 안겨다 줄 동업자 관계로 꽃필지도 모른다.

증정품에 관한 특별한 당부

증정품은 무역박람회와 워크숍 행사의 중요한 부분을 차지한다. 많은 전시업체가 뭔가를 선물로 주며, 방문자들은 그런 것을 기대하며 찾아온다. 증정품은 펜, 열쇠고리처럼 싸고 편한 것에서부터 USB 기억장치, 소형 아이팟처럼 비싼 신기술 제품에 이르기까지 다양하다. 그렇다면, 당신은 무엇을 주어야 할까?

홍보용 제품을 주는 데는 목적이 있다는 사실을 기억해야 한다. 고객이 자기 앞에 당신의 이름을 놓아두고 계속 그 자리에 두게 하려는 것이다. 홍보용 제품을 생각하고 있다면 자신에게 물어보라. 목표 고객들이 이 물건을 가까이에 두고 사용할까?

예를 들어, 퇴직을 계획하고 있는 장년층을 목표 고객으로 설정하고 있는데 프리스비를 주는 것은 좋은 생각이 아니다. 당신의 목표 고객은 그 프리스비를 자기 아이들이나 손자들에게 줄 것이다. 물론 그 아이들이 가까운 시일 내에 당신에게 흥미를 느낄 일은 없다. 그들이 프리스비를 간직한다고 해도 얼마나 자주 사용할까? 대신 계산기를 주는 쪽을 고려하라. 계산기는 당신의 목표 고객이 자금 관리를 할 때 쓸 수 있는 물건이다. 어쩌면 그들은 은퇴 계획을 세우며 당신을 떠올릴지도 모른다.

소책자를 증정품으로 주는 방법도 있다. 방문자들은 유용한 사실과 수치가 가득 든 책이라면 보관하고 싶어 한다. 또한, 책 전체에 인쇄된 당신의 이름과 회사 로고를 볼 때마다 당신의 전문성을 확인한다. 만약 소책자에 든 내용의 범위를 넘어서는 도움이 필요하면 그들은 과연 누구를 찾을까?

업계 관련 소책자를 구입하거나 직접 만들어도 좋다. 이에 관해서는 8장을 참고하라.

인맥 형성

업계의 행사는 황금 같은 인맥형성의 기회를 제공한다. 그것은 당신이 몸담은 분야의 거물들이 모두 모이는 자리이다. 틈새 사업가로서 당신의 성공은 한 분야의 전문가로 인식되는 능력에 크게 좌우되기 때문에, 주로 그런 행사에서 많은 시간을 관찰하고 관찰되는 데 투자해야 한다.

언뜻 보기에는 사람들이 서로 어울려 술을 마시며 우스갯소리나 하는 것이 교류의 전부인 것 같다. 물론 어느 정도는 사실이다. 하지만, 그들에게는 더 큰 목표가 있는데, 바로 인맥 형성이다.

인맥 형성은 틈새 사업가로 성공하기 위한 열쇠이다. 그것은 '당신을 알리는' 기본적인 행동으로, 그보다 더 나은 방법은 없다. 사람들은 여러 가지 기준에 따라 사업상의 결정을 내리는데, 그중 가장 중요한 것은 당신과의 관계이다. 그들은 당신을 알고, 좋아하고, 심지어 친구로 여길 때, 당신의 이름만 들었거나 전혀 모를 때보다 훨씬 더 도와주려고 한다. 업계의 행사에 참석하면 동료, 유명 인사들과 인맥을 형성할 수 있다.

인맥 형성이 중요한 이유가 네 가지 있다.

- 협력 관계를 형성한다. 전문가들이 당신을 알고 좋아하면 자기 고객에게 당신을 소개해줄 가능성이 크다.
- 출판물, 언론 출연 기회를 비롯해서 전문성을 향상시킬 수 있는 기회에 노출된다.
- 필요한 정보, 자원, 안내를 부탁할 동료를 사귈 수 있다.
- 예전에는 존재하는지조차 몰랐던 기회가 찾아올 수 있다.

누구에게 말을 걸까?

업계 행사는 붐빈다. 이제 당신은 업계의 모든 사람들을 만나게 되었다. 유능한 판매자와 구매자가 한자리에 모였다.

무엇을 하며 시간을 보낼지 어떻게 결정할까?

먼저, 박람회 전에 조사를 하라. 무역박람회 안내문을 보면 누가 참석할 것인지 짐작할 수 있다. 시간을 내어 그들에 관한 정보를 찾아라. 그들과 당신이 서로 이익을 얻을 근거가 있는지 알아보라. 있다면, 그들을 찾는 데 중점을 두어야 한다.

또한, 모든 산업에는 '킹메이커'로 알려진 사람들이 있다. 이들은 스스로 영향력을 발휘하거나 남이 큰 성공을 거두는 데 중요한 역할을 한다. 멘토, 조언자, 혹은 동업자가 되어줄지도 모른다. 그들이 누구인지 찾아내는 데 집중하라. 그들이 당신을 아는지 확인하라.

멀게 볼 때는 누가 도움이 될지 알 수 없으므로 모든 사람들에게 잘 해주어야 한다. 사람들은 생각보다 더 자주 직장을 옮길 뿐만 아니라 기억도 아주 오래 간직한다. 보조직에 있던 여자가 지점장으로 승진한 뒤에 자신을 무시했던 사람들을 따뜻하게 대할 리 없다.

무역박람회, 협회 등 업계의 행사에 배우자나 연인을 데리고 오는 사람들도 많다. '사업과 관련이 없다'고 그들을 무시하는 함정에 빠지지 마라. 그들의 남편, 아내, 연인을 강력한 영향력을 지닌 권력자라고 생각하라.

인맥 형성을 할 때 기억해두어야 할 다섯 가지 규칙은 다음과 같다.

188

- 조사를 해라.
- 요점이 무엇인지, 누구에게 이야기할지 파악하라.
- 영향력이 있고 존경받는 사람들을 찾아라.
- 항상 예의를 지켜라.
- 악의가 없고 공격적이지 않은 농담을 하라.

피해야 할 사람

당신과 같은 일을 하는데도 인생관이나 도덕관이 완전히 다른 사람들이 있다. 사과나무마다 썩은 사과는 있기 마련인데, 그런 사람들은 피해야 한다.

물론, 행사에 처음 참가해 사람들을 처음 만나는 경우에는 누가 썩은 사과인지 판단하기 어렵다. 그럴 때는 어떻게 해야 할까?

- 말하기보다 듣기를 많이 하라.
- 당신이 존경하는 사람들은 교류를 위해 어떤 사람들을 선택하는지 관찰하라.
- 육감에 집중하고 자신의 배짱을 믿어라. 건방지고, 무례하고, 거칠고, 공격적인 사람도 아직은 사업에서 큰 성공을 거두고 있을지도 모른다. 하지만, 그런 사람과의 교류는 자제해야 한다.

사람들은 당신이 교류하는 사람을 통해 당신을 판단하는 경향이 있다. 인종차별적인 농담을 서슴없이 던지는 사람과 행사장에 함께 있으면 당신도 그렇게 낙인찍힌다. 다행히 그 반대의 관계도 성립된다. 괜찮은 사람들과 어울리면 당신도 똑같이 괜찮은 사람이 된다.

탁월한 인맥 형성을 위한 5단계

모든 사람이 타인에게 쉽게 다가서는 것은 아니다. 효과적인 인간관계를 형성하기 위해 알아두어야 할 5단계가 있다.

1단계 : 자기 소개문을 준비하라

내가 지금 당신에게 무슨 일을 하는지 묻는다면 10초 안에 대답할 수 있는가? 대부분의 사람들은 잘 못한다. 아마 머뭇거리며 이렇게 말할 것이다. '좀 복잡한데요. 예전에는 X를 하다가 합병이 되는 바람에 지금은 Z를 하고 있어요…….' 아서라! 당신이 무슨 일을 하고 누구를 위해(목표 고객) 일하는지 분명하고 정확하게 설명할 수 있는 짧은 소개말을 만들어라. 그런 다음 입에 익숙해질 때까지 반복해서 연습하라.

2단계 : 많이 들어라

세상에는 훌륭한 청취자가 드물다. 사람들은 특히 자신에 대해 너무 많이 말하려고 한다. 하지만, 그것은 사람들이 냉랭한 반응을 보이게 하는 지름길이다.

흥미를 끄는 존재가 되지 못할 것을 두려워하지 말고 흥미를 갖는 데 집중하라. 다른 사람들에게 관심을 기울여 그들이 하는 말을 잘 듣고 적절한 질문을 던져라. 사람들은 그런 관심을 받으면 기분이 좋아진다. 나중에 그들이 사업 문제로 찾아올 때 당신은 그들에 대해 알아둔 사실로 도움을 받을 수 있다.

3단계 : 가치관을 제시하라

대화에 의미를 첨가하라. 다른 사람의 이야기를 듣는 동안 어떤 근거를 대고 어떤 조언을 해줄지 생각하라. 제삼자에게 그를 소개하면 계속 연락할 수 있을까? 그럴 때는 '나는 모든 것을 다 안다' 는 식이 아닌 친절한 태도를 보여주어야 한다.

특히 사업과 연관된 우스갯소리는 침묵을 깰 좋은 수단이다. 하지만, 농담을 던질 때는 주의해야 한다. 자신을 깎아내리는 농담이 남의 심기를 해치지 않고 가장 효과가 좋다.

4단계 : 우정을 먼저, 영업은 나중에

사업 이야기를 하려고 안달인 사람처럼 보이지 마라. 영업에 관한 이야기는 자제하라. 모임에 참석한 모든 사람들이 그 행사에 사업적인 요소가 있다는 사실을 알지만 그런 이야기를 굳이 듣고 싶어 하지는 않는다.

그보다는 친구를 사귀고 안면을 트는 데 집중하라. 앞으로 오랫동안 지속할 수 있는 인간관계의 초석을 까는 것이다. 따라서 다른 사람을 진지하게 대하고 좋은 인상을 심어줄 시간이 필요하다.

5단계 : 사후 관리를 해라

행사가 끝난 뒤에도 계속 연락을 해라. 나는 인맥을 계속 유지하려고 사후관리를 하는 전문가들이 거의 없다는 사실에 정말 많이 놀란다. 새로운 사람을 사귀느라 너무 바빠서 이미 알고 있는 사람을 못 지키는 사람들도 많다. 하지만, 오래된 관계가 가장 강력한 힘을 발휘한다. 따라서 그들을 지키고자 노력하는 것은 충분히 소중한 일이다.

사후 관리법

위의 5단계는 무척 중요하기 때문에 추가 설명이 필요하다.

리드 창출(장래 고객에 대한 판매 촉진 활동-옮긴이)과 사후관리를 전문으로 하는 리서치 회사의 분석에 따르면, 교류 활동의 10퍼센트 정도만 사후관리가 되고 있다고 한다. 나머지는 방법이 잘못되었거나 무시되었다는 것이다. 당신이 접촉하는

192

사람들의 절반은 당장 눈에 띄는 이익을 가져다주지는 않지만 내팽개치기에는 아직 많은 가능성이 남아있다. 사후 관리를 통해 인맥을 형성하라. 다음은 그 방법이다.

- 행사에 가기 전에 어떻게 사후관리를 할 것인지 계획하라. 처음 연락은 짧게 하고 다음 연락할 때는 더 길게 대화하는 일정을 잡아라.
- 사후 관리를 하고 싶은 사람들의 명단을 작성하라. 이 목록의 우선순위는 다음과 같다.
  고객이 될 가능성이 가장 큰 사람 ｜ 가능성이 반인 사람 ｜ 가능성은 없지만 알고 지내면 좋은 사람
- 이른 시일 안에 세 부류의 사람들 모두에게 '만나서 반가웠다' 는 인사를 적은 편지를 보내라.
- 일주일 안에 가능성이 가장 큰 사람들에게 사업과 관련된 의사를 타진하는 글을 보냄으로써 사후 관리를 시작하라. 가능성이 반인 사람들에게는 2~3주 정도 더 시간을 주라.
- 명단 전체를 정기적으로 연락하는 고객 목록에 추가하라.
- 모두에게 정기적으로 접촉하라. 이런 방법을 써도 좋을 것이다.
  우편물 보내기 ｜ 이메일 보내기 ｜ 웹진 보내기(먼저 물어보아야 한다. 안 그러면 스팸 메일 목록에 들어갈 수 있다) ｜ 특별 보고서 ｜ 관련 기사에 직접 쓴 쪽지를 넣어 보내기 ｜ 휴가나 생일 축하를 위한 편지, 혹은 안부 편지 보내기

짐 지글러의 손에 닿는 것은 모조리 '매진'이 된다. 지글러는 영업에 대한 열정과 뛰어난 언변으로 틈새 사업의 업무, 매출, 홍보를 대행하는 틈새를 개척했다. 특히 자동차 영업을 한 적이 있는 그는 매매업 경험을 폭넓게 살려 기업의 전반적인 성과를 높이고 싶어 하는 소유주들과 상담을 한다.

지글러의 조언

"나 혼자 이 자리까지 온 것은 아닙니다. 지금까지 많은 분들이 내게 손을 내밀었죠. 그들은 자신들의 지식을 알려주고 내가 필요한 것이 무엇인지 말해주었어요. 내가 얼마나 잘못된 방향으로 가고 있는지 지적해주기도 했고요."

지글러는 지금까지 업계 동료들이 베푼 도움을 소중하게 여기며 그 은혜를 갚으려고 최선을 다하고 있다. "지금의 위치에 왔으니 다른 사람들에게도 받은 만큼 돌려주어야 할 의무가 있다고 느낍니다. 강연이나 세미나를 통해, 아니면 더 직접적인 대화나 멘토 관계를 통해 누군가를 도울 수 있다면 그럴 생각이죠. 아주 훌륭한 사람들을 만났는데, 동료이자 친구가 된 사람들도 있어요. 모든 사람들에게 충분한 가능성이 있어요. 산업은 더 나은 정보를 가진 전문인이 많아져야 발전할 수 있답니다."

더 많은 정보를 원하면 www.zieglerdynamics.com을 방문해보기 바란다.

지혜 한마디

업계 안에서 인맥을 형성하는 것은 성공에 매우 중요하다. 동료와 친구들의 도움으로 값비싼 대가를 치러야 하는 실수를 막을 수 있다. 일단 성공하게 되면 그때부터는 남을 돕는 자리에 있게 된다. 당신이 노력할수록 업계 전체가 발전할 것이며, 당신의 평판도 따라서 좋아질 것이다.

7장
요약

1. 전문성을 높이기 위한 최고의 방법은 업계의 모임에 가입하는 것이다.

2. 인지도를 높이려면 강연을 할 기회를 찾아라.

3. 무역박람회에 참가해 동료, 고객들을 직접 만나 홍보하라.

4. 증정품은 당신의 전문성을 다지는 침묵의 사절이라고
인식하고 신중하게 고르라.

5. 교류하고, 교류하고, 또 교류한 다음 사후 관리를 철저히 하라.

MICRO
BUSINESS

열정적으로
글을 써라

글쓰기는 가장 저렴하고 효과적으로 당신의 이름과 명성을
증명하는 방법이다. 시간만 빼면 아무것도 투자하지 않고
모든 사람들에게 다가갈 수 있다.

08

PART

사람들은 글로 쓰인 것을 보다 신뢰한다

때로는 일일이
설명해주어야 한다. 당신이 전문가라는 사실을 믿게 하려면 모두가 볼 수 있는 종이에 당신의 기술과 지식을 써야 한다.

글쓰기는 가장 저렴하고 효과적으로 당신의 이름과 명성을 증명하는 방법이다. 시간만 빼면 아무것도 투자하지 않고 모든 사람들에게 다가갈 수 있다. 전에도 말했듯이 나는 인쇄된 글자를 절대적으로 신봉하는 사람이다. 인쇄물을 통해 얻는 신뢰도는 틈새 사업가로서 활용할 수 있는 그 어떤 수단보다 더 높다. 게다가 인쇄 매체는 타 매체가 따라갈 수 없는 수명을 갖고 있기도 하다.

인쇄물은 내용이 필요하다. 그것도 정기적으로 전달할 많은 내용이 있어야 한다. 이름 없는 자유기고가가 산만하게 써놓은 글은 안 된다. 인쇄물은 업계 전문가들의 정보를 원한다. 그것이 인쇄 매체의 세계에 발을 들여놓을 수 있는 열쇠이다.

이 장에서는 글쓰기의 이점을 설명할 것이다. 활용 가능한 다양한 형식을 예로 들고, 각 형식에 맞는 조언을 할 생각이다. 글쓰기 형식은 작은 쪽지부터 책 한 권 분량의 원고에 이르기까지 무한하다. 하지만, 미리부터 걱정하지 말고 한 번에 한 글자씩 쓰겠다는 생각으로 차근차근 노력하기 바란다.

글쓰기의 이점

당신이 이렇게 말하는 소리가 내 귀에 들리는 것 같다. "수잔, 나는 쓰는 게 싫어요. 너무 힘들거든요. 시간이 한없이 걸리고 소질도 없어요."

그 말이 전부 사실일지도 모른다. 하지만, 약간의 훈련으로도 그런 상황을 바꿀 수 있다. 부디 아래에 나열된 어마어마한 이점을 읽고 놀라운 힘을 지닌 글쓰기에 도전해보겠다고 결심하기를 빈다.

1. 인쇄물에 등장하면 신뢰도가 수직 상승한다

글로 쓰인 것을 무조건 믿어서는 안 된다. 하지만, 당신이나 내게 다행스럽게도, 사람들은 그런 통념을 무시한다. 그들은 지나가다 듣는 말이나 텔레비전에서 보는 것보다 신문이나 잡지의 기사, 책에 더 많은 관심이 있고 그것을 믿는다.

2. 더 폭넓은 고객에게 접근할 수 있다

대부분의 사람들은 유행을 선도하는 역할을 하지 않는다. 자신의 판단만을 기준으로 결정을 내리지 않고, 자기들이 적절한 결정을 내렸는지 확인하려고 동료의 판단을 들으려고 한다.

편집자와 출판인은 이런 대중을 위해 인증서 역할을 수행한다. 그들은 당신에 관한 기사를 실으며 이런 메시지를 던진다. '우리는 이 사람이 한 분야에 해박한 지식을 가지고 있다고 판단한다. 그러니 그의 말에 귀를 기울여라' 혹은 '이 여성은 자기 분야에서 단연 최고이므로 당신은 많은 것을 배울 수 있다' 결국 그들은 한 겹의 저항을 벗겨 낸다. 그래서 사람들은 인쇄물에 등장한 당신의 말에 귀를 기울이는 성향이 강하다. 인쇄물에 등장하면 제삼자의 인정을 받는다. 정보를 찾는 소비자들은 안심하고 편하게 인쇄물을 접한다.

3. 글쓰기는 쉽게 지식의 깊이를 보여준다

당신은 틈새 사업가가 되고자 전문 분야에 관한 지식을 방대하게 습득했다. 하지만, 그런 지식을 얼마나 자주 드러내는가? 슈퍼마켓 앞에 줄을 서는 동안 덮어놓고 투자 전략에 관한 대화를 할 수도 없는 노릇이고, 전철에 앉아서 고객이 될 가능성이 있는 사람과 진지한 이야기를 나누기도 어렵다.

하지만, 목표 고객과 관련이 있는 적당한 곳에 글을 쓸 수 있다면 그것은 행운이다. 당신의 지식을 알릴 기회이기 때문이다. 독자들은 소중한 정보를 얻으면서 당신이 자기들의 대화 주제에 정통한 사람이라는 인상을 받는다.

4. 비용을 줄인다

당신의 이름을 알리려면 비용이 많이 들 수 있다. 그에 비해 글쓰기에 들어가는 비용은 아무것도 아니다. 그냥 시간과 노력만 있으면 된다. 출판도 공짜로 할 수 있다. 출판사가 원고료까지 챙겨준다. 하지만, 부디 그것을 전부라고 생각하지 마라. 당신의 글이 출판되면 원고료는 덤에 불과하기 때문이다.

광고료가 얼마나 비싼가? DVD, CD 같은 정보 상품을 제작하려면 돈이 엄청나게 많이 든다. 하지만, 인쇄물로 제작하면 자비 출판을 하더라도 최소한의 비용으로 자신을 널리 홍보할 수 있다. 들어갈 내용만 신중하게 선택한다면 책은 영원히 남으며, 추가 비용을 들이지 않고도 여러 해 동안 쓸 수 있다. 출판사에서 책을 내는 경우에는 개인 비용을 전혀 들이지 않고도 같은 효과를 기대할 수 있다. 어쩌면 계약금을 벌고 나중에 더 많은 수입을 올릴지도 모른다.

무엇을 쓸까?

모든 사람이 톨스토이가 될 수는 없다. 우리 모두의 머릿속에 『전쟁과 평화』의 줄거리가 맴도는 것도 아니다. 그래도 괜찮다.

사람들은 위대한 소설을 읽으려고 틈새 사업가가 쓴 책을 집어들지는 않는다. 당신의 목적은 소설 쓰기가 아니다. 그것과는 판이하게 다른 일이다. 독자들은 재미와 즐거움을 주면서 편하게 실용 정보를 제공하는 실속 있고 좋은 글을 원한다.

구매를 결정하기까지 수많은 요소가 작용하지만 사람들이 책을 사는 것은 그 속에 마법의 공식, 즉 그들이 당면한 문제의 해답이 숨어있다고 믿기 때문이다. 특히 그들은 5가지를 찾고 있다.

그 5가지는 무엇일까? 그것들을 〈맥도널드 할아버지의 농장 Old McDonald Had a Farm〉이라는 동요 후렴구에서 찾을 수 있다. 그 농장에 어떤 동물들이 살았는지 알 필요는 없고 다만 후렴구의 글자만 따오면 된다. 어디까지나 독자들은 쉽게 읽을 수 있는 책을 원하니까 말이다.

이-아이-이-아이-오 (E-I-E-I-O)

무슨 뜻일까? 독자들은 다음의 요소를 원한다.

202

- E : Education(교육) : 사업이나 개인 생활에 응용할 수 있는 사실, 통계, 유용한 지식
- I : Illumination(명확한 설명) : 당신의 분야에서 혼란스럽거나 제대로 이해되지 않은 부분에 대한 명확한 설명
- E : Entertain(즐거움) : 재미있고 읽기 쉽게 정리된 자료
- I : Inspiration(영감) : 고객이 빠르고 쉽게 실천할 수 있는 해법
- O : Option(제안) : 성공하기 위한 여러 가지의 방법을 나열한 목록

다양한 글쓰기 형식

모든 것에는 때가 있다. 그리고 모든 정보에는 전달 수단이 있다. 정보를 전달할 때 쓸 수단이나 형식을 결정하는 것은 그리 어렵지 않다. 당신의 목표 고객의 요구와 가장 잘 맞아떨어지는 것을 찾으면 된다.

- 읽기 쉬운 소량의 정보가 담긴 팁시트, 체크리스트, 설명서 등은 핵심을 전달한다. 이런 형식은 특히 정보의 늪에 빠져 허우적거릴 시간이 없는 고객들에게 적당하다.
- 소책자와 특별 보고서에는 더 많은 내용이 담긴다. 이 형식은 구체적인 주제에 관한 깊이 있고 자세한 정보를 알고 싶어 하는

독자들에게 적당하다. 특정 주제에 관해 짧은 5백 자 기사나 2,500자 특집 기사가 전달할 수 있는 것보다 더 자세한 내용을 제공한다.

● 내용의 충실성과 신뢰도를 극대화하려면 책을 쓰는 것이 좋다. 책은 어떤 주제를 충분히 다루거나 다양한 요점을 짚어낼 수 있는 유일한 수단이다.

틈새 사업가는 위의 형식들을 모두 고려해 보아야 한다. 시기와 목적에 따라 적당한 형식이 달라지기 때문이다. 서둘러 대중에게 전달하고 싶은 정보가 불쑥 생각나면 책보다는 기사를 쓰는 것이 훨씬 더 효과적이다. 하지만, 다루어야 할 자료가 많고 시간의 시험을 견딜만한 인쇄물을 원한다면 책을 쓰는 쪽으로 생각해야 한다.

선택 가능한 형식	길이	난이도
팁시트(tip sheet)	1~2쪽, 300~500자	1
체크리스트	1~2쪽, 200~500자	1
기사	1~4쪽, 200~2,000자	2
블로그	보통 500자 까지	2
소책자	8~10쪽, 2,000~5,000자	3
특별 보고서	10~15쪽, 10,000자까지	4
책	175~250쪽, 적어도 50,000자	5

팁시트, 체크리스트, 기사 작성하기

당신의 고객은 급하다. 이 일, 저 일 하느라 숨 돌릴 겨를도 없다. 그들은 당장 읽을 수 있는 핵심 정보를 원한다.

바쁜 사회에서 모든 사람들의 목표 고객들이 그렇겠지만 당신의 고객도 그 범위에 속한다면 팁시트, 체크리스트, 기사를 만들어야 한다. 이런 짧은 형식은 공들인 만큼의 효과가 있다. 목표 고객에게 그들이 정확히 원하는 것, 다시 말해 몇 백자로 요약된 전문 지식을 전해준다. 그것들은 쓰기 쉽고, 수요가 많고, 가치 있게 평가되며, 고객이 내버릴 가능성이 적다. 따라서 사무실이나 부엌 서랍에 들어앉을 수 있지만, 항상 늘 그 자리를 지킨다.

짧은 글을 쓰는 형식에 다음 3가지가 있다.

1. **팁시트** : 요점을 정리한 목록으로 각 요점을 몇 개의 문장으로 설명한다.

2. **체크리스트** : 요점을 정리한 목록으로 흔히 독자들이 주어진 일을 제대로 완료했는지 확인할 때 사용된다.

3. **기사** : 200자에서 2,000자 사이의 짧은 산문으로, 대개 한 가지 주제와 몇 가지 부수적인 문제를 설명할 때 이용한다. 기사는 잡지와 전문 잡지에 기고하는 게 이상적이지만 팁시트와 체크리스트는 고객에게 직접 배포한다. 동일한 핵심 정보를

다양한 형식으로 제작할 수도 있다.

예를 들어, 주제가 '마시지를 이용해서 골프 스윙을 최대한 향상시키는 방법' 이라면 다음과 같이 만들 수 있다.

- 팁시트 : 골프 경기의 성적을 올리기 위해 직접 할 수 있는 10가지 마사지법
- 체크리스트 : 스윙을 하기 전에 할 일-체크리스트 확인
- 기사 : 골프 프로의 조언-마사지와 골프
- 팁시트 : 6타수를 줄이기 위한 6가지 요령
- 체크리스트 : 골퍼의 척추 통증 예방에 활용하는 17가지 방법
- 기사 : 당장 시작하라-신체 건강이 경기 성적을 향상시키는 이유

팁시트

기사, 팁시트, 체크리스트는 글쓰기 초보자에게 가장 쉬운 형식이다. 나는 팁시트부터 시작할 것을 권한다.

팁시트는 말 그대로 독자들에게 무엇을 더 쉽거나 빠르거나 효과적으로 하는 방법을 알려주는 유용한 조언이다. 일반적으로 문장이 2개 내지 3개 정도 된다. 다음은 당신이 따라할 수 있는 3단계의 팁시트 작성 방법이다.

1. 제목부터 써라. 자기 자신과 목표 고객에게 무엇을 알고

싶은지 물어보라. 당신은 무엇을 알고 싶은가? 보통 그 대답이 제목을 결정한다. '저축할 때 저지르는 7가지 중대한 실수'나 '은퇴에 대비한 안전 자산 관리법 5가지'처럼 만들어라. 제목에 숫자를 넣는 것은 관심을 끌 수 있는 확실한 방법이다. 잡지를 보면 늘 그렇다. 그들에게 효과적이면 당신에게도 마찬가지다.

2. 각 요령 밑에 1~4개의 문장을 써라. 초보자는 7~10개의 요령을 만들어라. 자신감이 붙으면 추가하면 된다.

3. 각 요령에 머리글이나 제목을 붙여 굵게 장식하라.

누구든 언제라도 편하게 자주 사용할 수 있는 형식을 원하는가? 당신이 만든 근사한 팁시트에서 각 요령마다 몇 문장을 더 추가해 늘려라. 주제에 관해 속속들이 잘 알고 있으므로 아주 쉬울 것이다. 예를 들어, 20개의 요령이 있고 각 요령에 100자를 쓴다면 시간을 전혀 들이지 않고 1천 자 기사가 생긴다. 더 진행하기 전에 이 작업이 얼마나 간편한지 다시 한 번 살펴보라.

자, 당신은 해냈다. 첫 번째 팁시트 제작을 축하한다.

체크리스트

다음 중 한 가지를 골라 체크리스트를 작성하라.

● 당신의 독자들이 한 과정을 완성하려면 지켜야할 모든 단계

- 수어진 일이나 유사한 것을 하기 위해 당장 가지고 있어야 할 물건 전부
- 알파벳을 이용한 제목. '돈을 벌기 위한 A~Z 가이드'

기사

기사는 조금 더 어려워 보인다. 하지만, 다른 내용을 쓰는 데 익숙해지기 전까지는 다음 기본 형식에 충실해야 한다.

- 서문 : 한두 개의 문단에 무슨 말을 할 것인지 쓴다. 이것은 낚 싯바늘의 역할을 하며, 독자들이 계속 읽고 싶어지도록 흥미를 유발하는 재미있는 개인적인 이야기를 쓴다. 질문을 이용하는 방법도 아주 좋다.
- 본문 : 당신의 주장을 뒷받침하는 2~10개의 단락에 당신의 지 위를 설명하거나 이야기를 이용해 개념을 설명한다. 길이는 필 요 분량에 따라 다양하다.
- 결론 : 한두 개의 단락에 지금까지 한 말을 요약하고 제시한 개 념을 강조한다. 개인적인 흥미를 불러일으키는 이야기를 활용했 다면 지금은 결론이나 교훈을 제시할 때다. 상황은 어떻게 전개 되었나? 독자들은 당신의 예에서 어떤 교훈을 얻어가야 할까?

소책자

보통 몇 쪽 분량의 얇고 가벼운 소책자는 틈새 사업가의 무기

창고에 있는 가장 강력한 도구이다. 소책자는 크기도 하면서 작기도 하다. 사실, 소책자는 출판계의 틈새 사업이라 할 수 있다.

크기도 하면서 작기도 하다니, 무슨 말일까? 그 이유는 다음과 같다.

- 큰 이유 : 소책자는 업계의 중요한 정보와 식견으로 꽉 차 있으므로 크다고 할 수 있다. 다시 말해, 무게는 가볍지만 들어 있는 정보는 무겁다. 당신의 고객들은 한 장, 한 장 넘기며 실행하기 쉽고 도움이 되는 요점, 요령, 전략, 좀처럼 찾기 어려운 유용한 사실들을 발견할 것이다. 당신의 사업명과 로고를 소책자의 표지와 모든 면에 인쇄하는 방법도 있다. 고객들이 소책자를 펼칠 때마다 당신의 이름과 로고를 보고 당신의 전문성을 확인한다.

- 작은 이유 : 소책자는 종이 몇 장을 모아 가운데를 스테플러로 찍어놓은 것이다. 아주 얇아서 지갑, 서류가방, 혹은 호주머니에 쉽게 찔러 넣을 수 있다. 많은 공간을 차지하지 않기 때문에 휴대용 참고서로 들고 다니기에 안성맞춤이다.

소책자의 출판 비용은 아주 저렴하다. 글과 그림 초안을 잡아놓으면 근처 인쇄소에서 쉽게 제작할 수 있다. 몇 부만 필요할 때는 집에서 컴퓨터와 프린터를 이용해 제작할 수도 있다.

소책자에 넣어야 할 내용

고객이 한 번만 읽어도 도움이 많이 된다는 것을 느끼고 참고용으로 보관할 소책자를 만들어야 한다. 딱딱하고 학술적인 자료는 꼭 필요할 때 외에는 읽지 않으므로 생동감 있고 눈에 띄는 모양으로 만들어야 한다. 또한, 고객이 주기적으로 참고하지만 그렇다고 외우지는 않는 사실과 수치를 넣어라.

이미 시도되어 성공을 거둔 소책자들에는 주로 다음과 같은 내용들이 실렸다.

- 자주 하는 질문에 대한 답
- 유용한 전문 분야 홈페이지 목록
- 증상 체크리스트
- 자주 사용되는 전문 용어, 약어 등에 대한 정의
- 전문 분야에서 재미있지만 잘 알려지지 않은 사실들
- 입문 정보

소책자 활용법

소책자의 목적은 사람들이 당신의 이름과 로고를 인식하고 항상 떠올리도록 하는 것이다. 그것을 많은 사람들에게 골고루 적절하게 배포하면 당신의 전문성이 입증되고 인지도가 올라간다.

틈새 사업가 중에는 몇 달러를 받고 소책자를 제공하는 사람도 있고, 무료로 나누어주는 사람도 있다. 소책자에 가격 표시가 되어 있는 경우가 많지만, 필요한 사람은 개의치 않고 구입한다. 소책자에 가격을 표시하는 것만으로도 더 가치가 있다는 인상을 주기도 한다.

소책자 제작을 위한 7단계

1단계 : 초점을 둘 주제를 한 가지 고른다. 소책자는 짧으면서도 핵심을 찌르는 것이어야 한다. 한 가지 주제에 집중하면 소책자를 만들기가 쉬워진다.

주제는 광범위해도 좋지만 목표 고객의 흥미를 끌고 당신의 전문성을 증명해야 한다. 예를 들어, 〈투자에 관해 알아두어야 할 10가지 상식〉이나 범위를 좁혀 〈대학 학비 계획〉 등이 좋다.

2단계 : 이 주제와 관련해서 다루고 싶은 문제를 다섯 가지에서 일곱 가지 정도로 나열한다.

3단계 : 그래픽으로 삽화를 곁들이거나 체크리스트, 혹은 목록 양식으로 두세 가지 요점을 정리한다. 양식을 다르게 하면 주의를 환기시켜 독자의 관심을 끌 수 있다.

4단계 : 각 요점에 대해 두세 개의 단락을 만들어라. 한 단락에 들어갈 문장이 다섯 개가 넘으면 안 된다. 짧고 톡톡 튀는 문장을 써라. 될 수 있으면 은어를 피하고 명확한 문장을 써라.

5단계 : 소책자의 전체적인 구성을 정하라. 맨 앞장에 제목을, 맨 뒷장에 회사 이름과 회사 정보를 실어라.

6단계 : 글꼴, 맞춤법, 숫자 등을 세심하게 확인하라. 통계, 치수 등 수치 자료는 두 번씩 확인하라. 자기 자신의 실수는 눈에 잘 띄지 않으므로 오타를 확인해줄 사람을 찾아보는 것도 좋다.

7단계 : 모든 것이 완벽하면 자료를 인쇄소에 넘겨라.

인근에서 소책자를 잘 만드는 인쇄소가 있는지 알아보라.

특별 보고서

특별 보고서(special report) 혹은 백서(white paper)는 당신의 전문성을 홍보하고 판매하는 데 아주 효과적인 역할을 한다. 그 덕에 당신은 정보를 주고 교육을 하는 진정한 리더의 위치에 오를 수 있다. 그런 특별한 형식을 가장 잘 이용하는 방법은 목표 고객들이 당면한 심각한 문제를 찾아 해결해 주는 것이다.

포브스닷컴이 시행한 구매 조사에 따르면 응답자의 72퍼센트가 백서를 읽고 나서 납품업체에 연락을 했으며, 57퍼센트는 백서를 읽는 것이 구매 결정에 영향을 주었다고 대답했다.

이런 결과는 무엇을 말할까? 틈새 사업가에게 중요하면서도 큰 도움이 되는 이 형식은 글쓰기 계획에 반드시 포함되어야 한다. 이 형식을 직업 작가에게 맡기는 방법도 있다. 그들에게 정보를 주고 그들만의 마술을 부리게 하는 것이다. 이 방법은 몇 주, 몇 달 혹은 몇 년에 걸쳐 스트레스만 주던 문제를 단 며칠 만에 해결한다. 혼자서 모든 것을 다하란 법은 어디에도 없다.

특별 보고서는 1백 쪽짜리도 있지만 주로 10~15쪽 정도의 분량으로 제작된다. 이상적으로는 딱딱하거나, 지루하거나, 은어를 쓰지 않으면서 주제를 완벽하게 설명해야 한다.

특별 보고서의 3가지 이점

1. 신뢰도를 높인다

특별 보고서는 당신의 지식을 자세하게 보여줄 기회가 된다. 주어진 핵심 주제에 대해 당신이 아는 모든 것들을 한데 모음으로써 지식의 깊이를 증명할 수 있다. 이는 신뢰도를 쌓고 전문성을 강화한다.

2. 전문 분야에 대한 지식이 깊어진다

틈새 사업가들은 경력을 통해 독특한 지식을 얻는 경우가 많다. 이런 독특한 지식에 초점을 두는 특별 보고서를 제작한다면 기존에 갖고 있던 전문 지식이 더 깊어지는 동시에 같은 업종의 사람들이 제공하는 서비스의 질도 높일 수 있다.

더욱이, 업계에 관한 조사나 동향 분석을 제공하면 독자들에게 당신의 틈새가 중요한 이유를 설명하는 핵심 요소를 전달한다. 당신의 보고서가 아니었으면 그들은 그런 사실, 수치, 관련 통계를 접할 기회가 없었을지도 모른다. 하지만, 그런 정보를 알고 나면 각자의 사업을 개선할 새로운 지식을 얻는다.

예를 들어, 같은 강사이면서 친한 친구이기도 한 테리 브록은 고객을 위해 최신 기술을 쉽고 재미있게 설명하려고 최선의 노력을 다한다. 또한, 그런 기술로 자신의 강연을 보강할 뿐만 아니라 광범위한 글쓰기도 한다. 그는 문제를 이해하고 해법을 설명한다. www.terrybrock.com을 참고하라.

3. 차별화를 위한 중요한 도구

특별 보고서는 틈새 사업가를 경쟁자와 차별화하는 문제에 있어서 최고의 해결사이다. 특별 보고서를 통해 전문성을 알리면 경쟁자들의 머리 꼭대기에 앉게 된다. 이런 보고서는 아주 큰 가치를 갖고 있기 때문에 고객 독자들에게 큰 자극을 준다. 특히 고객이 홈페이지를 방문하고, 정보를 참고하고자 로그인을 하고, 심지어는 가격이 너무 비싸다고 생각할 때도 그 가치를 인식하고 제품을 구매하게 한다. 이 특별하고 강력한 도구를 창의적으로 사용하는 방법은 끝도 없이 많다.

전문성을 표현하기 위한 다른 방법들

책 이야기로 옮겨가기 전에 전문성을 알릴 때 쓰는 블로그에 대해 설명하고자 한다.

블로그란 무엇인가?

블로그에는 많은 것이 들어간다. 그것은 반성이 담긴 개인의 일기로 온라인으로 작성되어 전 세계 사람들에게 읽힌다. 토론과 주장을 벌이고, 서로에 대한 칭찬을 서슴지 않는 사회를 만든다. 사진과 시, 그리고 열광적인 주장도 있다. 사용자들은 웹 디자인 도구를 이용해서 자기가 원하는 내용을 올린다. 여러 포털 사이트에 블로그를 공개하면 전 세계의 사용자들에게 내용을 제공할 수 있다.

그때의 효과를 상상해 보라. 블로그는 노련한 틈새 사업가가 활용할 수 있는 가장 강력한 홍보 수단의 하나이다.

틈새 사업가가 블로그를 운영해야 하는 이유

틈새 사업가들은 글을 써야 하는 것과 같은 이유로 블로그를 운영해야 한다. 블로그는 전문가로서의 위치를 다지고, 클릭 한번으로 수천 명의 독자 앞에 나설 수 있는 아주 저렴한 도구이다.

교감을 주고받을 수 있다는 장점 덕분에 블로거들 사이에는 친밀감이 흐른다. 독자들은 블로거를 안다고 생각하고, 블로거들은 댓글을 통해 같은 느낌을 받는다. 이는 인간관계를 형성하는 새로운 형태이다. 동네 구멍가게의 계산대 위해서 오가던 대화가 지금은 인터넷을 통해 이뤄지고 있는 것이다.

블로그 운영의 이점

블로그를 운영하면 할 일이 많은 것 같다. 글쓰기가 쉽지 않은 사람들은 더 그렇게 생각한다. 아래의 이점을 살펴보고 블로그에 공을 들일만한 가치가 무엇인지 알기 바란다.

1. 사업에 인간성을 부여한다

블로그는 친밀한 토론 문화를 만든다. 당신은 독자에게 직접적으로 말할 기회, 그들에게는 당신에게 응답할 기회가 생긴다. 또한, 블로그라는 형태에는 즉시성이 있다. 신문과 잡지 기사는 편집자의 손을 거쳐 여과된다. 복잡한 절차가 책 저자와 독자 사이에 놓여있다. 하지만, 저녁에 블로그를 하면 새벽이 되기 전에 독자의 목소리를 들을 가능성이 크다.

이러한 열린 의사소통 방식은 틈새 사업가를 인간적으로 만든다. 전문가와 직접 대화를 나누면 두려움이 줄어들기 마련이다. 법률, 의료, 금융과 같은 딱딱한 직업에 종사하는 사람들에게는 그런 효과가 무척 중요하다. 사람들은 이해하지 못하는 것에 겁을 집어먹지만, 블로그 공간에서 이야기할 때는 그런 두려움이 사라진다. 간단히 블로그에 들어가는 것만으로도 독자들과 대화하고 그들이 있는 곳에 참여하겠다는 의지를 보여줄 수 있다. 사무실이나 심지어는 전문 출판물의 지면과 같은 딱딱한 환경에서 생길 수 있는 두터운 경계가 사라진다.

자신의 블로그에 있는 내용을 자유롭게 통제할 수 있기 때문에 원하는 만큼만 타인의 접근을 허용할 수 있다. 일에만 집중해서 블로그를 관리하고 싶으면 그래도 좋다. 하지만, 생활 속에서 벌어지는 사소한 일들을 살짝 보여주는 것도 독자들에게 당신을 알릴 기회가 된다. 가령, 주말에 다녀온 보트 여행이라든가, 잘 가는 커피숍을 찾다가 그 집이 폐업했다는 것을 알고 허탈한 기분이 들었다는 이야기를 올려보라. 당신을 아는 독자들이 더 많이 생겨날수록 당신이 제공하는 제품과 서비스를 찾아올 가능성도 커진다.

블로그의 목적은 인간관계의 구축이다. 고객들은 직접적이나 간접적으로 관계가 있는 회사에서 상품과 서비스를 구매하려는 경향이 있다. 블로그는 새로운 사람을 만나고, 이미 알고 있는 사람과의 관계를 굳히고 재확인할 수 있는 이상적인 수단이다.

2. 인지도를 높인다

틈새 사업가로서의 성공은 계속 대중의 시선을 받는 능력에 달려있다. 그런 시선은 대중의 관심 범위가 넓을 때는 제대로 유지되기 어렵다. 따라서 그들에게 당신이 관심을 받을만한 가치가 있다는 것을 지속적으로 일깨우는 자극과 암시가 필요하다.

블로그는 당신을 계속 다른 모습으로 표현할 수 있게 해주는 발판이다. 일주일마다, 아니면 매일이라도 쉽게 블로그를 단장할 수 있다. 하지만, 인쇄물을 갱신하는 기간은 기껏해야 일주일에 한 번이다. 책의 경우는 몇 년이 걸릴 수도 있다.

블로그를 특정한 홍보 수단으로 활용하면 별다른 노력을 들이지 않아도 수천 명의 독자들에게 당신의 블로그 포스트를 제공할 수 있다. 대부분의 블로그에는 뉴스 통합 프로그램으로의 링크 기능이 있어서, 뉴스로 당신의 블로그 내용을 읽고 관심을 있는 독자들은 클릭 한번으로 당신의 블로그로 연결된다.

3. 대중의 기대를 충족한다

블로그는 무척 빨리 대중의 의식 속에 자리 잡았다. TV 뉴스 캐스터, 사업가, 선구적인 과학자 등은 모두가 개인 블로그를 가지고 있다. 단 몇 년 만에 블로그는 시험 대상에서 웹사이트의 기대주가 되었다.

인터넷을 사용한다면 방문자들과 직접 접촉할 수단이 필요하다. 현재 블로그는 가장 주목받는 홍보 장치이다. 꼭 블로그를 갖고 있어야 한다는 뜻은 아니지만, 그렇지 않다면 고려해 보거나 더 나은 것을 찾기 바란다.

좋은 블로그를 만들기 위한 6단계

블로그를 시작하는 것은 홈페이지를 만들고 계정을 개설하는 것만큼이나 간단하다. '추천 자료'에서 다양한 정보를 참고하기 바란다.

틈새 사업가는 블로그를 만드는 것 이상의 일을 해야 한다. 다시 말해, 독자들이 계속 들어와 다음에 무슨 이야기가 전개될지 구경을 하러 오게 하는 좋은 블로그를 만들어야 한다. 다음 6가지 요령을 따른다면 가장 사랑받는 블로거 대열에 낄 수 있다.

1단계 : 정보를 제공하라 당신의 블로그에 들어오는 방문자들이 당신의 포스트를 읽으면서 좋은 정보를 얻어간다는 사실을 알게 해야 한다. 포스트 대부분을 당신의 전문 분야와 관련된 내용으로 채워라. 실용 지식, 업계 동향, 고객의 삶을 더 쉽고 간편하게 해줄 방법 등에 관한 정보를 제공하라.

2단계 : 적절한 내용을 올려라 시기가 맞지 않으면 안 된다.

인터넷 세상에서는 모든 일들이 눈 깜짝할 사이에 벌어진다. 생각의 속도보다도 훨씬 더 빠르다. 당신의 목표 고객들이 드나드는 인터넷 공동체에서 벌어지는 일들을 항상 주시하라. 중요한 문제가 논의되고 있으면 당신도 의견을 달아라.

3단계 : 열린 공간으로 만들어라 대중은 댓글 기능 덕분에 당신과 쉽게 교류할 수 있다. 모든 의견이 듣기 좋지는 않겠지만 소중하게 여겨라. 댓글 기능을 이용해서 당신의 위치를 설명하고, 당신이 누구이며 어떤 자리에 있는지 더 자세하게 알려라.

4단계 : 재미있게 하라 블로거들은 농담을 좋아한다. 톡 쏘는 유머가 유행이지만 지나치지 않도록 조심해야 한다. 심한 농담을 하면 뻔뻔스러운 인격자로 낙인찍힌다. 뻔뻔스러운 사람을 좋아하는 팬도 있겠지만 그들은 대체로 당신의 사업과 관계가 없다.

5단계 : 간결하게 하라 블로그 내용은 잡지 기사가 아니다. 따라서 많아야 두세 개의 단락으로 짧게 써라. 만약 깊이 심층적으로 논의해야 할 주제가 있으면 내용을 나누어 며칠에 걸쳐 싣는 것이 좋다.

6단계 : 능동적으로 운영하라 인터넷 출판물이랄 수 있는 블로그를 쓸 때는 아주 많은 도구를 이용할 수 있다. 먼저 당신의 주장을 뒷받침하거나 당신의 생각을 지지하는 기사가 있는 홈페이지에 연결되는 기능을 설정하라. 또한, 그림이나 동영상을 올릴 수 있는 기능도 활용하라.

글쓰기의 원조, 책

왜 책을 써야 하는가?

20년 전에 회사를 처음 운영하기 시작했을 때 어느 유명 강사에게서 아주 소중한 충고를 들었다. 그는 이렇게 말했다. "신뢰도를 높이고 싶어요? 그럼 책을 쓰세요." 『무역박람회 참여: 성공의 요소와 비결』이라는 책은 나의 '전문가 정체성'을 끌어올리는 데 큰 몫을 했다. 직접 쓴 책이 있으면 당신이 전문가라는 주장에 무게와 권위가 실린다.

어떤 책이 가장 효과가 클까?

독자가 틈새 사업가의 책을 집어들 때는 자신의 생활을 아래처럼 만들어줄 정보를 찾기 때문이다.

- 더 쉽고 간편하게
- 더 효율적이게
- 더 유익하게
- 더 즐겁게

이런 요소들은 당신이 쓸 책의 기초를 형성한다. 독자는 자기들의 걱정, 문제, 난관을 극복할 마법의 공식을 열망한다. 그들은 각자의 위치에서 위에서 말한 것처럼 쉽고 간편하고, 효율적이고, 즐겁고, 무엇보다도 유익하게 살아가는 데 도움이 되는 해법을 갈망한다. 간단하다. 아주 조금의 노력만 기울이면 된다.

책을 쓰기 위한 10단계

책 쓰는 것을 벅찬 일로 여길 수도 있다. 특히 2백 쪽이 넘는 책을 생각하면 더 아찔해진다. 비결은 책 쓰는 과정을 관리하기 좋은 여러 단계로 세분화하는 것이다. 다음은 내가 효과를 자주 본 단계별 과정이다.

1단계 : 생각을 분명하게 정리하라

어떤 내용의 책을 쓰고 싶은가? 모든 책에는 글을 이어나가는 추진력을 부여하는 핵심 주제가 있다. 당신이 소개하고 제시하는 모든 사실, 이론, 방향, 혹은 제안이 그 주제를 뒷받침해야 한다. 글을 쓰기 전에 책의 기본 취지를 한두 개의 문장으로 설명할 수 있어야 한다.

222

2단계 : 자유 토론(브레인스토밍)을 하라

주제를 정했다면 그것에 관해 쓰고 싶은 모든 것들을 끄집어 내어 목록을 만들어라. 아무리 엉뚱하고 우스꽝스러워도 생각나는 것은 모두 적어라. 친한 친구나 동료와 함께 해보는 것도 좋다. 여러 사람이 함께하면 뜻밖의 결과를 얻을 수 있다.

3단계 : 목록의 가지를 쳐라

며칠 뒤에 객관적인 눈으로 목록을 다시 훑어보라. 그리고 아이디어를 다음 세 가지로 분류하라.

1. 책에 들어가야 할 아이디어
2. 좋지만 책에는 적합하지 않은 아이디어
3. 책에 어울리지 않는 아이디어

'책에 적합한 아이디어' 목록에 있는 내용이 책의 주제를 완전히 채울 수 있어야 한다. 여기에 중심 주제, 그것을 지원하는 생각, 생략해서는 안 될 좋은 세부 내용, 자원, 예, 이야기가 필요하다.

'좋지만 책에는 적합하지 않은 아이디어' 목록은 다른 글쓰기를 할 때 중요한 자원이 될 수 있으므로 버리지 말고 별도의 파일에 보관하라.

'책에 어울리지 않는 아이디어' 목록은 버리거나 다른 파일

에 보관하라. 지금의 아이디어가 미래에 또 다른 계획의 토대
가 될지도 모른다.

4단계 : 윤곽을 잡아라

좋은 아이디어 목록을 바탕으로 책의 윤곽을 그려라. 가능하
면 자세하게 해야 한다. 이 윤곽이 책의 뼈대를 구성한다는 사
실을 기억하라. 나중에 이것을 참고로 본문을 쓰게 된다. 윤곽
을 잡을 때 더 많은 방향과 길잡이를 정리해두면 글쓰기가 훨
씬 수월하다. 쪽수, 그래픽과 표에 관한 메모, 자세한 단락 설
명 등을 모아두면 한결 편해진다.

책을 장으로 나누어라. 각 장에는 한 가지의 중심 주제가 있
어야 하며, 이 주제들은 책의 가장 중요한 취지를 뒷받침해주
어야 한다.

장을 만드는 방법이 두 가지 있다. 짧은 장을 여러 개로 만들
거나, 긴 장을 몇 개만 만드는 것이다. 틈새 사업가들의 책 중
에는 장이 40개나 되는 것도 있고 6~8개에 불과한 것도 있다.
각 장에 대략 20쪽을 할애해서 10~12개의 장을 넣기도 한다.

당신은 어떤 것이 적당해 보이는가? 갖고 있는 자료, 문체,
목표 고객을 고려하라. 그들은 요령을 나열한 간편하게 읽을
수 있는 자료를 기대하는가, 아니면 좀 더 체계적이고 깊이 있
는 설명을 원하는가?

5단계 : 각 장의 윤곽을 잡아라

이 단계에서는 각 장을 여러 부분으로 나누어야 한다. 각 장에는 논리적인 흐름, 가령 소개, 본문, 결말이 포함되어야 한다.

또한, 본문을 논리적으로 배열해야 한다. 독자가 그 정보를 어떻게 접할지 생각해 보라. 소개 정보에 이어 더 복잡한 주제를 보고 싶어 할 것이다. 독자가 이해하기 어려운 정보부터 시작해서는 안 된다. 독자들은 무슨 말인지 이해하지 못하면 당장 포기한다.

6단계 : 모르는 것은 조사하라

책에 실린 정보를 증명할 수 있어야 한다. 다양한 출처를 이용해서 직접 조사를 해라. 당신이 제공하는 정보는 최신의 것이고, 사실적이고, 증명할 수 있고, 이해하기 쉬워야 한다. 10년 전에 나온 대학 교재는 참고용으로 적당하지 않다. 그보다는 전문 잡지를 읽거나, 적절한 홈페이지를 방문하거나, 같은 분야의 사람들과 이야기를 나눠라. 다른 전문가를 인터뷰하는 방법도 있다.

7단계 : 쓰기 시작하라

조사 자료, 아이디어 목록, 전체적인 윤곽으로 무장한 다음에는 쓰기 시작하라. 한 번에 한 장(章)씩, 한 번에 한 단락씩 마무리하는 방법을 선택하라. 책 한 권을 쓴다는 생각 때문에 쉽게 겁을 집어먹고 부담을 느끼게 되므로 걸음마를 떼듯 한 번에 한 단락씩 마무리하기 바란다.

나는 글 쓰는 시간을 일정하게 정해두면 중간에 포기하지 않게 된다는 것을 알았다. 글 쓰는 시간이 되면 두 시간 정도는 그것에 몰두한다. 내 목표는 최소한 두 쪽이다. 글이 잘 풀려 몇 쪽을 더 쓰는 날도 있고, 한 줄 쓰기 어려운 날도 있다. 하지만, 내 책상 위에 있는 '엉덩이 고정'이라는 표어 때문에 그냥 앉아 쓰게 된다.

이 단계에서는 편집을 잘하려는 생각은 하지 마라. 처음 취지에 맞는 모든 주제들을 망라하는 완벽한 초고를 만드는 데만 집중하라.

8단계 : 검토하라

초고를 완성하면 며칠 방치하고 다른 일을 하라. 책에 대한 생각은 일체 하지 마라. 이 중요한 과정을 거치면 책을 다른 시각으로 바라보는 눈이 생긴다. 하지만, 건너뛰면 당신이 한 것을 객관적으로 바라볼 기회를 잃을 위험이 있다.

글쓰기 휴가가 끝나면(기간은 각자 알아서 정하라) 신뢰하는 친구나 동료와 함께 앉아 초고 전체를 훑어보라. 한 번에 전부를 보기보다는 며칠에 걸쳐 작업하는 것이 좋다. 그 누구도, 심지어는 전업 작가조차 한번 만에 엄청난 결과물을 얻을 수는 없다. 이 시간에 다음과 같은 부족한 점을 찾아라.

- 더 많은 조사가 필요한 부분은 어디인가?
- 문장을 더 다듬어야 할 부분은 어디인가?
- 문장이 부드럽게 이어지는가?
- 재미있고 매력적인 글을 썼는가?

필요한 부분을 수정하라. 보통의 저자와 성공하는 저자의 차이는 원고가 아니라 원고의 수정에 있다. 맞춤법과 문법 실수를 바로잡아라. 9단계로 들어가기 전에 이 단계를 여러 번 반복해야 할지도 모른다. 그렇다고 완벽주의자가 되라는 것은 아니다. 완벽하기보다는 최선을 다하기 위해 노력하라. 책이 인쇄되어 나오고 나서도 항상 고칠 것이 보이기 때문이다. 그런 문제는 책이 재판될 때 바로잡으면 된다.

9단계 : 원고를 보내라

이 단계에서는 두 가지 방법이 있는데, 전통적인 출판과 자비 출판이다.

이 장 뒷부분에서 두 방법의 장·단점에 대해 설명하겠다.

전통적인 출판 방식을 선호한다면 직접 혹은 대행사를 통해 계약한 출판사에 원고를 제출하라. 대행사와 일을 하면 도서 제안서를 중심으로 기획 자체가 출판사에 팔릴 가능성이 크다.

출판사는 편집, 지면 배정, 표지 디자인 작업을 맡는다. 원고가 최종 인쇄에 들어가기 전에 저자가 검토하고 마지막 수정을 할 기회가 있다. 그런 다음에 서점 선반에 진열된 책을 볼 수 있다는 기대를 해도 된다.

반면에 자비 출판을 하는 경우에는 아직도 할 일이 많이 남아 있다. 원고 교정을 위해 프리랜서를 고용해서 그들의 제안에 따라 수정해도 된다. 표지 디자인, 지면 배정, 색인, 인쇄 등 당신이 낳은 아이를 시장에 내놓기 위해 필요한 모든 것들이 당신의 두 어깨에 달려있다. 하지만, 너무 겁을 집어먹지는 마라. 세상 구석구석에 도움을 줄 전문가가 있기 때문이다. 하지만, 자비 출판은 비용이 많이 든다는 것을 알고 미리 준비해야 한다.

10단계 : 홍보하고, 홍보하고, 또 홍보하라

자비 출판을 하거나 출판사를 통하거나 당신이 완전히 책임져야 하는 한 가지는 책을 홍보하는 것이다. 수많은 훌륭한 책들이 단지 홍보 부족으로 잠재력을 잃고 사장된다. 당신의 계획은 목표 고객을 위해 글을 쓰는 것이기 때문에 자연스럽게 홍보를 하고 판매를 할 일차적인 대상은 바로 그들이다. 특히 자비 출판을 하는 경우에는 책을 쓰는 과정의 초기부터 유통 전략을 세워두어야 한다. 누구든 팔리지 않는 책을 창고에 쌓아두고 싶지는 않을 것이다.

다른 저자들은 어떻게 하는가?

지금까지 대략 설명한 10단계 전략은 내게는 쓸모가 있지만 모든 사람들에게 그렇지는 않다. 어떤 저자들은 디지털 녹음기에 녹음을 한 다음 원고로 옮겨 편집을 해서 최고의 작품을 만든다. 또, 다른 저자들과 한 부분씩 맡아서 함께 일하는 쪽을 선호하는 저자들도 있다. 간혹 아무런 계획도 없이 자리에 앉아 끝까지 써내려가는 사람들도 있다. 각자 자기 방식에 맞는 방법을 찾아라. 그것이 가장 좋은 방법이다.

책 한 권을 쓰는 작업에 매달리고 싶지 않다면 공동 저서에 글을 쓰는 쪽도 고려해보라.

'책 세상'으로 가는 더 쉬운 길 : 대필 작가

틈새 사업가는 바쁜 사람들이다. 업무를 처리하고 가족과 시간을 보내기에도 하루가 빠듯하므로 글을 쓸 시간이 잘 나지 않는다.

그럴 때는 대필 작가를 찾아보라. 그들은 당신이 책을 내는 것을 도와주고자 뒤에서 글을 써주는 일을 한다. 그들이 당신에게 어떤 도움을 줄 수 있을까? 다음은 그중 중요한 것들이다.

- 조사
- 인터뷰 진행
- 원고 쓰기
- 편집과 교정

저자와 대필 작가의 관계는 다음 네 가지 요소에 따라 달라진다.

1. 계획을 얼마나 완성해 두었는가?
2. 직접 하고 싶은 일의 양과 위임하고 싶은 일의 양은 얼마나 되는가?
3. 대필 작가와 공동 저자로 이름을 올리기를 바라는가, 대필 작가의 이름은 밝히지 않기를 바라는가?
4. 예산은 얼마로 정했는가?

'책 세상'으로 가는 또 다른 길 : 공동 저서

출판을 하는 또 다른 방법은 여러 명의 저자가 틈새에 관련된 공동 저서에 글을 보내거나 직접 제작하는 것이다. 다시 말해, 한 사람이 10명 이상의 동료에게 글을 써달라고 부탁한 다음 그것들을 묶어 책으로 만들 수 있다. 그 결과, 다양한 의견을 가진 하나의 집단이 한 가지 주제에 집중하게 된다. 이런 작업은 주로 각 저자가 공동으로 비용을 부담해서 일정한 부수를 맡아서 판매하거나 증정하는 자비 출판의 형태로 이루어진다. 이는 빨리 책을 만들고 모든 저자가 함께 광고하고 홍보하는 이점을 누리고자 할 때 가장 쉬운 방법이다.

공동 저자들이 야심이 큰 사람들이라면 계획을 직접 진행하라. 더 많은 이익을 거둘 수 있을 것이다.

출판 : 일반 출판 대 자비 출판

9단계에서 책을 내는 두 가지 방법을 소개했다. 대행사, 출판사와 함께 일해서 책을 시장에 내놓는 전통적인 방법을 따라도 좋고, 아니면 혼자서 출판의 짐과 비용을 책임지는 자비 출판을 해도 좋다. 다른 모든 것들이 그렇지만 두 가지 방법에는 장·단점이 있는데, 그중 중요한 것들을 간단하게 살펴보도록 하자.

일반 출판

전통적인 출판은 대부분의 사람들이 출판을 이야기할 때 가장 많이 연상하는 것이다. 대행사, 출판사와 더불어 책을 만드는 방식으로, 저자는 선 인세를 받고 판매에 따라 추가 인세를 받는다.

장점

- 일반 출판은 출판의 꽃이다. 출판사가 제작한 책을 갖고 있으면 명성과 신뢰를 얻는다.
- 출판된 책의 광고와 홍보가 대체로 자비 출판된 책보다 더 쉽다. 독자적인 홍보 방식과 유통 경로가 이미 존재하기 때문이다.
- 평론가들은 전통적으로 출판된 책을 훨씬 더 높이 평가하고 싶어 한다. 그렇다고 긍정적인 평가를 내린다는 보장은 없지만 적어도 당신의 책에 관심을 둔다. 자비 출판한 책은 그런 것을 기대할 수 없을지도 모른다.

단점

- 주도면밀하게 전문적으로 작성된 기획서, 책을 홍보하고 판매할 기반, 이미 책을 출판한 사실이나 전문 분야에서의 인지도에 대한 요구, 경제성 있는 판매 수요가 있는 적절한 시장 등 넘어야 할 산이 너무 많다.
- 통제권을 행사하지 못하는 부분이 있다. 출판사가 디자인 관련 부분과 홍보 방침을 결정하기 때문이다.
- 시간이 걸린다. 대개 처음부터 끝까지 12~18개월 정도 걸린다.

- 글을 써야 한다는 압박감이 크다. 첫 책이 잘 안 팔리면 출판사가 두 번째 책을 작업하려 할 가능성이 매우 줄어든다.
- 대행사를 통해서 거래하는 추세가 강해지고 있다. 그들은 선 인세와 차후 인세에서 15퍼센트 정도를 떼어간다. 그러나 대행사는 더 높은 선 인세와 더 좋은 조건으로 계약하도록 조정해줄 수 있다.

자비 출판

자비 출판이란 말 그대로 책을 직접 출판하는 것이다. 표지 디자인에서 책을 시장에 내놓기까지 새로운 아이디어, 홍보, 비용 등에 관한 모든 결정을 직접 내려야 한다.

장점

- 자비 출판은 아주 좁은 틈새에서 사업하는 경우에 출판을 할 수 있는 유일한 방법이 될 수 있다. 지나치게 전문적인 책은 출판사들의 흥미를 끌지 못하기 때문이다.
- 책에 대한 전체적인 통제권을 가질 수 있다. 표지 디자인에서 글꼴 선택, 교정에 이르기까지 모든 것이 당신에게 달려있다.
- 자비 출판한 책에서 훨씬 더 많은 수익을 기대할 수 있다.
- 빠른 진행과정. 일반 출판은 12~18개월이 걸리지만 자비 출판은 몇 달 만에 책을 낼 수 있다.

- 출판사와의 경쟁 요인이 없다.

단점

- 일반 서점에 자비 출판한 책을 진열하기가 무척 어렵다.
- 자비 출판된 책은 서평의 대상이 되기 어렵다. 서평은 학교, 도서관, 병원 등 제도권의 구매 결정에 큰 영향을 미친다. 따라서 그런 부분이 마케팅 계획에 중요하다면 미리 생각해 두어야 한다.
- 자비 출판한 책의 신뢰도는 출판사 책의 신뢰도에 미치지 못한다.
- 제작 방식에 따라 지출되는 비용이 클 수 있다. 그 비용을 되찾을지는 미지수이며 수익이 기대보다 훨씬 적을 수 있다.

자비 출판의 경우, 품질이 가장 중요하다는 사실을 알아야 한다. 당신의 이미지와 직업의식은 일을 통해서 빛이 난다. 내가 권하고 싶은 것은 신중하게 소비자를 찾아 저렴한 가격으로 품질을 제공하는 것이다.

8장
요약

1. 팁시트, 체크리스트, 기사, 책, 특별 보고서를 만들 때는
우선순위를 적어라.

2. 블로그를 이용해서 점점 더 많은 전문 지식을 노출하라.

3. 책 쓰기를 계획하고, 연구하고, 써라.

4. 글쓰기 작업을 빨리 끝내고 싶으면 대필 작가를
고용하는 방법도 고려하라.

5. 일반 출판과 자비 출판을 비교하라.

6. 홍보하고, 홍보하고, 또 홍보하라.

7. 글쓰기의 매력에 빠져라.

틈새 사업가
릭 시겔(공인 전문 강사)

릭 시겔은 25년 동안 소매업에 종사한 뒤에 방향을 바꿀 때가 되었다고 생각했다. 그는 성공한 소매업자로서 쌓은 지식과 지혜를 상식과 실용지식으로 걸러내어 소규모 상인들의 수익 증가를 도왔다. 요즘 릭은 강사, 저자, 컨설턴트로 인기가 많다.

시겔의 조언

시겔은 『기초 온라인 해법』, 『초보를 위한 소매업 상식』, 『매출 올리기』 등 여러 권의 책을 썼다. 각 책들은 시겔의 목표 고객들에게 신중하게 조준된 방법론적 지식으로 가득하다.

"각각의 책을 통해 독자들이 그 자리에서 곧바로 활용할 수 있는 실질적인 정보를 주고 싶다. 내가 소매업주를 위한 책을 쓰는 것은 그들이 매출을 올리고, 단골을 더 많이 확보하고, 돈을 더 많이 벌 수 있도록 참고할 정보를 주기 위해서이다."

더 많은 정보에 대해서는 www.ricksegal.com을 참고하라.

236

지혜 한마디

틈새 사업가의 책은 독자들이 각자의 생활이나 사업을 개선하기 위해 사용할 실용 정보로 가득해야 한다. 방법 안내, 교육적인 설명, 그리고 기타 실용 정보는 독자들의 의문에 답을 해주는 동시에 당신의 전문성을 굳혀줄 것이다.

MICRO BUSINESS

'3E' 공식 : 전문가는 열정적으로 교육한다

우리는 전문가가 교육하는 것을 당연하게 생각한다.
당신의 강의에 기꺼이 돈을 지불하는 사람들에게 당신의 지식을
나누어줄 수 있는 공인된 권한을 보증받는 것이다.

PART 09

당신이 열중하고, 몰입한다면 배우는 사람들도 따라 할 것이다

전문가는 교육을 한다.

정의를 내리자면, 전문가는 대중에게 전해줄 전문 지식과 식견을 갖고 있는 사람이다. 따라서 틈새 사업가는 뛰어난 교육 프로그램으로 자신의 전문 지식을 알리는 것이 가장 좋다.

사람들은 전문가에게서 배우려고 한다. 한번 생각해 보라. 당신은 에머릴 라가세와 대고모 중 누구에게서 소고기 찜을 배울 것인가? 그렇다. 대고모가 만든 쇠고기 찜이 입 안에서 살살 녹고 세상에서 최고라는 것을 알지만, 요리를 배우고 싶은 사람은 에머릴이다.

전문가의 세계도 다르지 않다. 사람들은 지식과 첨단 정보를 가진 스타들, 곧 업계의 리더들에게서 배우고 싶어 한다. 이 장에서는 교육이 틈새 사업가에게 어떤 도움이 되는지, 교육

프로그램을 성공적으로 제작하는 10가지 방법을 알려주려고
한다.

왜 교육하는가?

틈새 사업가에게 교육은 많은 이득을 준다. 개인적인 풍요를
가져오거나, 더 큰 결과를 안겨줄 때도 있다.

전문가로서의 정체성을 강화하라

교육을 통해 전문 지식을 알리는 것은 전문가로서의 정체성
을 강화하기 위한 가장 쉬운 방법 중의 하나이다. 사람들이 배
우겠다고 몰려오면 자기 분야에 대해 정말 잘 알아야 한다. 대
학이나 유명 협회 등 다른 기관의 후원을 받고 교육을 할 때는
신뢰도가 훨씬 더 높아진다.

수익성

교육으로 돈도 번다. 세미나, 웨비나 등에서 받는 강의료가
충분한 부수입이 될 수 있다. 직업인들은 늘 업무 능력과 기술
을 개선할 방법을 찾는다. 그들의 요구를 충족시키는 것만으로
도 수익을 올리는 데 도움이 된다.

전문 분야를 살찌워라

이런 이점은 눈에 잘 띄지는 않아도 아주 중요하다. 틈새 사업가는 자신의 틈새를 장악하는 데 필요한 기본 지식과 기술을 가진 유일한 사람이거나 단 몇 명 중의 한 사람이다. 따라서 같은 분야에서 일하는 사람들에게 자신이 알고 있는 것을 알려주면 자신이 도움을 받은 전문 분야에 보답하는 셈이다. 그뿐만 아니라 전국은 물론이고 전 세계의 고객에게 흡족한 경험을 제공하는 동시에 같은 분야의 전문가들이 제공하는 서비스의 범위를 넓힐 수도 있다.

가르치는 것이 부담스러운가?

어떤 틈새 사업가들은 교육가의 역할을 부담스러워한다. 교육은 전문성을 강화하기 위한 가장 확실한 방법인데도 그렇다. 사람들이 불평하는 가장 흔한 이유는 다음과 같다.

- 나는 누군가를 가르칠 자격이 없다. 학위도 없다.
- 내 강의를 들으러 올 사람은 아무도 없을 것이다.
- 나는 교수가 아니라 (의사, 변호사, 회계사)일 뿐이다.
- 시간이 없다.

내게는 이런 변명들이 전혀 통하지 않는다. 스스로 의식하든 말든 당신은 이미 가르치고 있기 때문이다.

자신을 틈새 사업가로 규정하는 것만으로도 당신은 업계의 리더이다. 자신을 전면에 내세우면 싫어도 타인의 시선을 끌게 된다. 같은 업계의 다른 사람들(잠재적인 경쟁자들)은 당신이 무엇을 어떻게 하는지 지켜보며, 당신의 지식을 자기 사업에 응용할 방법을 알려고 한다.

당신은 이미 가르치고 있을 뿐만 아니라 무료로 가르치고 있다. 지난번 총회에서 알려준 유용한 정보나 전문 잡지에 실린 유익한 기사에 대해 고맙다는 인사로 돈을 부치는 사람은 아무도 없기 때문이다.

당신은 틈새 사업가로서 아무도 가지고 있지 않거나, 알려주지 않는 전문 지식을 너무 소홀하게 관리하고 있다. 당신에게는 자신의 기술을 조합해 독특하고 전문적인 서비스를 창조해낼 능력이 있다. 예를 들어, 내 딸은 마사지 치료사의 장점과 적극적인 골프 동아리 활동을 조합했다. 그래서 골퍼를 위한 특별한 치료법을 개발했는데, 고객들에게 경기 전후에 혼자서 할 수 있는 간단한 마사지법을 가르치기도 한다. 시내에서 그런 서비스를 제공하는 사람은 내 딸이 유일하기 때문에 스윙을 더 잘하고 싶은 골퍼들이 많이 찾는다.

목표 고객에게 필요한 세미나를 개발하기 위한 5단계

　세미나를 비롯한 교육 프로그램을 개발하는 것은 신제품이나 서비스를 개발해 시장에 내놓는 것과 똑같다. 두 가지 모두 목표 고객을 이해해야 가능하기 때문이다. 다음은 교육 프로그램 개발에 도움이 되는 5가지 단계이다.

　1단계 : 자신에게 이렇게 물어보라. '내가 아는 것을 누가 알고 싶어 할까?' 목표 고객을 분명하게 정해야 한다. 당신은 동료나 고객을 직접 가르치고 싶은가? 그렇다면, 두 가지 집단이 서로 다른 요구를 하고, 서로 다른 정보를 원한다는 사실을 알아야 한다.

　2단계 : 목표 고객이 알아야 할 정보 중 가장 중요한 것을 정하라. 그들이 가장 배우고 싶어 하는 중요한 것은 무엇인가? 잘 모르겠다면 시장 조사를 해야 한다. 그들에게 질문을 하라. 고객들은 당신의 생각보다 훨씬 더 기본적인 정보를 원하거나, 중요하지 않은 것에 큰 흥미를 느끼고 있을지도 모른다.

　3단계 : 조사 결과를 주제 선정에 활용하라. 가장 중요한 내용은 무엇인가? 요점을 중심으로 프레젠테이션을 만들어라. 이때, 목표 고객의 요구를 충족하는 것을 목표로 삼아야 한다.

　4단계 : 형식을 선택하라. 가르칠 자료의 형태와 개인적인 방식을 모두 고려해야 한다. 사람이 많은 곳을 좋아하는 외향적이고 활동적인 사람은 웨비나가 열리는 장막 뒤에 숨을 이유가 없다. 부끄럼을 너무 많이 타서 공개토론회에 참석한다는 생각을 하면 불안해지는 사람은 부트캠프를 열지 마라. 많은 숫자가 포함된 기술 자료처럼 시각적인 자료가 있는가 하면, 마사지법처럼 직접 시범을 보이는 것이 가장 효과적인 자료도 있다.

5단계 : 강의를 홍보하라. 세상에서 최고의 세미나를 열어도 배우러 오는 사람이 없으면 빈 강의실만 지켜야 한다. 공격적으로 세미나를 홍보하려면 기술이 필요하다. 당신의 교육 프로그램을 홍보할 최고의 방법을 조금 더 연구해보라. 틈새 사업가들은 가장 중요한 이 부분에서 실패를 많이 한다. 그런 실수를 하지 마라. 성공의 열쇠는 홍보와 광고를 통해 인지도를 높이는 것이다.

내용

'학생들에게 모든 것을 다 알려주고 나면 나는 쓸모없는 존재가 되지 않겠어요?' 내가 가장 많이 듣는 질문이다. 많은 틈새 사업가들은 적어도 경력에서 자기 발등을 찍을까 두려워 가르치는 것을 피한다. 아는 모든 것을 가르쳐주면 실직을 하게 되는 것일까?

물론 그럴 수도 있지만 가능성은 아주 낮다. 실제로 그런 사람을 한 번도 못 보았으니 가능성이 희박하다고 본다. 하지만, 그 반대의 경우는 많이 있다. 교육은 틈새 사업가의 활동에 대한 수요를 훨씬 더 높이며, 그 결과로 몸값까지 올린다.

예를 들어, 카피라이터계의 대가인 밥 블라이는 강사로 아주 유명하다. 수천 명의 사람들이 그의 강의를 신청하고, 책을 사고, 그가 말하는 충고 하나하나를 열심히 읽는다. 수많은 사람들은 블라이를 카피라이터가 아닌 강사로 안다. 하지만, 블라이가 고객을 위해 펜을 들 때면 최고의 대가를 받는다.

그래도 확신이 들지 않는가?

그렇다면, 나만 가지고 있는 고급 교육의 비법을 알려주겠다. 학생들에게 방법보다는 목표를 제시하라.

예를 들어, 무역박람회 코치인 나는 워크숍에서 강연할 때면 학생들에게 박람회장을 찾은 방문자들과 상호작용을 하면서 의미 있는 질문을 던지는 것이 왜 중요한지 이야기한다. 그리고 의미 있는 질문이 어떤 것인지 대강 설명한 다음 몇 가지 예를 제시한다. 우리는 무역박람회 방문자에게 이야기를 하는 시간과 귀를 기울이는 시간을 비교해 본다.

어떤 학생들은 그런 기술을 능숙하게 활용하는 반면에, 어떤 학생은 개인적인 도움을 원한다. 그들은 일대일 맞춤식 서비스를 받는 대가로 돈을 지불한다.

교육하는 틈새 사업가들은 가느다란 줄 위를 걷는다. 우리는 아이디어를 팔아 밥을 먹는다. 우리의 상품은 콘텐츠, 다시 말해 무엇을, 어떻게, 언제, 누가, 왜에 대해 전문가들만이 아는 답이다. 우리가 그런 답들을 한 번에 내어주면 고객들이 다시 돌아올 이유가 없다. 그들은 우리에게서 모든 것을 배운 다음 가볍게 발길을 돌려 다른 스승을 찾아갈 것이다.

가르치는 일을 직업으로 계속하기 위한 길은 두 가지다. 먼저, 쉬지 말고 발전하는 것이다. 새로운 기술을 배우고, 새로운 한계를 만들고, 새로운 연구를 수행한다면 업계를 이끌어가는 전문가로서 틈새 사업가의 자리를 지키는 데 도움이 된다. 또한, 기존의 이론, 전략, 기법 등에 대한 색다른 접근으로 학생을 가르칠 새로운 것들을 지속적으로 찾을 수도 있다.

강사로서 장수하는 두 번째 비결은 자신의 콘텐츠를 강하게 인식하는 것이다. 대부분의 학생들은 이미 알고 있는 것들을 더 깊이 배우려고 찾아온다는 사실을 기억해야 한다. 입문 강좌와 재교육 강좌는 항상 필요하며, 틈새 사업가의 위치를 더욱 굳건하게 지켜준다.

학생들은 다음 다섯 가지 질문에 대한 답을 기대한다.

1. 나는 무엇을 해야 하는가?
2. 나는 그것을 언제 해야 하는가?
3. 나는 그것을 왜 해야 하는가?

4. 누가 나를 도와줄 수 있는가?

5. 어떻게 하는가?

능력 있는 강사가 되려면 이 다섯 가지 질문에 모두 대답해야 한다.

특히 무엇을, 왜에 대한 답을 제시하는 프로그램에 집중하고, 독점적인 정보를 너무 깊이 파고들지 않는 가운데 학생들에게 중요한 지식을 지속적으로 전달하는 것을 목표로 삼아라.

좋은 프로그램을 개발하기 위한 10단계

1단계 : 처음부터 시작하라

교육 프로그램을 설계할 때는 다음 두 가지를 기억해야 한다. (1)입문용 자료에 대한 요구가 항상 있으며, (2)모든 것을 아는 사람은 아무도 없다.

무슨 뜻일까? 먼저, '개괄적인 입문 과정' 같은 강좌를 설계하는 것을 주저하지 마라. 사람들은 자기들이 이미 아는 것을 확인하거나 강화하고, 당신의 교수법을 시험적으로 접하고자 그런 과정에 수강 신청을 한다. 항상 새로운 사람들이 수강을 하려고 올 수 있다는 사실을 잊으면 안 된다. 최근에 대학을 졸업한 사람이든 중년에 직업을 바꾸려는 사람이든 모두가 입문을 하기 위한 기본 정보에 목마르다.

두 번째, 조금 더 고급 자료를 가르칠 때에도 기본적인 것을 언급해야 한다. 자세한 내용을 일일이 끄집어낼 필요는 없지만, 개념을 살짝 건드리고 그것과 지금 논의 중인 주제와의 관련성을 짚고 넘어가야 한다. 노련한 서비스 전문가들도 우리처럼 기초를 되새길 필요가 있다. 게다가 준비가 안 되었는데도 고급 과정에 등록하는 학생들이 항상 있기 마련이다. 기본 지식을 자주 확인해주면 그들은 프로그램을 마치는 데 필요한 생명선을 붙들 것이다. 대체로 그런 학생들은 도움이 필요하면서도 도와달라고 하지 않는다.

2단계 : 학생을 이해하라

잠시 강사 신분을 잊고 학생 자리에 앉아보라. 그리고 자신에게 다음 질문을 해라.

- 여기에 왜 왔는가?
- 이 강의를 들으면 어떤 자극을 받을 것인가?
- 무엇을 배우고 싶은가?
- 새로운 지식은 사업에 어떤 도움이 될까?
- 이 과정에서 해결하고 싶은 걱정과 문제는 무엇인가? 유능한 강사가 되려면 학생을 깊고, 완전하고, 철저하게 이해해야 한

다. 그들이 누구인지 알 뿐만 아니라 그들에게 무엇이 중요한지도 알아야 한다.

그럼 어떻게 해답을 찾을 것인가?

추측 대신 명쾌한 해답을 얻을 방법이 있다. 그들에게 직접 물어보는 것이다. 수강 신청의 일부로 질문지를 작성해 달라고 요청하라. 학생들이 각자의 현황을 한두 개의 문장으로 정리하더라도 그들의 문제를 이해하는 데 도움이 된다. 초보 틈새 사업가들로 가득한 반과 꾸준한 매출을 이어온 노련한 사업가들로 가득한 반은 아주 다르다는 사실을 기억해야 한다. 두 반이 서로 다른 질문과 요구를 하고 있을 것이다. 한쪽 반을 위한 강의는 다른 반을 전혀 만족시키지 못한다. 누구를 상대로 강의하는지만 알아도 그들에게 필요한 지식과 기술을 제공할 수 있다.

기억해야 할 것: 학생들은 정적이지 않다. 한 집단을 모두 알 수는 없으며, 그런 점을 감안해서 가급적 그들을 모두 알려고 노력하라. 학생들은 다양한 배경에서 다른 경험과 기대를 갖고 온다. 목표 시장을 명확하게 파악하는 것은 늘 필요한 일이다.

3단계 : 하나의 명확한 초점을 잡아라

프로그램의 각 부분이나 각 장이 하나의 명확한 중심을 갖도록 설계하라. 그것이 집중해야 할 중심 주제, 학생들에게 전달해야 할 요점이다.

당신이 들려주는 모든 이야기와 일화가 주제를 강조해야 한다. 모든 통계와 사실들은 그 주제와 직접적인 관련이 있어야 한다. 가장 무관심한 학생도 주요 아이디어의 중요성과 핵심을 쉽게 알 수 있게 해야 한다.

이렇게 초점을 잡는 것이 왜 중요할까? 강의마다 한 가지 주제에 집중하면 학생들의 에너지를 한 방향으로 모을 수 있다. 온갖 설명을 덧붙이는 방대한 아이디어보다 깊이 있게 설명하는 신선한 아이디어가 한 번에 받아들이기 쉽다.

언제라도 새로운 주제가 떠오르면 강의나 웨비나를 개설하고 부트캠프를 열 수 있다는 사실을 기억하라. 또한, 학생들의 요구를 반영해 새롭고 흥미로운 프로그램을 개발할 수도 있다. 학생 몇 명이 주제를 벗어난 질문을 하면 그것이 새로운 프로그램을 시작하는 계기가 될지도 모른다. 프로그램 개발에 앞서 미리 확인하라. 당신은 필요하다고 생각하지만 아무도 수강하러 오지 않는 프로그램을 개발해서는 안 되기 때문이다.

4단계 : 강의 내용을 철저하게 파악하라

준비는 효과적인 강의의 핵심이다. 자기 분야의 기초, 현재 논의하고 있는 부분의 특수성, 그 둘의 연관성을 철저하게 꿰뚫을 뿐만 아니라 새로운 동향을 알고 예측할 수도 있어야 한다.

학생들의 질문은 어느 방향에서 튀어나올지 모르며, 머피의 법칙에 따라 당신이 가장 취약한 주제에 집중되기도 한다. 살다 보면 같은 업계의 동료들이 가득 모인 강의실에 서서 허둥대는 불편한 상황이 찾아오기도 한다. 최선을 다해 정보를 입수해서 그런 상황에 대비하기 바란다.

아울러, 질문에 대한 해답을 모를 때는 솔직하게 말해도 괜찮다. 잘못된 답을 주느니 차라리 답을 주지 않는 편이 낫다. 정확한 정보를 찾아주겠다고 약속하고 나중에 검토하라. 해답을 찾으면 다음 강의에서 혹은 이메일을 통해 다른 학생들에게도 알려라.

5단계 : 모든 것을 목표와 관련지어라

프로그램을 구성할 때는 끊임없이 자신에게 물어라. 그것이 학생들의 요구와 어떤 관련이 있을까? 답이 쉽게 나오지 않으면 프로그램을 재검토하라.

강의를 할 때는 주저하지 말고 당신의 정보와 학생들의 요구 사이의 연결고리를 끄집어내라. 학생들과 관련이 있는 실제의 예를 들거나, 당신의 이론을 어떻게 실행할 것인지 질문하라. 이 두 가지는 강의의 현실성을 강조하는 방법이다.

당신이 제시하는 모든 것의 목표는 학생들이 각자의 일을 더 빠르거나, 효율적이거나, 효과적으로 잘하도록 돕는 것이다.

사업가들이 가장 절실하게 원하는 것은 시간과 비용 절감이라는 점을 알라. 주제를 벗어난 이론에 빠지기 쉽지만, 그런 탈선이 학생들에게 아무런 도움도 되지 않는다면 차라리 여가 시간에 혼자 즐기는 게 낫다.

6단계 : 이야기를 이용하라

세부적인 과정에 관한 이론, 통계, 논문은 전문 분야에 중요한 역할을 한다. 그러나 오락적인 요소 없이 그런 것들을 제시한다면(심지어는 기술자들에게도) 최고의 불면증 치료제를 선물하는 것과 다름없다.

특히 갓 취직한 학생들은 오락을 통해 배우고 싶어 한다. 그들은 오락에 길들여 있기 때문에 처음부터 그런 기대를 한다. 할리우드식 오락을 선사할 방법이 없는 나로서는 훨씬 더 저렴하면서도 간단한 기법인 이야기를 이용한다.

친구들과 주변 사람들의 이야기를 만들어라. 언제 어디서든 핵심을 강조하는 데 도움이 된다면 그런 인간관계를 활용하라. 이야기는 당신이 제시하는 이론의 살아있는 예이다. 주제를 알리기에 가장 좋은 것이 나올 때까지 계속 찾아라. 유명한 실제의 예나 고객, 혹은 업계의 동료가 중심이 된 일화를 이용해도 좋다. 그들이 실제로 누구인지 밝힐 필요는 없다. 회사와 사람들의 가명으로 이야기를 엮는 것이 가장 안전하다.

이야기를 이용하면 학생들이 당신의 요점을 쉽게 파악한다. 이야기는 그들에게 정보를 바라보고 처리할 적절한 관점을 제공한다. 공식적인 이론의 이름이나 개별적인 사실의 세부 내용은 기억나지 않아도 화가, 환경보호청, 코끼리 두 마리에 관한 짧은 이야기는 영원히 기억에 남는다.

처음에는 이야기와 정보의 균형을 잡는 것이 어려워 보인다. 내 경험에 의하면 30대 70의 비율로 맞추는 것이 좋다. 30퍼센트는 재미있는 이야기를, 70퍼센트는 정보를 소개하라. 연습을 하면 그 둘을 배합할 수 있다. 당신이 약간의 오락적인 요소를 가미하는 동안 이야기는 중요한 정보를 매끄럽게 전달할 것이다. 처음에 성공하지 못했다고 비관하지 마라. 칠전팔기라는 말도 있지 않은가.

7단계 : 터놓고 이야기하라

교육은 교통으로 친다면 일방통행이 아니다. 지식은 선생에게서 학생으로 한 방향으로만 흐르는 것이 아니다.

실제로 교육은 양방향 통행로나 차들이 모든 방향으로 달리는 파리의 원형 교차로와 훨씬 더 비슷하다. 지식은 강사에게서 학생으로, 학생에게서 강사로, 학생에게서 학생으로, 그리고 그런 흐름이 다시 반복된다.

최고의 수업은 개방적인 토론 방식을 충분히 활용해야 한다.

모든 사람들이 어떤 것을 가지고 강의에 참석한다. 하다못해 질문이라도 만들어간다. 마음을 열고 진정한 토론이 오가는 분위기가 조성되면 중요하고 효과적인 의사소통이 이루어짐으로써 주제에 대한 이해도가 높아진다. 나는 워크숍 참석자들에게서 최고의 지식을 배우며, 실제로 그들에게 그렇다고 말한다.

강사는 반드시 주제에서 벗어나지 않는지, 한 명의 참석자가 전체를 휘두르지 않는지 확인하면서 토론의 주도권을 잡아야 한다. 이 또한 시간과 연습이 필요한 기술이다.

인터넷에서 학습 환경에 관한 소집단 토론과 공개적인 교류를 할 특별한 기회가 있는지 알아보라.

8단계 : 형식은 다양하게, 그러나 주제는 하나로

강의의 요점을 다양한 형식으로 강조하라. 예를 들어, 워크숍, 세미나, 부트캠프처럼 직접 얼굴을 마주하는 상황에서는 구두로 지식을 전달할 뿐만 아니라 유인물을 사용할 수도 있다. 강의실에 요점을 설명하는 화려한 포스터를 걸어두어도 좋다. 아니면, 학생들이 역할극을 통한 실전 연습을 하도록 해서 중요한 원리를 파악하게 할 수도 있다.

왜 그렇게 해야 할까? 모든 학생들이 각자 다른 필요, 요구, 목적으로 당신을 찾아오는 것처럼 학습 방식도 각자 다르기 때문이다. 어떤 학생은 인쇄물을 조용히 읽고 배운 것을 복습함으로써 가장 큰 학습효과를 얻는다. 어떤 학생은 청각적인 수업에 익숙해서 잘 들을 준비가 되어 있다. 또한, 공간적으로 직접 참여함으로써 최고의 학습 효과를 얻는 학생도 있다.

그렇다면, 텔레비전 세미나, 영상 회의, 웨비나 등 상호 교류가 없는 다른 형식의 경우에는 어떻게 해야 할까? 워크북과 간단한 보고서 같은 자료는 PDF 파일 형태로 이메일이나 홈페이지 링크를 통해 쉽게 전송할 수 있다.

9단계 : 반복하고, 반복하고, 또 반복하라

교육에 관한 어떤 연구를 보면 일반인이 어떤 정보를 완전히 이해하려면 여섯 번을 반복해서 들어야 한다고 말한다. 절대적인 지식은 최소한의 노력으로 필요한 자료를 기억할 수 있는 상태라는 정의가 있다. 해가 동쪽에서 뜬다거나 집이 파란색이라는 사실을 아는 것처럼 말이다.

반복은 기억의 핵심이다. 광고주들은 이를 아주 잘 안다. 그래서 머리에 쥐가 날 때까지 광고 문구와 표어를 계속 반복한다. 버거킹의 '입맛대로 즐겨요(Have It Your Way)'는 30년도 더 전인 1974년에 처음 나왔는데, 아직도 효과적인 광고 문구로 쓰이고 있다.

그렇다면, 어떻게 해야 학생들을 귀찮게 하지 않으면서 반복기법을 활용할 수 있을까? 다음은 네 가지 방법이다.

1. 반복할 내용을 한두 개만 골라 강의의 표어로 사용하라. 당신의 홈페이지나 적어도 특정 페이지의 강의 환경에 표시판을 만들어 올리는 방법도 고려하라.

2. 학생들에게 표어를 답으로 제시할 만한 질문을 해라. 예를 들어, '왜 여기에 노란색 제품을 설치하지요?' 하고 물으면, '더 나은 고객 서비스를 위해서' 처럼 당신이 바라는 문구의 대답이 나올 것이다.

3. 문구를 판매할 수 있는 단추나 티셔츠에 인쇄하라. 판매 기회가 있으면 절대 놓치지 마라. 유인물과 교재에 문구를 인쇄하는 방법도 고려하라. 또, 화이트보드나 차트에 적어 강의 내내 학생들에게 무언으로 깊은 인상을 심어주라.

4. 뻔뻔스럽게 반복하는 것을 두려워 마라. 예를 들어 '노란색 제품은 화요일에만 설치할 수 있어요. 아시겠어요? 아주 중요한 말이니 한 번 더 반복하죠. 노란색 제품은 화요일에만 설치할 수 있어요. 월요일도, 수요일도, 토요일도 아닌 화요일이요. 유일하게 화요일에만 노란색 제품을 설치할 수 있습니다.'

5. 이런 기법은 지나치게 사용하면 오히려 역효과를 낸다는 사실에 주의하라.

10단계 : 흥분하라

흥분과 열정은 전염된다. 당신이 말하고 있는 것이 굉장하고,

멋지고, 중요하다고 생각하면서 학생들에게 그것을 전달하면 그들 역시 굉장하고 멋지고 중요하다고 생각할 가능성이 크다.

사람들은 우리가 아는 것을 자기들은 모른다는 것을 잘 잊어 버린다. 그래서 모든 사람들이 똑같은 지식을 갖고 있다는 기본적인 추측이나 가정을 바탕으로 행동한다. 따라서 학생들이 추측은 버리고 새로운 눈으로 당신의 강의를 받아들이겠다는 결심을 하게 해야 한다.

나는 이런 기법을 '아기의 눈'이라고 부른다. 당신은 처음 그 주제에 대해 알았을 때 어떤 생각을 했는가? 그것은 당신의 세계를 뒤흔들었는가? 그것은 당신이 자신의 분야에서 잘 알고 있다고 생각한 것에 의심을 품게 했는가? 그것은 당신의 사업 방식을 근본적으로 바꾸어놓았는가? 이 모두가 적절하고 효과적인 반응이다. 당신은 그런 감정을 기억해서 수강생들에게 전달해야 한다. 당신의 학생들도 그런 감정을 느껴야 하기 때문이다.

내 말이 믿어지지 않는가? 그렇다면, 마인드컨트롤로 간단한 연습을 해보라. 이것은 이틀이 걸리지만 중요한 과정이다.

첫째 날, 밖으로 나가 일상적인 용무를 보라. 얼굴에 미소를 가득 짓고 아주 좋은 기분을 유지하라. 웃고 농담을 건네고 우연히 만나는 사람들에게 다정하게 인사를 하고 모르는 사람들에게는 칭찬을 하라.

당신이 얻는 반응을 기록하라. 대체로 긍정적인 반응을 경험할 것이다. 여기저기서 심술궂은 사람을 몇 명 만날 수도 있겠지만 대체로 당신이 웃으면 사람들도 웃음을 보낸다.

둘째 날, 밖으로 나가 뿌루퉁하고, 말도 하지 않고, 우울한 기분으로 돌아다녀라. 사람들의 눈을 피하고 할 말이 있으면 짧게 하라.

당신은 어떤 반응을 얻었는가? 그들 역시 그다지 긍정적인 반응을 보이지 않았을 것이다. 하지만, 예외 없는 규칙은 없어서 당신의 기분을 좋게 하려는 낙천적인 웨이트리스나 누구를 보든 싱글거리는 주유소 직원도 있긴 하다. 어쨌든 당신의 부정적인 태도를 접하는 대다수의 사람들은 부정적인 태도로 반응할 것이다.

왜 그럴까? 그것은 인간 행동에서 가장 기본적인 특징을 한 가지 보여준다. 주변에 있는 사람들의 기분과 행동을 닮으려는 성향이 바로 그것이다. 이를 교실에 적용하라. 당신이 열중하고, 몰입하고, 흥분한다면 학생들도 대부분 그럴 것이다. 하지만, 연단에 서서 앞만 보고 말한다면 학생들을 전혀 즐겁지 않으며, 그들은 당신의 행동을 그대로 따라 할 것이다.

책을 낸 뒤에 강의를 할 때의 장 · 단점

일반적으로 틈새 사업가가 강의를 시작할 때는 이미 다른 제품들을 시장에 내놓은 다음이다. 그것은 책, 잡지 기사, CD, DVD 등일 수 있다.

그런 상황은 장·단점을 모두 가지고 있다. 당신의 학생들이 최고의 고객이 되어 배운 것을 확장하고자 당신의 책을 살 수도 있다. 대개 많은 사람들은 당신과 당신의 강의를 기억하게 해줄 유형의 물건으로 책이나 제품을 구입한다.

그러나 당신의 강의가 제품과 서비스를 팔기 위한 광고로 전락할 위험이 있다. 강의를 하면 분명 같은 주제를 다룰 것이지만, 그 책에 흥미를 느끼는 사람들이 모르는 부가적인 내용을 더 제공해야 한다. 책만 읽어도 되는데 굳이 돈을 내고 당신을 직접 만나야 할 이유는 없기 때문이다.

요점을 설명할 때 조금 더 일화적인 이야기를 보태면 쉽게 할 수 있다. 인생은 늘 굉장한 소재를 준다. 신문이나 전문 잡지를 뒤적이면서 현재의 강의 내용과 연관 지을 수 있는 이야기나 예를 찾아라. 시기에 맞는 소재를 이용하면 당신과 당신의 프로그램이 더욱 신선해져서 지루함을 쫓는다. 개인적으로 나는 예로 드는 것들을 정기적으로 바꾼다. 같은 이야기를 계속 반복하면 나 자신이 쉽게 질리기 때문이다.

기억할 것: 가능하면 유행을 타지 않도록 인쇄물을 제작하라. 하지만, 프로그램만큼은 날씨처럼 계속 바꿔야 한다.

필요할 때는 당신의 책과 자료를 언급하라. 가능하면 모두에게 보여주고, 유용한 정보를 제공해준 학생 몇 명에게 선물을 할 수도 있다. 그러면 강의가 끝나고 나서 책 판매고를 올리는 데도 도움이 된다.

형식

문제는 무엇을 말하느냐가 아니라 어떻게 말하느냐이다. 교재를 적절한 형식으로 만드는 것이 가장 중요하다. 모든 학생들이 같은 방식으로 배울 수도 없고, 모든 강사들이 여러 가지 전달 방식에 능숙할 수도 없다.

학생들의 요구에 맞추고자 같은 내용을 다양한 형식으로 제공하는 방법도 있다. 시간이 없거나 거리가 멀어 강의에 참석할 수 없는 사람들은 텔레세미나나 웨비나를 이용하는 것이 가장 좋은 방법일 것이다. 일터를 벗어나지 않고도 당신의 지식으로 도움을 받을 수 있다. 하지만, 당신을 직접 만나 현장에서 체험하거나, 부트캠프나 워크숍에서 접할 수 있는 다양한 활동을 통해 배우고 싶은 사람들도 있다.

외향적이고 사람을 좋아하는 틈새 사업가들은 사람들을 직접 만나 교류하는 데 능숙하지만, 내향적인 사업가들은 웨비나나 온라인 과정을 더 좋아할 수 있다. 당신의 타고난 성격에 가장 잘 맞는 형식을 선택하라.

그런 와중에도 강사로서의 기술을 연마해야 한다. 교육은 기술이다. 그런 과정에서 교육 기술뿐만 아니라 목적을 달성하려는 훈련과 의지도 배울 수 있다. 교육과 강연의 성공은 줄기찬 연습에서 온다. 성공에 관한 책을 통독해도 되겠지만 연습을 통해서만 그런 기술을 습득할 수 있다.

컴퓨터에 능숙한 틈새 사업가

텔레세미나

전화로 전달되는 텔레세미나는 30분에서 한 시간 정도의 길이로 진행된다. 기본적인 시설이나 시각적인 장비가 거의 필요하지 않은 정보를 전달하기에 좋은 방법이다. 텔레세미나는 서로 교류를 하려는 소규모 집단, 그리고 몇 명의 강사와 일방적인 의사소통을 하려는 대규모 집단에 가장 적합하다.

텔레세미나는 :

- 몇 시간, 혹은 며칠 과정으로, 보통 인쇄물과 구두 강의로 구성된다. 신뢰성 있는 인기물이며 대부분의 수강자들에게 친숙하다.
- 운영비가 많이 든다.
- 인간미를 느끼지 못할 때도 있다.
- 안전하고 저렴하게, 그리고 방해를 받지 않고 전화선을 이용

한다.

- 수강자들이 강사를 방해할지도 모른다는 생각을 많이 하게 되므로 그들의 의견을 듣거나 참여를 유도하기가 어렵다.
- 시각적으로 설명해야 하는 부분에서 제약을 받는다. 청각을 이용하는 방식으로는 시각적인 교육을 제공할 수 없다.

웨비나

웨비나는 인터넷 강의 방식으로, 흔히 채팅 기능, 하이퍼링크 등 매력적인 웹 도구를 이용한다. 텔레세미나에서는 불가능한 시각적인 요소를 제공한다. 컴퓨터에 접속할 수 있는 사람이면 누구나 이 매체를 이용할 수 있다. 컴퓨터를 잘 다루는 학생에게만 적합한 방식이 아니다.

웨비나는 :

- 특히 젊고 컴퓨터를 잘 다루는 세대에게 적합하다. 어떤 사용자들은 채팅처럼 웨비나가 자랑하는 기능을 잘 이용하지 않는다.
- 빠르고 쉽게 정보를 전달할 수 있는 방식이다.
- 컴퓨터, 소프트웨어, 고속 인터넷 등이 필요하다.
- 텔레세미나에는 없는 시각적인 요소를 제공한다. 슬라이드 자료는 수강자의 관심을 잡아끌 만큼 재미있고 근사해야 한다.

부트캠프(Boot Camp)

학생들은 자료에 익숙해지도록 며칠 동안 강도 높은 현장 훈련을 받아야 한다. 최종적이고 포괄적인 프로그램을 만들려면 많은 강사들과 함께 작업해야 할지도 모른다.

부트 캠프는 :

- 주제에 집중하는 교육 방식이다.
- 참석자들의 시간과 자원을 많이 요구한다.
- 수강생과 강사 모두가 강도 높은 경험을 한다.
- 학습에 대한 기대가 높다. 수강생들은 자기들이 투자한 만큼 수준 높고 질 좋은 정보를 원한다.
- 더 심층적이고 구체적으로 지식을 제공할 좋은 기회이다.
- 위치, 숙소, 음식, 설비 같은 물리적 요건 등 고려해야 할 요소가 많다.

세미나와 워크숍

- 참가자들에게 가장 익숙한 형식이다.
- 지리적 제약이 따른다. 세미나에 참석하려면 멀리 여행을 해야 하므로 참석을 유도하도록 다른 행사를 곁들여라.
- 회의나 대회의 일부로 열릴 때는 홍보하기 쉽다. 물리적인 장소가 필요하다.

● 비디오나 문서 등의 자료를 이용하며, 얼굴을 맞대고 교류할 수 있다. 준비물이 무척 많다. 시각적이거나 문서화된 자료뿐만 아니라 구두 프레젠테이션도 준비해야 한다.

CEU와 공인 프로그램

과거의 서비스 전문가들은 대학과 대학원을 졸업하면서 평생의 경력에 도움이 될 충분한 지식을 갖추고 직장에 들어갔다. 하지만, 그런 시절은 오래전에 끝났다.

요즘 전문가들은 지속적인 교육 과정을 통해 끊임없이 기술을 개발하고 새로운 지식을 습득한다. 당신은 CEU(Continuing Education Unit: 보수교육)란 말을 들어본 적이 있는가? 어쩌면 몇 번 참여했을지도 모른다. 하지만, 그것을 가르친다는 생각을 해본 적은 있는가?

CEU 과정을 강의해서 얻는 3가지 이점
1. 전문성이 높아진다

우리는 전문가가 교육하는 것을 당연하게 생각한다. 하지만, CEU 과정을 가르친다는 것은 당신이 강의실 앞에 서서 돈을 기꺼이 지불하는 모든 사람들에게 지식을 나누어주는 전문가 이상의 존재라는 것을 확고하게 증명한다. 그런 지식을 나누어줄 수 있는 공인된 권한을 보증, 승인받은 전문가가 되는 것이다.

이는 당신의 신뢰도에 매우 긍정적인 영향을 미친다. 사람들은 어떤 기관이 당신을 지원할 때 당신의 말과 의견을 중요하게 여긴다. 직접 쓴 책이 틈새 사업가의 경력에 영향을 미치는 것과 똑같다.

2. 업계에 도움이 된다

어떤 분야에 종사하든 CEU 강사의 수는 제한되어 있다. 당신의 특별한 틈새를 다루는 과정이 있는지 찾아보라. 아직 한 과정도 개설되지 않았을지도 모른다.

당신의 전문 분야를 구체적으로 다루는 과정을 만들면 업계 전체의 지식 환경을 풍성하게 해준다. 당신은 다른 방식을 제안함으로써 제너럴리스트 서비스 전문가들이 기본적인 수준 이상으로 사업을 키우고 살찌울 기회를 부여한다. 심지어는 몇몇 사람에게 틈새 사업가로서의 경력을 더 보충하고 강화하라는 충고를 할지도 모른다. 따라서 그들이 직접 말하지 않는 한, 당신이 누구에게 어떤 영향을 미칠게 될지는 아무도 짐작할 수 없다.

3. 수익성이 크다

CEU 코스는 대체로 아주 비싸다. 그렇다고 다른 형태의 과정보다 개설하거나 강의하기가 더 어려운 것도 아니다. 사람들이 CEU 수료를 위해 돈을 지불하는 것은 그 자체를 내용만큼, 혹은 그 이상으로 중요시하기 때문이다.

CEU 과정을 강의하기 위한 4단계

1단계 : 담당 기관을 파악하라

업계마다 교육 과정을 전담하는 기관이 있다. 그중에는 주와 연방 정부 기관과 협력하는 조직이나 법적 규제를 전혀 받지 않고 순수하게 기부제로 운영되는 조직이 있다.

먼저, 당신의 전문 분야와 지역 안에서 어떤 규제 기관이 CEU 자격을 감독하는지 알아야 한다. 대체로 규제 기관이 하나 이상은 있다. 입지가 단단하고 평판이 좋은 곳을 선택하는 것이 가장 바람직하다.

2단계 : 규칙과 규정을 파악하라

CEU 과정은 다음과 같은 특별한 기준을 충족해야 한다.

- 과정의 기간
- 교과과정
- 강의 주제의 난이도

● 상호작용-수료증을 받기 위해 참여해야 할 활동의 양

교육 과정을 짜기 전에 인증기관이 제시하는 규칙과 규정을 철저하게 공부해야 한다. 요건에 맞추려면 최소한 다섯 시간은 필요한 상황에서 최고의 세 시간짜리 프로그램을 짜는 것은 생각 없는 행동이다.

3단계 : 현재의 자료를 연구하라

현재 당신의 전문 분야와 관련해서 어떤 CEU 과정이 개설되어 있는가? 일반적인 관심사와 구체적인 주제의 비율은 어느 정도인가? 당신의 주제와 유사한 과정이 이미 존재하지는 않는가? 그렇다면, 어떤 사람들이 당신의 과정을 선택할 것인가? 독특하고 중요한 것을 제공할 때 가장 승산이 높다.

당신은 자신의 교육이 시장의 틈새를 막기를 원한다. 그것을 얼마나 특별하게 만드느냐는 모두 당신에게 달려있다. 어떤 분야가 다른 분야에 비해 더 보수적이라는 사실을 기억하라. 변호사에게 CEU 과정을 가르치겠다고 지원하면 마사지 치료사를 가르치는 것보다 훨씬 더 엄격한 규제를 받는다.

4단계 : 인증기관에 신청하라

각 기관마다 독자적인 자격 취득 절차가 있지만 아래와 같이

공통적으로 제시하는 요건이 몇 가지 있다.

- 종합 이력서
- 출판물 사본을 참고할 홈페이지 링크
- 과거의 강연, 교육 경력에 관한 정보
- 심사에 필요한 신청 과정 사본
- 신청비

5단계 : 교육을 시작하라

승인을 받은 뒤에는 교육 과정을 시작할 수 있다. 틈새 사업가는 개별적으로 일하거나, 인가된 학원을 통해 일하기도 한다. 기존의 단체와 일하면 꼭 필요한 서류 작업 등 '행정적인 부분'에 신경을 덜 쓰고 교육에만 집중할 수 있다. 그러나 부담은 더 많지만 더 높은 수입을 기대하고 혼자 일하는 쪽을 선호하는 사람도 있다. 그것도 괜찮은 선택이다.

데이드리 워치브릿

데이드리 워치브릿은 아이들이 생기자 자신에게 무슨 일이 일어나더라도 안심할 수 있는 아이들을 위한 자산 계획을 세우고 싶었다. 변호사였던 데이드리는 그 일을 아주 쉽게 할 수 있으리라고 생각했지만 그 분야의 법률 전문가가 거의 없다는 사실을 알았다. 데이드리는 필요성을 감지하고 그쪽으로 관심을 돌린 끝에, 지금은 전국에서 몇 명밖에 없는 아동을 위한 자산 설계 전문가가 되었다.

더 많은 정보가 필요하면 www.wachbrit.com으로 가보라.

워치브릿의 조언

"나는 이 일을 하면서 많은 강연을 다니고 있어요. 새로운 시장을 개척할 때는 그곳을 직접 찾아가 그 일이 어떤 것인지 설명해야 하니까요. 재무 설계사가 무엇을 하는 사람인지, 더욱이 아동 재무 설계사는 어떤 일을 하는지 알려야 합니다."

워치브릿은 일반인에 대한 교육이 필요하다고 생각하고 새로운 직업인 강사가 되었다. "세미나 마케팅을 많이 합니다. 새로 부모가 된 부부들에게 내 서비스가 어떤 것인지, 왜 그것을 생각해 보아야 하는지 배울 기회를 주지요. 사람들은 당신이 제공하는 서비스를 잘 모르면 그것을 구매하지 않아요. 교육적인 요소는 그래서 필요한 겁니다."

지혜 한마디

당신은 자신의 틈새에 대해 전부를 알지도 모른다. 하지만, 대중이 당신의 틈새가 존재하는지조차 모른다면 당신의 서비스를 구입할 수 없다. 교육은 당신의 인지도, 매출, 전문성을 높여준다.

9장
요약

1. 전문가는 가르친다.

2. 교육의 이점은 전문성과 인지도를 높이고 전문 분야의
지식 기반을 살찌운다는 것이다.

3. 뛰어난 프로그램을 만들려면 목표 고객의 요구에 초점을 두어야 한다.

4. 당신의 장점을 강조하고 학생들의 요구를
충족할 수 있는 방식을 선택하라.

5. 당신의 전문성(가장 중요한 요소)을 높이려면 CEU 과정을 개설하라.

MICRO
BUSINESS

전문가는
어디에나 있다

틈새 사업가는 자신의 기술이 담긴 CD나 DVD같은 정보 상품을
만들 수 있다. 정보 상품을 만들면 당신의 전문성을 강화할 뿐만 아니라
부수입도 올릴 수 있다. 매일 열심히 매달리는 사업 외에도
또 다른 수입원을 마련하는 것은 좋은 발상이다.

PART 10

CD나 DVD로 만들어야
더 효과적인 정보도 있다

지금까지 틈새 사업가가
전문성을 강화하려면 어떤 일을 해야 하는지 많은 이야기를 했
다. 그럼 지금부터는 당신의 전문성이 어떤 역할을 하는지를
중점적으로 살펴보기로 하자.

틈새 사업가는 자신의 기술이 담긴 정보 상품을 만들 수 있
는 이상적인 위치에 오르게 된다. 그런 정보 상품에는 교육용
CD, DVD, 통신 교육 과정 등이 있다. 사실, 그것들은 책이나
소책자와는 완전히 다른 제품들이다.

사람들은 개인적으로든 직업적으로든 자신을 개선할 방법을
늘 찾아다닌다. 최고에게서 배우고 싶어 한다.

정보 상품을 만들어 제공하면 당신의 전문성을 강화할 뿐만
아니라 부수입도 올릴 수 있다. 매일 열심히 매달리는 사업 외

에 또 다른 수입원을 마련하려는 것은 아주 좋은 발상이다. 2차적인 수입원은 사업이 어려운 시기에 어떤 식으로든 금전적인 도움이 된다. 그런 시기는 최고의 사업가에게도 심심찮게 닥친다. 부수입은 수입원이 하나일 때 위안으로 삼을 안전망의 역할을 한다.

이 장에서는 잘 팔리는 정보 제품을 제작하고, 그런 제품을 계속 유통시키고, 목표 고객의 관심을 끌고, 증정품을 활용하는 방법에 대해 이야기하려고 한다.

잘 팔리는 정보 상품을 만드는 요령

그냥 프로그램과 시스템을 만드는 것과 팔리는 프로그램과 시스템을 만드는 것은 아주 다르다. 시간, 노력, 비용을 프로그램과 시스템 제작에 투자하기 전에 최종 결과물을 팔 수 있다는 신념을 가져야 한다.

여기서 소매업계의 거인 마셜 필즈에게 시선을 돌릴 필요가 있다. 판매에 관해서라면 그는 아마 이 말을 했을 것이다. 물건을 팔려면 '숙녀에게 원하는 것을 주라'고. 그 말을 틈새 사업가의 상황으로 바꾸면, '목표 고객이 원하는 것을 주라'가 된다.

그러려면 어떻게 해야 할까? 목표 고객이 무엇을 원하는지 어떻게 알 수 있을까?

목표 고객을 파악하는 것이 가장 중요하다. 누군가의 시선을 끌기를 바라며 무턱대고 제품과 서비스를 생산할 수는 없기 때문이다. 좀 더 신중한 비용 절약법은 당신의 고객이 누구인지, 그들이 당신의 제품에서 무엇을 원하는지, 당신의 제품을 어떻게 사용할지, 그리고 어떤 기대를 하고 있는지 명확하게 아는 것이다.

틈새 사업가로 자리 잡은 이 시점에서 목표 고객이 정확히 누구인지 파악하지 못하고 있다면 문제가 심각하다. 만약 그렇다면 여기서 읽기를 중단하고 3장으로 되돌아가기 바란다.

제품과 서비스 개발을 위한 질문

1단계 : 누구를 위한 제품인가?

누구를 위한 제품인지 한두 문장으로 정확하게 설명할 수 있어야 한다. 가능한 한 좁은 범위에서 정의하라.

가령, 재무 설계사는 이렇게 말할 수 있을 것이다. '자산 관리 계획의 일부로 자선 후원금 기부를 고려하고 있는 부유층 고객을 위해 이 CD를 제작했다' 전통 결혼식 전문 화훼장식가는 또 이렇게 말할지도 모른다. '쿠바, 프랑스, 자메이카의 전통 결혼식을 원하는 고객을 만족시키려는 결혼 업체를 위해 이 DVD를 만들었다.'

2단계 : 그들의 요구는 무엇인가?

이 고객이 무엇을 알고 싶어 할지 자문해보라. 그들이 각자의 목표와 목적을 달성하는 데 도움을 줄 지식이 있다면 어떤 것인가?

고객들의 요구를 목록으로 만들어보라. 한 개의 제품이나 시스템이 고객의 요구를 모두 만족시키는 경우는 거의 없다. 많은 주제를 피상적으로 건드리는 것보다는 한두 개, 혹은 세 개 정도의 주제에 초점을 두고 완벽하게 다루는 것이 훨씬 더 낫다. 그 점을 명심하고 당신의 목표 고객이 가장 중요하게 생각하는 문제가 무엇인지 파악하라.

예를 들어, 위에서 언급한 재무 설계사는 고객이 고려할 세금 문제에 대해 반드시 이야기해야 한다. 자선 기부금 관련 전례, 세법과 같은 문제들도 관심의 대상이겠지만 의사 결정을 위해 반드시 알아야 할 것들은 아니다. 그런 문제들은 생략하고 절실한 요구를 충족해줄 것에 집중하라.

고객이 요구하는 것을 집어낸 다음에는 그것을 실천하려면 어떻게 해야 할지 결정해야 한다.

그러면 자연스럽게 첫 번째 질문이 만들어진다. 당신의 고객은 오디오 CD, 집에서 파일을 내려받아 공부하는 과정, DVD, 혹은 그것들을 혼합한 방식 중 어떤 것을 가장 선호하는가? 이 질문에 대한 답은 교육의 주제와 고객의 취향에 따라 크게 달라진다.

대부분 시각적인 형식을 요구하는 주제도 있다. 위에서 예로 든 화훼장식가에게 의뢰하려는 결혼 기획자가 결정을 내리려면 꽃 장식물을 직접 보아야 한다. 이는 컴퓨터로 영상을 볼 수 있는 통신 강좌나 DVD로만 가능한 작업이다.

그러나 모든 자료가 시각적인 요소로 표현되어야 유리한 것은 아니다. 재무 설계사는 목표고객이 귀 기울여 들을 수 있는 CD를 이용하면 더 좋다. 통신 강좌의 경우, 문서는 많이 영상과 그래픽은 적게 이용해야 필요한 정보를 전달할 수 있을 것이다.

형식을 결정한 뒤에는 접근 방식을 선택해야 한다. 다음 중 어떤 방식이 좋을지 생각해 보라.

- 강연
- 격의 없이 복잡한 주제에 접근하는 대화나 인터뷰
- 고객이 전문 분야의 모든 면을 이해하는 데 도움이 될 단계적인 길잡이
- 소개장
- 목표 고객에 따라 다른 접근 방식

3단계: 그들은 왜 당신의 제품을 구매하는가?

겸손해야 할 때와 자랑을 늘어놓아야 할 때가 따로 있다. 지

금까지 나는 많은 지면을 할애해서 틈새 사업가의 홍보 방법에 대해 이야기했지만, 지금부터는 겸손하게 행동하는 방법을 알려주려고 한다. 자신에게 물어보라. 당신은 고객이 다른 곳에서는 얻을 수 없는 것을 제공하고 있는가?

냉정하게 대답하라. 이름 하나로 제품과 서비스를 팔 수 있는 틈새 사업가들도 있지만, 당신은 아직 그런 위치에 도달하지 않았다. 고객들이 힘들게 번 돈을 당신의 제품과 서비스를 구입하는 데 쓰게 하려면 그들에게 상당한 가치를 전달해야만 한다. 자, 그렇다면 그런 가치에 대해 이야기해보자.

자신의 가치를 평가하려면 다음 질문을 해보라.

- 당신은 고객이 다른 곳에서는 얻을 수 없는 것을 주고 있는가?
- 당신의 경쟁자들은 어떤 것을 제공하고 있는가?
- 당신의 정보 제품은 얼마나 다른가?
- 어떤 점에서 그것들이 더 좋은가?

이 질문들에 대한 답은 당신의 제품과 서비스를 홍보하는 데 중요한 역할을 할 것이다.

4단계 : 고객은 당신의 제품과 서비스를 언제 사용하고 싶어 하는가?

당신이 제공하는 제품과 서비스가 언제 가장 유용하게 사용될지 생각해 보라. 그것은 한두 번 사용되는가, 아니면 지속적으로 고객의 요구를 충족하는가?

위에서 예로 든 재무 설계사의 고객들은 자산 설계 제품을 단기간에 집중적으로 사용할 것이다. 어쨌든, 자산 설계는 매일 하는 활동은 아니다. 그러나 웨딩 기획자는 여러 문화의 전통 결혼식 장식에 관한 제품을 산발적이지만 장기간 사용할 수 있다.

이 두 가지 품목 사이에는 근본적인 차이가 있는데, 그 차이는 틈새 사업가가 어떻게 정보 제품을 만들고, 가격을 매기고, 홍보해야 하는지 알려준다. 당신의 고객들은 정보 제품을 주로 언제 사용하는가?

정보 제품을 제작할 때 알아야 할 것들

기초부터 시작하라. 제품과 시스템에 입문 자료가 있는지 확인하라. 사람들은 잘 알든 모르든 기본적인 것을 원한다. 입문 과정에 이어 좀 더 깊이 있는 심화 과정도 제공하라.

놀랍지만 사람들은 새로운 정보를 찾으려고 정보 제품을 사지는 않는다. 그들은 이미 알고 있고, 믿는 있는 것을 확인하고 싶어 한다. 거기에 재미있는 내용이 덧붙으면 색다른 묘미를 느낀다.

그렇다면, 더 진보적이고 높은 수준의 정보 제품을 위한 여지는 없는 것일까? 물론 아니다. 다시 한 번 당신의 목표 고객에게 눈을 돌려보라. 그들은 무엇을 원하고 요구하는가? 고객들은 수준 높은 고급 정보를 받아들일 준비가 되고 강하게 원할 때, 당신에게 그 사실을 알려준다.

따라서 업계의 변화와 목표 고객이 당면한 문제에 촉각을 곤두세우는 것이 중요하다. 당신의 고객들은 빠르게 변하는 상황에 직면하면 대처법과 사업에 관한 조언을 모두 당신에게 요구할지도 모른다. 주변 상황에 귀를 열어놓고 늘 대비를 한다면 당신의 제품으로 그들의 요구를 충족할 수 있다.

그 다음으로 알아두어야 할 것은, 같은 제품을 다양한 형식으로 제공해야 한다는 점이다. 한 제품을 개발하고 나면 수많은 선택이 기다리고 있다. 책을 낸 다음에 시각적인 요소를 가미하고 싶을 때는 본문을 CD나 DVD로도 접할 수 있게 하는 방법도 고려해야 한다.

똑같은 자료를 다양한 형식으로 소장하는 것을 좋아하는 사람들이 의외로 많다. DVD를 구입한 사람이 CD를 구입할 수 있고, 역으로도 마찬가지다. 그들은 당신의 정보로 더 많은 것을 배우고, 더불어 제품에 대한 기쁨도 느낀다.

그것은 매출을 높이는 것보다 더 큰 효과를 낸다.

1. 마케팅 방식 다각화 각 제품을 다양한 형태로 만들면 마케팅을 할 기회가 수없이 많이 생긴다. 시장에 따라 선호하는 형식이 다른가 하면, 모든 형식을 원하는 시장도 있다. 게다가 여러 제품과 서비스를 한데 묶어 취급할 수도 있다.

2. 변화하는 기술에 대응하는 융통성 콘텐츠를 배달하는 시스템은 빛의 속도만큼이나 빠르게 변모한다. 5년 전만 해도 동영상을 이용하는 사람이 몇이나 되었는가? 지금은 많은 틈새 사업가들이 그것을 한다. 정보 제품을 다양한 형태로 제작하면 그런 변화에 민감하게 대응할 수 있다. 그러면 PDA에 온갖 프로그램을 내려받는 얼리어답터와 DVD를 틀고 TV 앞에 앉아 있는 것을 선호하는 구식 소비자들 모두에게 다가갈 수 있다.

세 번째로 알아야 할 것은, 정보 제품을 서로 연결해야 한다는 점이다. 노련한 틈새 사업가는 정보 제품들의 관계를 강조한다. 한 고객이 당신의 제품들 중 하나를 잘 사용해서 많은 도움을 받았다면 당연히 다른 제품도 사용하고 싶어지지 않을까?

필요할 때, 특히 제품마다 다른 정보가 들어 있을 때는 그런 사실을 언급해야 한다. 하지만, 너무 심하게 하면 안 된다. 지루하게 이어지는 광고 문구는 누구나 싫어한다.

책, 잡지, 우편물 등 당신이 작업하는 모든 인쇄물에 판매 중인 제품이나 시스템 목록을 넣어라. 최소한 당신의 제품을 소개하는 홈페이지로 고객을 데려올 수 있어야 한다.

이 문제에 관해 조금 더 알고 싶다면 www.richesinniches.com에 가서 내가 정리한 내용을 참고하기 바란다.

최근에는 묶음 상품을 사면 가격을 많이 깎아주는 할인 정책으로 고객을 홈페이지로 유혹하는 추세가 강하다. 그렇게 하면 틈새 사업가는 두 가지 면에서 이득을 본다. 매출을 올릴 뿐만 아니라 홈페이지를 찾는 사람들의 정보도 알 수 있다. 특히 자료를 요청하게 되면 최소한 이름과 이메일 주소 정도는 얻을 수 있다.

마지막으로 알아야 할 것은, 수익 극대화를 위해 제품을 다양화해야 한다는 점이다. 다시 한 번 당신의 목표 고객들을 유심히 살펴보라. 그들 사이에 일정한 부류가 형성되어 있는가? 입문 자료를 찾는 다수 집단과 매우 구체적이고 높은 수준의 지식 몇 가지만을 찾는 소수 집단이 있는가? 그렇다면, 당신의 제품은 그런 수요에 대응해야 한다. 하지만, 여러 주제에 관심을 느끼는 고객의 분포가 비슷하다면 다양한 제품을 생산하는 데 시간과 노력을 투자해야 한다.

나는 그동안의 경험을 통해 전체 고객이 관심이 있을 제품이 적어도 한 가지는 있어야 한다고 생각한다. 그것을 경품이나 고객들이 부담을 느끼지 않을 가격으로 제공하라. 일단 고객의 구매를 한번이라도 유도하면 매출이 올라간다. 일단 낚싯바늘을 물면 틈새 속의 틈새인 더 전문적인 제품들에 손을 뻗는 것이다. 예를 들어, 은행관리자들에게 효율적인 업무 환경을 만드는 방법을 조언하는 사람은 '은행 관리자가 알아야 할 모든 것'이라는 제품을 제작해서 배포하는 것이다. 그 결과 조명 문제로 특히 고민하는 사람이 있다는 사실을 알게 된다면, '은행 관리자가 알아야 할 사무실 조명 문제'라는 틈새 제품을 만들 수 있을 것이다.

제품 수명을 연장하는 3가지 규칙

1950년대에 나온 요리책을 읽어본 적이 있는가? 시간이 날 때 한번 읽어보라. 놀랍게도 날것에 가까운 쇠고기의 영양적 가치를 칭찬하는 내용이 길게 이어지고, 몇 쪽에 걸쳐 아이들을 '더 먹이도록' 엄마가 활용할 수 있는 방법이 나열되어 있다. 당신이 먹을 만한 음식이 있을까? 1980년대의 컴퓨터 서적을 읽어보라(몇 권 필요하면 알려 달라. 남편 책장에 그득히 꽂혀있다). 요리 책과 시나리오가 같다. 이젠 세상에 없는 기술, 지금은 싸구려 계산기도 척척 해내는 작업을 수행하는 프로그램을 자세히 설명하는 내용이 많은 지면을 차지하고 있다. 그런 정보들은 나이만 먹지 않을 뿐이다. 당시에는 수요가 많았던 내용이 지금은 추억거리로 남았다.

하지만, 시간의 시험을 고스란히 견뎌내는 것들도 있다. 스포크 박사의 육아서는 여러 세대에 걸쳐 많은 부모들에게 도움을 주었다. 40년 전에 나온 〈세서미 스트리트〉비디오는 여전히 아이들의 눈길을 잡아끈다.

그것들의 차이는 무엇일까? 당신의 정보 제품이 지금부터 5년, 10년, 심지어 20년 뒤에도 통용될 것인지 어떻게 확신할 것인가? 고객은 도움을 받고 싶을 때만 당신의 제품을 살 것이다. 제품이 진열대에서 오래 버틸수록 당신이 얻는 것도 많아진다.

그렇다면, 어떻게 해야 살아남을 수 있을까? 다음 세 가지 규칙을 따라야 한다.

규칙 1 : 유행에 민감하지 않은 정보를 넣어라

모든 분야에는 유행과 일시적 유행이 있다. 틈새 사업가라면 개인 사업에 영향을 미치는 것들을 알고 싶어 한다.

그러나 다양한 제품을 만들 때는 유행과 일시적인 유행은 피하고 시기에 관계없이 통용되는 핵심적인 정보를 우선해야 한다. 고객에게 앞으로 오랜 세월 동안 진실하고, 확고하고, 유용하게 남을 사실, 조언, 식견을 제공하라. 변하지 않는 주제를 기본 틀로 삼는다면, 당신의 제품들은 세월이 흘러도 창창하게 살아남을 것이다.

규칙 2 : 명확하게 투자하라: 투자비용과 제품 수명의 관계

시간은 전문 분야마다 다르게 움직인다. 예를 들어, 지압 치료사에게 2년은 그다지 긴 시간이 아니다. 사람의 몸은 그렇게 많이 변하지 않는다. 척추는 언제까지나 척추이다. 하지만, 웹 디자이너에게 2년은 영원 같은 시간이다. 눈 깜짝할 사이에 작업장의 유행이 완전히 뒤바뀐다.

제품에 들어가는 비용은 제품의 예상 수명에 따라 달라져야 한다. 전통 체조법을 알려주는 척추 치료사는 최신 웹 포털 기술을 알려주는 웹 디자이너보다 생산 비용에 더 많은 돈을 투자한다. 왜 그럴까? 척추 치료사는 오랫동안 똑같은 제품을 팔 가능성이 크고, 그만큼 생산에 투자한 비용을 되찾을 시간이 더 길어진다. 그러나 웹 디자이너는 손익분기점을 맞출 시간이 더 짧다. 그러므로 높은 매출이 보장되어 있거나 고가로 팔 수 없는 한, 미래를 위해 생산 비용을 낮추는 것이 현명하다.

규칙 3 : 3R을 기억하라

3R이란 검토(Review), 수정(Revise), 출시(Release)를 의미한다.

주기적으로 당신의 제품을 검토하라. 그것들은 여전히 유행에 맞는가? 그 정보는 아직도 유용한가? 기술의 변화 때문에 당신의 조언 중 몇 가지가 시대에 뒤떨어지게 되었는가?

286

필요하면 수정하라. 가능하면 완벽하고 정확하게 개정판을 만들어라.

출시하라. 정보 제품의 대중성을 끌어낼 절호의 기회이다. 베스트셀러를 개선한 제품을 출시하면 반응이 좋다. 프록터앤갬블(P&G)이 완벽한 예이다. 그들의 제품은 늘 '새롭고 개선된' 것으로 약간씩 변경된다. 그들이 할 수 있다면 당신도 할 수 있다.

오디오와 비디오 제품

오디오와 비디오 제품을 제작하는 것은 아주 좋은 아이디어다. 전문성을 보여주고자 CD와 DVD를 이용한다는데, 무슨 잘못이 있을까? 거기에 부수입을 올릴 수 있다는 추가 이점까지 있으니 아주 근사하다.

실제로 상품을 만들게 되면 장밋빛 안경이 벗겨진다. 레코딩 산업에 종사하지 않는 한, 당신의 주제를 상품화하는 데 필요한 기술이나 설비가 있을 리 없다.

대단한 비밀은 아니지만 무기를 하나 활용해 보라고 권하고 싶다. 바로 외부 조달(아웃소싱)이다. 사업을 직접 경영한다고 해서 혼자서 모든 것을 처리하라는 법은 없다. 사람들이 당신의 CD를 구입하면 생활을 개선하고 목표를 달성하는 데 도움이 될 내용을 찾을 뿐이다. 당신이 직접 음향을 넣든, 다른 사람에게 시키든 관심 밖이다. 자기들과는 아무런 상관도 없는 문제이기 때문이다. 그러나 품질은 정말 중요하다. 그것은 당신의 이미지를 결정한다.

신중하게 전문가를 찾아라. 품질 좋은 제품을 꾸준히 작업한 실적이 있는 사람이어야 한다. 무엇보다도 CD는 음질이 동일해야 하고, 비디오와 DVD는 화질이 깨끗하고 선명해야 한다. 고객이 당신의 DVD를 85달러에 구입할 때는 좋은 품질의 제품을 기대하기 때문이다. 영상이 흔들리거나 흐릿해서는 안 된다.

참고 자료, 특히 그들이 작업한 제품의 견본을 보여 달라고 요청하라. 그리고 매우 비판적인 눈으로 평가하라. 대중에게 당신을 알릴 제품을 만들어줄 사람을 찾는 것이 관건이다. 제품을 통해 당신을 처음 접하는 고객도 있을 것이다. 그러므로 가장 좋은 모습으로 그들에게 다가갈 수 있을지 분명히 확인해야 한다. '첫인상을 심어줄 두 번째 기회는 없다'는 말도 있지 않은가?

전문가가 오디오와 비디오 제품 제작에 몰두하는 동안 틈새 사업가가 중점을 두어야 할 두 가지가 있다. 바로 원고와 목소리이다.

원고

좋은 원고는 제품의 성공에 중요하다. 그것은 당신을 표현하는 제품의 골격을 이룬다. 평범하고 별다를 것 없는 제품은 좋은 원고로도 별다른 반응을 일으키지 못하지만, 아주 좋은 제품이라도 원고가 미비하면 구제될 길이 없다.

원고를 쓰는 방법에 대해서는 6장을 참고하기 바란다. 기사와 강연을 위한 글쓰기를 종합하는 것이 필요하기 때문이다. 당신은 열정적으로 많은 양의 정보를 제시해야 한다.

잊지 말아야 할 요점은 다음과 같다.

- 각 단원마다 초점을 둘 주제를 한 가지 고르라.
- 주제를 설명하기 위해 이야기를 활용하라. 이야기에 인간적인 요소를 넣어라.
- 전문 용어를 피하고, 요점이 분명하고 쉽게 이해될 수 있는 말을 써라.
- 통계도 좋지만 너무 많은 숫자를 나열해 보는 사람을 혼란스럽게 만들지 마라.
- 반드시 자료의 출처를 언급하라.

원고를 짧은 단원으로 나누어라. 그러면 CD 전체를 한 번에 들을 시간이 없는 사람도 한두 개의 트랙만 듣고 전문 지식을 얻을 수 있다. 환상을 깨는 것 같아 미안하지만, 요즘 소비자들은 당신에게 완전히 몰두할 시간이 없다. 편리하고 쉽게 사용할 수 있는 형식으로 당신의 전문 지식을 전달하기 바란다.

목소리

무슨 말을 하느냐, 어떻게 말하느냐 모두 중요하다. 가수들은 인간의 목소리가 얼마나 놀라운지 보여준다. 하지만, 어떤 사람은 단조로운 하프 소리를, 또 어떤 사람은 피리 소리를 가지고 있다.

자신의 목소리를 비판적으로 판단하는 것은 몹시 어렵다. 큰 소리로 읽으며 녹음을 한 다음 친구나 동료에게 들려주는 방법도 있다. 그러면 그들은 어떻게 생각할까? 그들에게 다음 질문을 해보라.

- 목소리가 상쾌하게 들리는가?
- 억양은 적절한가?
- 알아듣기 쉬운가?
- 잠이 올 정도로 목소리가 밋밋한가?
- 높은 비음 때문에 성가시고 짜증스러운가?
- 무슨 말을 해도 사람들이 기분 좋게 들을 만큼 목소리가 밝고 매력적인가?

당신의 목소리가 편안하게 들리지 않는다면 어떻게 해야 할까? 많은 방법이 있다. 사람을 고용해서 당신의 자료를 녹음하는 방법도 있다. 세상에는 좋은 목소리를 가진 사람들이 아주 많다. 목소리가 좋은 친구가 있는지 한번 찾아보라. 인터뷰로 제품을 구성하는 방법도 고려하라.

나는 신뢰도가 아직 바닥에 있을 때 인터뷰 방식으로 첫 오디오 제품을 만들었다. 그때 질문자 역할을 맡을 아마추어 배우를 한 명 고용했다. 우리는 최종 녹음에서 편안한 마음으로 최선을 다하기 위해 몇 번 연습을 했다. 그리고 훨씬 더 재미있는 제품을 쉽게 만들 수 있었다.

직접 녹음을 하기로 결정하고 난 뒤에도 더 나은 제품을 만들 방법은 많다. 말하기 코치의 조언을 듣는 방법은 어떤가? 그런다고 라디오 스타가 되지는 않겠지만 분명히 더 나은 오디오와 비디오 제품을 만들 수 있을 것이다.

진열대 선정 : 어디서 제품을 팔 것인가

틈새 사업가가 정보 제품을 팔 방법은 아주 많다. 혼자 하면 거대 언론사에 의뢰하는 것보다 제품 마케팅이 힘들다. 하지만, 신선한 도전을 사랑하지 않고서는 진정한 틈새 사업가라고 할 수 없을 것이다. 소매 서점, 대형 체인점 등 기존의 소매점은 개인이 뚫기 어렵다는 것을 기억하라.

따라서 대안적인 판매 경로를 뚫으려면 창의성을 극대화해야 한다. 가장 좋은 방법을 꼽으면 아래와 같다.

- 강연장 뒤편에 놓고 판매하라 : 강연을 할 때 강연장, 세미나장, 대회장 뒤편에 책과 제품을 놓아두면 확실히 판매고가 올라간다. 청중들은 당신의 전문지식을 나중에 다시 찾아볼 요량으로 집으로 사들고 간다.
- 홈페이지를 활용하라 : 사업을 진지하게 생각하는 틈새 사업가라면 당연히 홈페이지를 운영해야 한다. 그 공간을 제품과 서비스 홍보에 이용하라. 블로그, 전자 잡지, 그리고 당신이 참여하는 업계의 게시판이나 채팅 방에 정기적으로 제품을 광고하는 것도 잊지 마라.

  나는 이메일을 쓸 때마다 맨 아래에 판매 중인 '따끈따끈한 신제품'을 링크해둔다. 아울러 서명에는 홈페이지 링크와 함께 『초보를 위한 회의와 행사 계획』이라는 책을 썼다는 사실을 덧붙인다. 이곳은 누구나 공짜로 쓸 수 있는 훌륭한 광고 공간이다. 그것이 어느 정도로 판매고를 올리는지 확인해보지는 않았지만, 안 하는 것보다 나은 것만은 분명하다. 당신도 한번 해보라.
- 유통 대리점(distribution outlet) : 유통 대리점은 개인 발명가와 미디어 바이어(광고 매체의 시간이나 지면을 구입하는 사

람-옮긴이)의 중개 역할을 한다. 그들은 흔히 판매가격의 몇 퍼센트를 수수료로 떼어 가는데, 제품을 소비자에게 노출시키기 힘들 경우에는 그만한 비용도 지불할 가치가 있다. 아마존닷컴이 좋은 예이다. 나와 같은 직업을 가진 많은 사람들이 책과 제품 판매를 위해 이 사이트를 이용하고 있다. 제품을 포장해서 우편으로 부치는 번거로운 일을 하지 않아도 되는데, 이는 판매량이 많을 때는 큰 도움이 된다.

더 중요한 것 : 사은품

사은품은 무역박람회와 비즈니스 엑스포 동안 일반 구매 고객이나 최고 고객에게 '그냥' 주는 물건이다.

사람들은 경품, 선물, 덤 등 그냥 받는 것을 무척 좋아한다. 그런 물건들을 제공하면 그와 같은 사람들의 성향을 충족시켜 줄 뿐만 아니라 다른 전문가들보다 두드러질 수 있다. 사은품을 적절하게 활용하면 당신의 사업이 아주 긍정적인 입소문을 타게 되는데, 이는 모든 틈새 사업가들의 희망사항이다.

사은품 증정-해야 할 것과 하지 말아야 할 것 10가지

• 해야 할 것 : 품질이 좋은 물건을 골라야 한다. 그것들은 사

절의 역할을 말없이 수행하면서 당신이 없는 장소에서 당신의 회사를 대변한다. 선택한 물건이 당신의 회사를 잘 상징하는지 확인하라.

●하지 말아야 할 것 : 목표 고객을 고려하는 것을 잊지 마라. 그들은 어떤 물건을 가지고 싶어 할까? 나이가 많고, 보수적이고, 첨단 기술을 어려워하는 고객에게 사용자가 직접 기능을 설정하는 아이팟을 제공하는 것은 어리석은 행동이다.

●해야 할 것 : 넓게 보라. 회사 로고는 어떤 물건에도 인쇄할 수 있다. 따라서 상상력이 미치는 데까지 가보라. 예를 들어, 마사지 치료사는 고리 모양 베개나 동그란 베개를 선물로 줄 수 있다.

●하지 말아야 할 것 : 화려한 것을 두려워 마라. 잘 살펴보면 화려하고 인상적이면서도 비싸지 않은 물건을 고를 수 있다.

●해야 할 것 : 전문성을 알리는 물건을 찾아라. 소책자와 팁 시트는 무역박람회에서 인기 만점인 훌륭한 품목이다. 사람들이 사은품을 어떻게, 얼마나 자주 활용하는지 고려하라.

●하지 말아야 할 것 : 유행을 무시하지 마라. 사은품은 모든 분야와 마찬가지로 유행에 민감하며, 과대선전에 이용되기 쉽다. 늘 똑같은 물건을 구입하지 말고 색다르고 독특하고 회사의 특별한 가치를 대변하는 것을 고르려고 노력하라.

●해야 할 것 : 사은품의 범위를 정하라. 모든 고객이 중요하

므로 적절한 등급으로 나누는 것이 좋다. 어떤 사람이 100달러 어치의 제품을 주문하면 A 사은품을, 500달러어치를 주문하면 A나 B 사은품을 주라. 그리고 1,000달러어치를 주문하면 A와 B, 그리고 어쩌면 C 사은품도 줄 수 있다.

● 하지 말아야 할 것 : '공짜' 선물의 가치를 과소평가하지 마라. 판매가 저조한 시기에는(모든 사업에 비수기가 존재한다) 단골들과 잘 모르는 고객 몇 명에게 사은품을 보내라. 그들이 당신의 회사를 최우선순위로 생각하게 하고, 어쩌면 새로운 사업의 계기가 마련될지도 모른다. 유효 기간이 표시된 선물 증정권이나 할인 쿠폰은 마법 같은 효과가 있다.

● 해야 할 것 : 증정품의 종류를 주기적으로 바꾸어라. 늘 새롭고 흥미를 끄는 것이어야 한다.

● 하지 말아야 할 것 : 재미의 요소를 가미하는 것을 잊지 마라. 사은품은 고객을 웃겨야 한다. 그러려면 당신이 먼저 웃을 수 있어야 한다. 당신은 자신이 받아도 기분이 좋아질 것 같은 사은품을 보내고 있는가? 예고 없이 그 선물을 받으면 기분 좋은 하루를 보낼 수 있을 것 같은가? 당신이 즐거우면 고객도 그럴 것이다.

드레일은 이베이에서 수집품과 골동품을 성공적으로 판매하고 난 뒤에 온라인 경매로 돈을 버는 방법을 사람들에게 가르치는 틈새를 찾았다. 드레일의 베스트셀러 제품에는 경매 정리 공책, 교육용 뉴스레터, DVD, CD 등이 있다.

드레일의 조언

"사람들이 선택을 할 수 있도록 가능한 한 많은 종류의 제품을 만드는 것이 중요해요." 드레일은 DVD를 만들 때 전문 제작자와 함께 작업을 했다. "아주 재미있었어요. DVD를 백만 개쯤 만들고 싶어요. 사람들에게 알아야 할 것들을 보여주려면 카메라 앞에서 할 일이 아주 많아요." 드레일의 오디오 제품은 교육 활동의 산물이다. "러닝 아넥스에서 강의를 했는데, 교재가 아주 좋았어요. 그것들을 그냥 쓰레기통으로 보내기가 싫었죠. 그래서 한 학기 분량을 녹음했는데 그것이 대박 제품이 된 거예요." 드레일은 텔레비전 세미나 몇 편도 녹음하고 있는데, 그녀의 홈페이지 www.thequeenofauctions.com에서 오디오 파일로 내려받을 수 있다.

지혜 한마디

고객의 요구에 맞추려면 다양한 형식으로 교재를 만들어라. 세미나, 강의 등 많은 활동을 최대한 활용하는 방법을 항상 생각하라. 그것들을 오디오나 비디오 정보 제품으로 만들어 판매할 가능성을 모색하라.

10장
요약

1. 정보 제품을 만들면 전문성을 다지고, 업계의 지식 체계를 살찌우고, 상당한 부수입을 올릴 수 있다.

2. 효율성 극대화를 위해 목표 고객의 요구에 초점을 맞춰라.

3. 작고 간단한 것부터 시작하되, 반드시 품질을 지켜라.

4. 제품 개발을 위해 전문가를 고용하라.

5. 음성을 개선하려면 말하기 코치의 도움을 받아라.

6. 제품을 어디서, 어떻게 유통시킬지 파악하라.

7. 고객을 기쁘게 해줄 재미있는 부가 서비스로 사은품을 활용하라.

MICRO BUSINESS

서비스를
더 넓게 확대하라

코칭과 컨설팅은 틈새 사업가의 전문성을 가장 이롭게
활용할 수 있는 방법이다. 고객들은 당신의 시간, 에너지, 전문 지식을
독점적으로 사용하는 대가로 많은 돈을 지불할 의향을 갖고 있다.

PART **11**

서비스를 확대하는 방법으로는
코칭, 컨설팅, 프랜차이징, 라이센싱이 있다

틈새 사업가의 길을 가다 보면 당신에게서 더 많은 것을 바라는 열광적인 팬들이 생긴다. 그들은 당신의 전문 지식으로 도움을 받으려고 한다. 해법을 만들어 실행하는 효율성, 현명한 판단을 내리게 하는 전문 분야에 대한 통찰력 등 아주 많은 것들을 원한다. 코칭과 컨설팅 등 그들을 도와줄 다양한 서비스를 제공하다 보면 자연스럽게 틈새 사업가로서 크게 성장한다.

이 장에서는 네 가지 구체적인 서비스 유형인 코칭, 컨설팅, 프랜차이징, 라이센싱의 이점을 살펴보려고 한다. 각 유형에 관한 간략한 설명, 반드시 지켜야 할 요건, 그리고 당신이 알고 싶어 할 유용한 조언과 요령도 소개할 것이다. 아울러, 전략적 동맹과 제휴 프로그램에 관한 탁월한 정보도 몇 가지 알려주려고 한다. 흥미로운가? 그렇다면, 당장 읽어보라.

서비스를 제공해서 얻는 이점

코칭과 컨설팅은 틈새 사업가의 전문성을 가장 이롭게 활용할 수 있는 방법이다. 고객들은 당신의 시간, 에너지, 전문 지식을 독점적으로 사용하는 대가로 많은 돈을 지불할 의향을 갖고 있다.

코칭과 컨설팅은 당신이 개발한 모든 기술을 최대한 활용한다. 전문 분야에 대한 식견, 평가 도구, 구체적인 전략, 인맥과 연고가 모두 코칭, 컨설팅 환경과 연결되기 때문이다.

당신의 전문성에 대한 프랜차이징과 라이센싱은 비교적 위험 부담이 거의 없으며 경제적으로 충분한 보상을 해준다. 이는 모든 사람들이 다 활용할 수는 없는데, 실행을 하려면 먼저 당신의 이름을 빌리려는 특별한 수요가 있어야 한다.

코칭과 컨설팅의 실제

코칭과 컨설팅이 정확히 무엇인지 이해해야 실전에서 혼란을 줄일 수 있다. 그 둘은 서로 호환될 수 있을까? 둘 중 어느 것이 필요한지 어떻게 판단할 수 있을까? 각각 어떤 일을 하는 것일까? 이런 의문들은 분명히 짚고 넘어가야 한다.

코칭(지도)

코치는 :

- 고객이 문제를 해결하도록 격려한다.
- 고객이 문제를 해결하도록 유도하고 정보를 준다.
- 문제를 분석하고, 문제점을 인식하고, 문제 구역을 찾아 설명한다.
- 고객을 교육한다.

코칭은 기업이나 개인이 당면한 문제를 극복하도록 도와주는 기술이며 과학이다. 코치는 문제를 가장 잘 해결할 방법을 찾도록 고객을 유도하고 교육하고 격려한다.

많은 틈새 사업가들이 탁월한 전문 지식과 문제 해결 기술을 바탕으로 코치로 성공한다. 고객은 성공으로 가는 길을 밝혀주는 전문가와 함께 일하게 된 것을 다행으로 생각한다.

코칭은 친밀한 관계를 바탕으로 이루어지므로 단기간에 고객과 교감을 느끼며 일할 수 있다. 따라서 그들을 진심으로 좋아하는 것이 중요하다. 왜 그럴까?

- 당신이 고객을 좋아하면 그들이 문제를 해결하도록 도와주는 일에 몰두하게 된다.
- 인간관계를 구축하고 신뢰를 쌓느라 걸리는 시간을 최소화함으로써 더 빨리 진정한 소통을 하는 단계에 도달한다.

주의 사항 : 돈만 바라고 코칭을 해서는 안 된다. 노련하면서도 그런 실수를 범해 큰 손해를 보는 코치들이 많다. 고객과 진심으로 교감을 나누지 못하거나 친밀한 관계를 형성하지 못하면 코칭은 불가능하거나 매우 힘들어진다.

코칭은 내게 맞는가?

코칭에 대해 궁금한가? 팀을 이루어 고객을 도우며 함께 일하는 방식이 마음에 드는가? 코치를 고용하는 사람들은 구체적인 경력을 가진 전문가를 원한다. 틈새 사업가가 코칭에 성공할 수 있는 것은 바로 그 때문이다. 이미 전문가의 입지를 굳힌 그들은 도움을 구하는 고객들과 함께 일할 충분한 위치에 있다.

좋은 코치의 7가지 자질
1. 사람을 잘 다루는 기술

2. 팀이나 개인의 문제를 해결하겠다는 열정

3. 전문 분야에 대한 깊은 식견

4. 효과적인 의사소통 기술

5. 몰두하는 성격

6. 전염성이 강한 열정

7. 뒤로 물러나 타인이 해답을 찾게 하는 능력

이런 자질을 많이 갖추고 있다면 코칭은 전문 지식을 이용하고 나누어줄 좋은 방법이다.

코칭─해야 할 것과 하지 말아야 할 것 5가지

●해야 할 것 : 코칭의 교육적인 면을 받아들여라. 고객에게 좋은 결정을 내리거나 어려운 문제를 해결하는 데 필요한 정보를 제공해야 할 때도 있다.

●하지 말아야 할 것 : 한계를 넘는 것을 두려워 마라. 농담이 들어가더라도 독창적인 방식으로 밀고 나가면 고객의 독창성을 자극할 수 있다.

●해야 할 것 : 열정을 쏟아라. 코치는 고객이 문제를 헤쳐나갈 수 있도록 격려하고 지원하는 치어리더의 역할을 해야 할 때가 있다. 이런 '버팀목' 역할은 적어도 고객이 자신감을 갖고 판단을 내릴 수 있을 때까지 중요하다.

● 하지 말아야 할 것 : 코치로서의 역할을 잊지 마라. 정보를 주고, 격려하고, 인도하는 동안 신중하게 해법을 제시하라. 그것이 고객에게 맞을 수도, 맞지 않을 수도 있기 때문이다.

● 해야 할 것 : 융통성을 가져라. 상황에 따라 전략을 달리 세워야 한다. 고객마다 처한 상황, 성격, 대처 방식이 다르므로, 어디까지나 개인의 특성에 맞추어야 한다. 어디에나 들어맞는 코칭 전략이란 있을 수 없다.

컨설팅(상담)

컨설턴트는 :

● 문제를 분석하고, 문제점을 인식하고, 문제 구역을 찾아 설명한다.

● 고객의 문제에 대한 해결책을 찾아 제시한다.

● 고객에게 해결책을 실행하는 방법을 가르친다.

● 필요하면 그것들을 직접 실행한다.

요컨대, 코치는 고객이 문제를 해결하도록 인도하고, 컨설턴트는 고객의 문제에 뛰어들어 직접 해결한다. 그 둘은 근본적으로 다르며, 각각 다른 유형의 고객을 유혹한다.

많은 틈새 사업가들은 자신의 문제 해결 능력에 자부심을 느낀다. 혼자 일하다 보면 예기치 않은 상황들을 직접 극복해야 한다. 일이 항상 계획대로 되지는 않기 때문에 가장 잘 대처하는 사람이 가장 성공한다.

따라서 문제 해결 자체가 전문 기술이 되기까지는 그리 긴 시간이 걸리지 않는다. 강력한 대화술만 있다면 얼마든지 컨설턴트라는 새로운 일을 시작할 수 있다.

컨설턴트는 문제를 분석하고 당면 문제에 대처할 방법을 생각해 내도록 도와준다. 코치는 고객을 도와주거나 직접 해법을 찾아내도록 지원하는 반면, 컨설턴트는 더 독립적으로 행동한다. 그들은 여러 당사자의 자료를 참고해서 취합한 정보를 이용해 해법을 찾는다.

더욱이 기업체는 문제 해결보다 더 큰 일을 맡기고자 컨설턴트를 고용한다. 어떤 고객은 직원들을 특정한 과제를 수행하도록 훈련하는데 시간과 노력을 투자하기보다는 간단히 컨설턴트를 자유계약으로 고용해 그 일을 맡기는 것이 비용 면에서 더 효과적이고 효율적이라고 생각한다. 주로 전환기, 합병, 규모가 큰 계획, 혹은 신입 직원 연수 등 부담이 큰 업무가 생기는 상황에서 컨설턴트를 찾는다.

컨설턴트를 고용하려는 고객은 당신의 전문 지식과 객관성, 그리고 결단성에 대해 대가를 지불한다. 그들도 무엇을 해야 할지는 알고 있지만, 언제 어떻게 그것을 할지 말해줄 사람이 필요하기 때문이다.

일류 컨설턴트가 되기 위한 10가지 방법

1. 교감하라

완벽한 사람은 아무도 없으며 당신도 마찬가지다. 열정을 가지고 고객의 말에 귀를 기울여라. 그들도 실수를 하지만 당신도 실수를 한다. 상대의 말에 공감하고, 가까이 다가가고, 그의 상황을 이해한다는 것을 보여주면 더 유능한 컨설턴트가 된다. '모르는 게 없는' 것처럼 굴거나 거만한 태도를 보이면 쫓겨나기 쉽다.

2. 모든 당사자들의 말을 들어라

어떤 기자라도 최소한 세 개의 관점으로 기사를 쓴다. 자기편, 상대편, 그리고 실제로 일어난 사실이다. 사업도 똑같다. 당신은 상황을 대체로 경영자의 관점에서 접할 것이다. 진실을 찾는 것은 당신에게 달려있다. 중간 관리자와 일선 직원들이 정보의 금광으로 드러날 때가 많다. 정장을 입지 않았다는 이유만으로 그 의견을 무시해서는 안 된다.

3. 활력을 유지하라

컨실팅은 고된 업부이다. 자신의 건강을 챙기고, 몸에 좋은 음식을 먹고, 적절한 휴식을 취해 능력을 100퍼센트 이상 발휘하도록 노력하라. 의뢰자는 대개 사기를 잃고 처지고 무기력한 상황에 놓인다. 당신의 에너지가 그 상황에 어울리지 않는 것 같아도 기다려라. 열정은 전염된다. 부서가 변화하고 오래 묵은 문제가 해결되는 것에 의욕을 갖게 되면 그들의 활력도 당신의 수준에 도달한다. 그러려면 스스로 본보기가 되어야 한다. 앞으로 일어날 변화에 대해 열정과 확신을 가져라.

4. 기꺼이 여행하라

컨설턴트는 고객을 현장에서 만나 직접 그들의 문제를 보고 듣고 경험해야 하기 때문에 주로 길에서 많은 시간을 보내야 한다. 이 일을 선택하기 전에 자신에게 물어보라. '나는 비행기를 타는 것을 얼마나 좋아하는가?', '호텔에 투숙하거나 혼자 침대를 쓰는 것을 좋아하는가?', '낯선 도시에 가면 모험심이 생기는가, 아니면 어리둥절해서 넋을 놓는가?' 여행하는 것을 싫어한다면 다시 생각해보거나, 고객과 전화나 인터넷으로 일하는 방법을 찾아라.

5. 자신의 결정을 확신하라

결단력은 컨설턴트에게 꼭 필요한 자산이다. 관련 정보를 파악하고 문제를 분석하고 난 뒤에는 경영진에 해법을 제시해야 한다. 따라서 자신의 전략을 확신하는 것이 중요하다. 자신의 의견을 확신하지 못하면 다른 사람도 마찬가지다.

6. 문제 해결을 위한 팀을 만들어라

회사의 문제는 단 한 사람이 원인이 되어 발생하지는 않는다. 또한, 한 사람이 그 문제를 바로잡지도 못한다. 그 한 사람이 바로 당신이라도 마찬가지다. 고객의 지위를 이용해서 문제의 해법을 찾아 실행할 수 있는 강력한 팀을 구성하라. 그들의 장점을 살리고, 회사에 대한 그들의 가치관을 높여라. 계획을 완수한 뒤에 당신은 떠나도 그들은 남는다. 강력한 팀이 되도록 도와준다면 당신이 떠난 뒤에도 그들은 승승장구할 것이다.

7. 분석 기술을 연마하라

분석 기술을 개선하고자 계속 노력하라. 새로운 정보를 수집하려는 열망과 훨씬 더 훌륭한 해결사가 되기 위해 비판적이고 창조적인 사고력을 키울 방법을 개발하라. 몸 건강을 위해 운동을 하는 것처럼 정신도 최상의 상태를 유지하고, 방심하지 않고, 언제든지 새로운 발상을 떠올리려면 규칙적으로 운동해야 한다.

8. 허심탄회하게 대화하라

효과적인 컨설턴트는 현재의 문제를 깊고 완전하게 이해해야 한다. 허심탄회한 대화는 그런 목표를 이루기 위한 열쇠이다. 질문을 하고 함께 일하는 팀원들에게 당신에게 질문할 권한을 부여하라. 그들의 질문에서 문제의 본질을 더 잘 파악할 수 있다. 더 많은 정보를 요청하거나 '최고 위치'에 있지 않은 직원들과 대화를 나누는 것을 망설이지 마라. 중급, 하급 직원들이 상황을 더 잘 파악하며, 문제를 해결하는 데 도움이 될 기발한 의견을 제시할 때가 많다.

9. 당신의 전략을 밀어붙이지 마라

모든 문제에는 한 가지 이상의 해답이 존재한다. 컨설턴트는 최고의 해답을 도출하고자 고용되어 그 대가를 받는다. 당신의 해법은 문제 해결의 이상적인 방법일 수 있다. 실제로 문제를 완벽하게 해결하기 위한 유일한 방법일지도 모른다. 하지만, 당신이 알거나 모르는 이유로 경영진이 당신의 조언을 따르려고 하지 않을 때가 있다. 그럴 때는 언제라도 전략을 수정할 수 있어야 한다. 융통성이 가장 중요하며, 그것은 계획의 목표와 목적을 잊지 않고 고객의 의견을 수용할 준비를 하는 것과 같다. 그 누구도 모든 문제를 해결할 똑 부러진 전략을 만들어낼 수는 없다. 기업마다 상황이 다른 만큼 다른 문제를 안고 있다.

새로운 시각으로 상황에 접근하고 가장 효과가 좋을 것으로 판단되는 해법을 찾아라. 특별한 문제는 여기저기에 다 통용되는 체크리스트가 아니라 특별한 해법을 요구한다.

10. 열정을 다하라

당신의 고객은 가장 급하고 중요한 문제를 당신에게 맡긴다. 따라서 그들은 자기 문제에 가장 큰 관심이 주어져야 하며, 당신도 진지한 관심을 보여야 한다고 생각한다. 그들의 문제를 해결하는 것을 최우선순위에 두라. 어떤 기술과 경험을 이용하든 그들의 문제에 가장 큰 관심을 기울여라. 모든 고객 하나하나가 최적의 결과를 얻게 되는 것을 목표로 삼아라.

이질적인 코칭과 컨설팅

상황이 허락하면 위의 예와 약간 다른 역할을 맡는 코칭, 컨설팅 전문가들이 있다. 어떤 컨설턴트는 해법이 실행되는 동안 치어리더 역할을 자청해 고객들에게 큰 용기를 준다. 그리고 코치인 나의 경우, 가끔 스스로 해답을 찾으려는 노력은 전혀 하지 않으면서 문제 해결 방법만을 바라는 고객들을 만난다. 이처럼 '이질적인' 상황에서는 두 역할의 장점이 조합되어 나타난다.

전문 자격증은 필요한가?

코치와 컨설턴트 자격증에 대한 수요는 점점 늘고 있다. 많은 회사들이 공인된 전문가와 함께 일하는 것을 선호한다. 물론 자격증이 없어도 얼마든지 코칭과 컨설팅 서비스를 제공할 수 있다. 그러나 둘 중 하나를 사업의 중요한 요소로 정착시킬 계획이라면 전문 자격증 취득을 고려하라. 그것은 기술 향상에 도움이 될 뿐만 아니라 당신의 전문성에 신뢰를 더해준다. 게다가 고객들은 당신이 인증기관의 인정을 받았다는 사실을 알면 기꺼이 서비스에 대해 높은 대가를 지불하려고 할 것이다.

코치와 컨설턴트의 시장 기회 분석법

내가 코치나 컨설턴트를 만나 처음에 어떻게 일을 시작하게 되었는지 물으면 그들은 십중팔구 고객이 문제의 해답을 찾거나 조언을 구하러 직접 찾아왔다고 대답할 것이다. 아니면, 그 반대로 회사의 올바른 선택에 필요한 결정적인 지식이 없어서 같은 문제를 두고 계속 갈등하는 고객을 만났다고 말할 것이다.

내 고객들은 무역박람회 코치인 나의 조언을 구하고 전시 상황에서 벌어지는 여러 가지 문제들에 대한 해법을 찾는다. 당신도 마찬가지다. 고객들이 당신이 서비스할 수 있는, 일정한 수준을 넘어서는 조언을 구할 때가 많은가? 그들에게 지속적인 문제 구역을 지적할 수 있는가? 그렇다면, 새로운 기회를 받아들일 준비를 해라.

기회가 언제 문을 두드릴지는 아무도 모르기 때문에 당신이 할 일은 업계의 동료, 지인들과 자주 연락을 주고받고, 그 분야의 상황을 '잘 아는' 사람으로 보이게 하는 것이다. 전문 분야의 새로운 상황과 유행을 늘 주시한다면 잠재적인 문제 구역을 쉽게 찾아내고 고객들이 피할 수 없는 문제에 직면할 때 그들을 도와줄 수 있다.

아울러, 당신의 전문성을 높이는데 주력한다면, 누군가가 자기 회사의 문제가 심각하다고 생각할 때 명쾌한 결정을 내리도록 도와줄 수 있다.

프랜차이징과 라이센싱

프랜차이징과 라이센싱은 대부분의 틈새 사업가들, 특히 우리처럼 서비스 산업에 종사하는 사람들에게는 그다지 와 닿는 말이 아니다. 우리가 하는 일은 주로 직접 참여해야 하는 것이다. 그런 일을 직접 하지 않으면 똑같은 서비스 수준과 품질을 제공할 수 없을 것이라고 생각하기 때문이다.

하지만, 전국적으로, 국제적으로 성공한 수많은 프랜차이징,

라이센싱 사업은 틈새 사업가에게도 기회가 있다는 것을 보여준다. 프랜차이징은 다른 사람이 계약에 따라 당신의 이름을 내걸고 당신의 방식으로 사업할 수 있는 방식이다. 반면에 라이센싱은 당신의 이름을 제품과 서비스의 브랜드로 사용하는 데만 집중하는데, 그 대가가 아주 크다는 장점이 있다. 프랜차이징과 라이센싱을 이해하려면 사업을 완전히 다른 시각으로 바라보아야 한다.

프랜차이징(Franchising)

성공한 틈새 사업가는 아주 귀중한 자산을 가지고 있다. 그것들은 당장 대차대조표에 드러나거나 예금 잔고를 유지하는 데 도움을 주지 않을 수도 있지만 그만한 가치를 가지고 있다. 그런 자산에는 다음과 같은 것들이 있다.

1. **자리를 잡은 성공적인 브랜드** 놀라운 일도 아니다. 지금까지 당신이 한 모든 것들이 당신의 상표를 확립하고 홍보하는 데 기여했다. 따라서 당신의 상표는 중요한 수단이다. 사람들은 당신의 로고를 보거나 당신의 이름만 들어도 좋은 품질의 제품과 서비스를 기대한다.

2. **뚜렷한 사업 운영 방식** 당신은 사업을 경영하면서 무엇

을 하는지, 그것을 언제, 어디서, 어떻게 하는지를 중심으로 조직을 운영하는 특별한 방법을 찾고 개발했다.

3. 효과적인 전달 방식 소비자는 당신의 광고와 홍보에 반응한다. 당신은 고품질의 제품과 서비스를 제공하며, 사람들은 그것을 알고 당신을 존경한다.

이 시점까지 오느라 시간이 오래 걸렸으며, 쉬운 일은 하나도 없었다. 당신은 지금까지 개인적이고 경제적인 위험을 감수했다. 성공은 그럴 만한 가치가 있다. 하지만, 생각해 보라.

수입을 원하지만 그렇다고 위험을 감수하고 싶지는 않은 사람들도 있다. 물론 그들도 고객이 이름만 보고 몰려들기를 바라지만 당신이 해온 것을 직접 하려면 기술, 시간, 혹은 자원이 없다. 그러니 프랜차이징 사업에 뛰어들어라.

어떻게 진행되는가?

프랜차이징 관계에서는 미래의 사업자들이 당신의 안정된 상표와 신용에 자금을 투자한다. 당신의 이름을 사용해서 자신의 사업을 시작할 권리를 구입하는 것이다. 대체로 가맹 사업자는 그런 약속을 이행하기 위해 초기 투자금과 영업에 따른 사용료를 지불한다.

프랜차이즈 계약은 아주 다양하게 이루어진다. 어떤 소유주는 가맹 사업자가 지켜야 할 영업 방식을 일일이 지시한다. 던킨 도넛 점포가 워싱턴에서 로스앤젤레스까지 똑같은 것은 그 때문이다. 소유주가 점포의 외관까지 규정한다. 하지만, 어떤 소유주는 운영에 최소한의 간섭만 하면서 이름만 빌려주기도 한다.

당신은 어떤 쪽이 잘 맞는가? 새로운 프랜차이징 사업의 소유주로서 가맹 사업자에 대한 통제를 많이 하고 싶은가? 당신의 상표는 시장성이 있으면서도 여전히 신선하다. 당신의 가맹 사업자가 부진한 성과나 부정한 운영으로 당신의 명성을 한순간에 산산조각나게 할 수도 있다.

그러나 적절하게만 운영하면 프랜차이징은 아주 짭짤한 수익원이 될 수 있다. 다른 사람이 당신의 방식을 똑같이 따르는 것을 허락하는 대가로 돈을 받게 된다. 가맹 사업자들이 사업을 잘 운영한다면 당신은 그 보너스로 힘들이지 않고 명성을 높일 수 있다.

가능성을 판단하라

프랜차이징 사업을 할 시기를 어떻게 판단할까?

전문 지식을 바탕으로 프랜차이징 사업을 시작할 시기를 판단하는 것은 틈새 사업가마다 다르다. 그러나 사람들이 결정을 내릴 때 기준으로 삼는 다섯 개의 공통 요소가 있다.

1. 사무실 하나를 운영하는 것 이상의 일을 할 수 있다.
2. 지리적인 문제가 생긴다. 다시 말해, 고객들이 당신이 가기 힘든 지역에서 더 많은 서비스를 해주기를 바란다.
3. 시간 제약이 따른다.
4. 사업의 수익성에 투자하고 싶은 마음이 생긴다.
5. 미래의 가맹 사업자가 관심을 보인다.

시장 조사를 해라

무턱대고 뛰어들기 전에 시장 조사를 하는 것이 중요하다. 지역적으로 프랜차이징 사업을 유지할 여건이 충분한가? 고객의 수요가 꾸준할 것 같은가? 프랜차이징 사업이 실패할 가능성, 그리고 그것이 당신의 명성에 어떤 영향을 끼칠지도 고려해야 한다.

전문 변호사에게 의뢰하는 이유

프랜차이즈 계약을 맺으려면 복잡한 절차를 거쳐야 한다. 인터넷을 보면 프랜차이징 사업을 혼자 시작하는 방법에 관한 정보가 아주 많이 돌아다닌다. 그러나 부적절한 프랜차이징 계약 때문에 법정에 설 일이 생길 수도 있고, 소유주가 재판에 지는 경우도 잦다.

그래서 나는 프랜차이징을 전문으로 하는 변호사에게 계약

신행을 의뢰할 것을 권한다. 변호사 비용으로 최선의 결과를 얻고, 더불어 혹시 닥칠지도 모르는 많은 고통과 슬픔을 덜 테니 분명히 만족하게 될 것이다. 중요한 것이 무엇인지 생각하고 실천하기 바란다.

프랜차이징 사업자를 찾아라

프랜차이즈 사업을 하기로 했다면 당신의 상표에 투자하려는 사람들을 어떻게 찾을 수 있을까? 열정적인 미래의 사업가가 당신을 찾아올 수도 있지만, 당신이 직접 광고를 해서 사업자를 유혹해야 할 때도 있다.

전문 잡지의 광고란뿐만 아니라 프랜차이징을 전문으로 소개하는 출판물과 사이트도 많다. 한 분야에 관해 철저하게 알고 있다면 관심이 있는 사람들을 유혹하는 것은 그리 어렵지 않다.

그러나 그들과 계약을 하기 전에 따져보아야 할 것들이 있다. 당신의 상표와 사업이 상징하는 모든 것들을 대표할 사업자는 매우 신중하게 선택해야 하기 때문이다.

예비 프랜차이징 사업자에게 물어볼 질문 5가지
1. 프랜차이징 사업을 왜 하고 싶은가?

동기는 정말 중요하다. 예비 사업자가 당신의 상표를 떼돈을

벌 수단으로 생각한다면 실제 사업을 운영하는 방법은 별로 현
실적이지 않을 가능성이 크다. 반면에 사업체의 주인으로서 그
운명을 책임지겠다는 생각을 하고 있다면 좋은 신호로 받아들
여라.

2. 다른 사람들과 어떻게 일할 것인가?

사업자는 대중만을 대상으로 일하는 것이 아니다. 그들은 당
신과의 관계는 말할 것도 없고 직원들도 상대해야 한다. 예비
사업자가 대인관계에 미숙하거나 적극적이지 않다면 당신의
상표를 제대로 대표하지 못한다.

3. 의사 결정을 어떻게 하는지 말해 달라

사업자는 프랜차이징 규칙을 준수해야 한다는 점을 이해하
고 바람직하며 단호한 결정을 내릴 수 있어야 한다. 미묘한 문
제인데, 모든 정보를 일일이 알려주어야 하는 지나치게 수동적
인 사람도 안 되지만, 조언이나 충고를 받아들이지 않는 사람
도 문제가 있다.

4. 체계를 따르거나, 자기 방식을 고집하는 것 중 어느 쪽을 선호하는가?

프랜차이징 체계는 사업자가 체계를 준수할 때 가장 좋은 결
과를 낸다. 그들은 열심히 일하기는 하되, 사업에서 성공하기
위한 방법과 절차를 직접 만들어내지는 말아야 한다. 독창적인
유형의 프랜차이징 사업자는 소유주가 정한 규칙 안에 머무는

것을 답답해하며 급기야 절망에 빠지기 쉽다.

5. 프랜차이즈 운영에 따르는 위험과 책임을 이해하는가?

반드시 성공한다고 장담할 수 있는 프랜차이징은 단 하나도 없다. 많은 프랜차이징 소유주들은 새로운 사업자가 개업을 해서 잘 운영하도록 최선을 다해 돕지만 직접 운영해줄 수는 없다. 따라서 프랜차이징의 성공은 사업자 자신의 노력에 달려있다고 보아야 한다. 그들이 프랜차이징 업체를 성공적으로 운영하기 위해 시간과 노력을 투자할 의향을 가지고 있는지 알아보라.

물어볼 질문이 더 많겠지만 일단 중요한 것들만 나열했다. 결정을 내리기 전에 적극적으로 예비 사업자를 알아보려는 노력을 하기 바란다. 프랜차이징 사업은 틈새 사업가에게 중요한, 그러나 위험할 수도 있는 변화이다. 그러나 현명하게 선택한다면 큰 보상이 따를 것이다.

라이센싱(Licensing)

라이센싱은 많은 범주와 분야를 가진 방대한 영역이다. 대부분 틈새 사업에는 적용되지 않으므로 다음 한 가지 영역에 대해서만 논의를 하려고 한다.

브랜드 라이센싱

상표 라이센싱이란 고객이 좋아하는 회사의 이름이나 로고가 있는 제품에 더 많은 돈을 지불한다는 개념에 바탕을 둔다. 가장 알기 쉬운 예는 티셔츠에서 찾을 수 있다.

아무 옷가게에나 들러 가격을 비교해보라. 평범한 파란 티셔츠는 몇 달러 한다. 그러나 거기에 유명 디자이너, 인기 많은 의류 브랜드, 혹은 유행 제품의 로고를 넣으면 가격은 두 배, 세 배, 심지어는 네 배 이상 뛴다.

이것을 어떻게 틈새 사업에 응용할 수 있을까? 가능성은 무궁무진하다. 당신이 사업에서 사용하는 제품이나 고객이 당신의 기준을 모방해서 사용할 수 있는 제품을 생각해 보라.

유명 요리사가 보증한 주방기구나 고급 미용실에서 팔리는 최고급 샴푸를 그 예로 들 수 있다. 둘 다 이름만 빼면 시중에서 판매되는 제품과 근본적인 차이가 없다. 프라이팬은 프라이팬인 것이다. 하지만, 가격 차이는 어마어마하다.

당신을 떠올리면 어떤 제품이나 서비스가 연상될까? 고정관념을 깨는 것을 두려워하지 마라. 마사지 치료사의 베개나, 척추 치료사의 등 받침이나, 치열 교정 의사의 거울처럼 분명하게 연결되는 제품이 있다.

라이센싱의 이점

이름과 로고를 빌려주는 것 외에는 아무 일도 하지 않고 수입이 생긴다.

- 인지도가 높아지면서 전문가로서의 위상도 높아진다.
- 소비자의 신뢰를 얻는다.

라이센싱의 단점

- 가능성 있는 제품을 조사해야 한다. 조잡한 작업, 품질이 낮은 제품, 혹은 불쾌감을 일으키는 상품이나 서비스에 당신의 이름이 붙는 것은 피하라.
- 지나치게 사용권을 판매하다가는 오히려 상표 가치가 떨어진다.
- 사용권을 준 제품을 대중이 어떻게 받아들이느냐는 당신의 통제권 밖에 있다.

동업 : 전략적 제휴(Strategic Alliance)

전략적 제휴는 분야와 상관없이 오늘날 업계에서 가장 빨리 확산되는 유행이다. 그렇다면, 그것은 무엇이며 틈새 사업가인 당신에게 어떤 도움을 줄 수 있을까?

전략적 제휴는 두 개 이상의 기업이 함께 일하는 독특한 관계를 가리킨다. 그들은 서로에게 도움이 되도록 아주 분명하고 현실적으로 협력한다. 이는 제조업에서는 아주 흔하지만 그 개념이 너무 커서 틈새 사업가들은 구미가 당기지 않을지도 모른다. 하지만, 실상은 그 반대이다.

전략적 제휴는 모든 일을 혼자 하려는 업주에게는 불가능한 기회이다. 틈새 사업가는 다른 회사나 개인과 서로 도움이 되는 목표를 위해 함께 일함으로써 팀을 이루어 다각적인 노력을 하고, 시장에 더 깊이 침투하고, 수익을 올린다는 이점을 얻는다. 그 결과, 개성을 잃지 않고 많은 보상, 곧 큰 이익을 얻게 된다. 얼마나 좋은 거래인가! 하지만, 동업자와 협력을 하기 전에 서로를 완전히 이해하고 공동의 목표를 확인해야 한다.

전략적 제휴를 이용하면 다음과 같이 혼자서는 도달하기 어려운 사업 수단과 기회에 접근할 수 있다.

- 사무실을 같이 쓰면 전세 비용을 반으로 줄인다.
- 마사지 치료사가 척추 치료사와 협력하는 것처럼 서로를 보완하는 서비스를 제공한다.
- 시장에 침투하면서 새로운 사업을 찾는다.
- 공급자와 소모품 가격을 협상할 수 있다.
- 8장에서 언급한 공동 저서 출판처럼 함께 제품을 개발할 수 있다.

혹은 다음을 목적으로 다른 회사와 제휴하기도 한다.

- 할인된 비용으로 건강보험을 들기 위해
- 무역박람회에서 전시 공간을 같이 쓰기 위해
- 당신의 홈페이지에 다른 회사의 상품이나 서비스를 광고하고 그에 대한 대가를 받기 위해

전략적 제휴의 가장 중요한 원칙

모든 전략적 제휴의 핵심은 형태나 규모와 상관없이 서로에게 도움이 되는 동맹인가에 있다. 유익한 동맹이라도 완전히 동등한 관계가 성립되지 않는 경우도 있지만, 쌍방은 서명을 하기 전에 서로에게 어떤 이익이 돌아가는지 분명하게 정해야 한다. 전략적 제휴 당사자들은 서로에게 도움이 되는 방향으로 협의하는 것이 가장 바람직하다.

그것이 왜 그렇게 중요할까? 쌍방이 제휴 관계에서 현실적인 이익을 얻고 있다는 생각이 들지 않으면 어느 한 쪽이 불쾌해 하거나, 자기 의무를 다하지 않거나, 그 관계를 고의로 깰 가능성이 크기 때문이다. 더러 양쪽이 각자의 이미지와 명성에 심각한 피해를 당하거나 적어도 회복에 몇 년이 걸릴 수 있는 손해를 감당해야 할 때도 있다.

가장 궁금한 10가지 질문

전략적 제휴를 고려할 때는 관계의 성격에 가장 초점을 두어

야 한다. 상대가 당신에게 무엇을 해줄 수 있는지 따져보라. 그리고 자신에게 아래의 10가지 질문을 던져라.

1. 이 관계가 내 사업에 얼마나 긍정적인 결과를 가져올 것인가?

2. 이 관계가 내 사업에 얼마나 부정적인 영향을 미칠 것인가?

3. 이 전략적 제휴의 목적은 무엇인가?

4. 상대방은 내가 무엇을 해주기를 기대하는가?

5. 나는 가장 적절한 개인 혹은 회사와 제휴를 맺으려고 하는가?

6. 이 회사는 어떤 평판을 받고 있는가? 그들은 다른 누구와 제휴를 하고 있는가?

7. 이 제휴를 맺기 전에 어떤 세금 효과를 고려해야 하는가?

8. 새로운 제휴를 시작하기 전에 어떤 마케팅 정책을 세울 것인가?

9. 제휴 결정에 필요한 정보를 얼마나 많이 가지고 있는가? 상대방의 행동에 대해 나는 얼마나 책임을 져야 하는가?

10. 계획 중인 제휴와 관련해서 참고해야 할 자치 단체 혹은 정부의 규제가 있는가?

전략적 제휴를 피해야 하는 6가지 이유

다른 회사와 동맹을 맺어야 할 이유는 많다. 하지만, 동맹을 형성하기에 바람직하지 않을 때가 분명히 있다. 다음은 제휴 관계에서 빨간 깃발이 올라가는 6가지 경우이다.

1. 시로에 대한 신뢰가 없다.

2. 능력의 균형이 맞지 않는다.

3. 대화가 통하지 않는다.

4. 비현실적인 기대를 한다.

5. 목표가 상충한다.

6. 고객의 기대를 무시한다.

그렇다면, 제휴하기에 적절한 회사나 개인을 어떻게 찾을 수 있을까?

- 늘 눈과 귀를 열어두고 기회를 모색하라.
- 당신이 하는 일을 누가 보완할 수 있는지 생각하라.
- 믿을 만한 사람들에게 의견을 물어라.

11장
요약

1. 고객에게 코칭, 컨설팅, 혹은 두 가지 서비스를 모두 제공할지 판단하라.

2. 코치나 컨설턴트 자격증 취득을 고려해보라.

3. 프랜차이징의 요건을 파악하라.

4. 당신의 사업과 잘 맞는다는 판단이 생기면 라이센싱 계약을 검토하라.

5. 프랜차이징이나 라이센싱 사업을 하기로 했다면 관련 문제를
전문으로 처리하는 변호사를 찾아라.

6. 다른 틈새 사업가나 소규모 사업주와 공동의 이익을 위해
전략적 제휴를 맺어라.

틈새 사업가
마르시아 레이놀즈<small>(공인 전문 강사)</small>

감성 지능, 두뇌, 행동 분야의 전문가인 중역 코치 레이놀즈는 두 가지의 확실한 사업 영역에 중점을 둔다. 바로 엔지니어, 프로그래머, 네트워크 전문가와 같은 기술자들과 여성 중역들이다.

레이놀즈의 조언

레이놀즈는 오랫동안 기업체 연수를 맡아 일하다가 전문 코치로 나섰다. "연수는 효과가 없었어요. 사람들이 내 이야기를 들으러 왔다가 고개를 끄덕이고는 다시 원래의 모습으로 되돌아가죠. 나는 코칭이 잃어버린 고리의 역할을 할 수 있다는 것을 알았답니다. 더 유능해지고 싶고 사람들이 달라지게 도와주고 싶다면 코칭이 바로 그런 일이죠."

"코치는 잘 들을 줄 알아야 해요. 누군가가 무슨 말을 하고, 하지 않는지 잘 들어야 하죠. 좋은 코치는 상대가 하는 말과 그들이 필요한 것을 어렴풋이 느낄 수 있어야 합니다." 레이놀즈는 이런 세심한 듣기는 얼마든지 배울 수 있으며 완벽을 위해 끊임없이 연습해야 하는 기술이라고 강조한다.

더 많은 정보를 얻으려면 www.covisioning.com로 가보기 바란다.

지혜 한마디

코치에게는 훈련이 중요하다. 코칭은 단순히 조언을 하는 것이 아니라 동기를 부여하고, 고객이 장애물을 극복하고 오래 묵은 두려움과 굳어진 습관에 맞서도록 도와주는 것이다.

MICRO BUSINESS

틈새 사업가로서의 삶

건강한 자아를 갖는 것은 틈새 사업가의 성공에 중요하다.
아니, 필수 요건이랄 수 있다. 사람들 앞에서 '나는 전문가이며,
당신은 내가 하는 말에 귀를 기울여야 한다'고 말하려면 자기가 가진
전문 기술과 지식을 확신하고 자존심을 가져야 한다.

PART 12

틈새 사업가가 부끄러운

일을 당하면 얼마나 끔찍한지 모른다. 그날도 나는 딱 죽고 싶은 심정이었다.

나는 무역박람회 전문 코치로 길에서 많은 시간을 보낸다. 그리고 건강이 가장 중요하다는 생각에 틈만 나면 행사장 부근의 호텔 헬스장이나 체육관에서 운동을 한다.

그 일이 일어난 것도 바로 체육관이었다.

나는 체조를 하고 있었다. 근육을 써가며 열심히 운동에 전념했다. 그때 아주 예쁜 여자가 나를 보더니 웃으며 말했다.

"어머, 수잔 프리드먼 아니세요? 내일 선생님 세미나에 가거든요!"

당신은 어떤지 모르지만 나는 운동을 하다 말고 새 고객을 만나는 것을 끔찍이 싫어한다. 그때 나는 웃으며 잠시 이야기를 나눈 다음 재빨리 양해를 구하고 샤워를 하러 갔다.

뜨거운 물이 아픈 근육을 시원하게 풀어주었지만 창피한 기분은 사라지지 않았다.

높은 인지도는 틈새 사업가에게 주어지는 부수적인 이점이지만 동시에 단점이기도 하다. 대중적인 인물이 되면 늘 대기하고 있어야 한다. 이 장에서는 틈새 사업가가 되는 것이 사생활에 미칠 수 있는 긍정적이고 부정적인 영향에 대해 이야기하고자 한다.

틈새 사업가의 기쁨과 고통

틈새 사업가에게는 유명인사의 지위가 따르기도 한다. 어떤 틈새 사업가는 온갖 아이디어를 실현하기 위해 자신의 이름을 내건 텔레비전 쇼, 잡지에 추종자를 떼로 거느리고 다니며 진짜 유명인사가 되어간다. 하지만, 그런 사람은 지극히 드물다. 우리는 이름만 말해도 상대가 다 알아들을 것으로 생각하며 편하게 마샤, 닥터 필에 대해 이야기한다.

그보다는 유사-유명인사가 훨씬 더 많다. 세상은 당신을 전혀 알아보지 못한다. 당신은 비명을 지르는 팬들 때문에 골치를 썩는 일 없이 슈퍼마켓에서 자유롭게 쇼핑도 한다. 나무 뒤에 숨어 침실 창문 너머로 당신 사진을 찍는 사람이 있다면 그는 파파라치가 아니라 정신병자이다.

하지만, 보통의 사업가보다 더 많은 전화를 받는다. 특히 당신의 전문 분야를 취재하는 기자들이 당신을 알아본다. 가끔 공짜 책을 보내며 추천사를 써달라고 부탁하는 사람도 있다.

다 좋지만 할 일이 너무 많다.

물론 그런 상황은 틈새 사업가의 개인적인 방식, 사람들이 알아보는 것을 의식하는 정도, 언론과의 관계에 따라 달라진다. 하지만, 틈새 사업가들이 흔히 겪는 기쁨과 고통이 있다.

기쁨	고통
• 사업이 성장한다.	• 너무 많은 일에 혼란을 겪을 수 있다.
• 동료들로부터 마음에 드는 추천을 많이 받는다.	• 당신을 '한 가지 재주밖에 없는 사람'이라고 생각하는 동료들의 따돌림을 받을 수 있다.
• 언론에서 당신의 의견을 중요하게 생각하고 따른다.	• 언론에서 전화를 걸어 당장 해답을 달라고 압박한다.
• 업계 행사에 초대받는다.	• 자아 통제력을 잃을 수 있다.
• 사람들이 더 친절해진다.	• 늘 '대기' 해야 된다는 압박감을 느낀다.
• 업계 동료들과 일반인들이 알아본다.	• 항상 최신 정보와 유행에 훤해야 한다.

자아가 다 뭐야? 그런 것 안 키워!

사소한 비밀 한 가지를 알려주겠다. 모든 사람에게는 자아라는 것이 있는데, 그것은 아주 좋은 것이다.

건강한 자아를 갖는 것은 틈새 사업가의 성공에 중요하다. 아니, 필수 요건이랄 수 있다. 사람들 앞에서 '나는 전문가이며, 당신은 내가 하는 말에 귀를 기울여야 한다'고 말하려면 자기가 가진 전문 기술과 지식을 확신하고 자존심을 가져야 한다.

하지만, 지나치게 자만해지기도 쉽다. 짐 지글러(7장에서 언급한 구루)가 말했듯이 "눈앞에서 굽실거리는 사람들이 생기면 겸손하기가 어렵다." 자기 일을 잘 하기 위해 자신감과 당당함으로 처신하는 것과 완전히 자신만만하게 구는 것을 구분하기가 쉽지 않다는 것이다.

간혹 자신에 대한 과대광고를 믿는 함정에 빠지는 틈새 사업가도 보인다. 그들은 대중이 한 가지 분야에 대한 자신의 의견을 중시한다는 이유만으로 자기 입에서 나오는 모든 말이 황금가루가 될 수는 없다는 사실을 망각한다.

게다가 지나치게 자기중심적인 사람에게는 직접 귀띔해주는 사람도 없다. 우리 사회는 늘 무례한 태도를 보이는 것을 큰 문제로 생각하지 않는 데다 상대의 감정을 해칠까 두려워 그런 중요한 정보를 말해주지 않는다. 그러니 당신이 알아서 판단해야 한다. 자신이 혹 그런 상황에 빠져있는지 알려면 어떻게 해야 할까? 당신이 자기 목소리에 너무 도취되어 있는 것은 아닌지 다음 퀴즈로 판단해보자.

'난 잘났어' 퀴즈

1. 당신은 대화 중에 자신의 지식을 알리고 자신의 의견으로 분위기를 주도할 기회를 노리는가?

    예   아니오

2. 당신은 자신과 주변 사람들을 끊임없이 비교하는가(말로 하거나 혹은 마음속으로)?

    예   아니오

3. 누군가 당신의 직업이나 지위를 물으면 불쾌한 기분이 드는가?

    예   아니오

4. 자신의 생각을 더 중요하게 보이게 하거나 강조하기 위해 정보를 과장한 적이 있는가?

    예   아니오

5. 동료와 주변 사람들의 평가에 귀를 기울이는가?

    예   아니오

6. 다른 전문가를 찾거나, 그들의 책을 읽거나, 강의를 듣거나, 의견을 수렴하는가?

    예   아니오

---

7. 남의 품위를 떨어뜨리거나 무시하는가?

　　　　　　　　예　　　　　　아니오

8. 남이 어떻게 생각할지 걱정을 하고, 그들의 반응을 예상해서 자신의 결정에 반영하는가?

　　　　　　　　예　　　　　　아니오

9. 업계 행사에서 당신 주변에 모여드는 사람들이 점점 줄어드는가?

　　　　　　　　예　　　　　　아니오

10. 자존심 때문에 내린 결정으로 금전적인 피해를 본 적이 있는가?

　　　　　　　　예　　　　　　아니오

결과

'예' 라고 대답한 질문의 수 :

'아니오' 라고 대답한 질문의 수 :

'예' 대답에 1점씩 쳐서 합산하라 :

결과

합산 점수가 7점 이상이면 자아를 통제하기가 어려운 사람이라는 증거이다. 서둘러 자아−점검 도구함을 확인하라.

5~7점은 위험 구역으로 가고 있다. 자아−점검 도구함을 확인해야 할지도 모른다.

4점 이하면 건강한 자아를 갖고 있다. 계속 같은 길을 가려면 자아-점검 도구함을 살펴보기 바란다.

자아 – 점검 도구함

자아 점검은 늘 반복해야 한다. 쉽기도 하고 어렵기도 하다. 물론 아무도 당신의 존재를 알아보지 못할 때는 겸손하기가 쉽다. 다음은 목표 달성에 필요한 도구들이다.

필요한 도구	사용법
달력	자아 점검은 규칙적으로 해야 한다. 4주에서 6주마다 달력에 표시를 하고 자신의 행동을 평가하라. 위험한 시기가 닥칠 때까지 문제를 모르고 지나치는 상황을 예방할 수 있다.
거울	매일 점검하라. 이름만 말해도 당신을 알아보는 사람이 있는가? 경호원이 당신 곁을 떠나지 않고 지키는가? 당신은 커다랗고 우스꽝스러운 모자를 쓰고 다니는가? 이 질문들 중 하나 혹은 전부에 대해 '예'라고 대답할 수 있을 때까지 당신은 그냥 보통 사람일 뿐이다.
겁 없는 친구	가장 중요한 자아 점검 도구는 언제라도 도움을 줄 수 있는 겁 없는 친구이다. 그들은 매서운 눈초리로 당신의 거품을 터뜨리고 당신이 제대로 땅을 딛고 서도록 해준다. 당신을 잘 알고 당신과의 관계에 확신을 가진 사람은 다른 사람들에게서는 얻지 못하는 의견을 제시할 수 있다.
도서 목록	최신 도서, 기사, 다른 분야 전문가들의 인터뷰를 읽으며 정보를 접하고 새로 등장한 유망한 인재들을 보며 세상에 똑똑한 사람들이 얼마나 많은지 상기하라.

완전히 다른 이야기

지금까지는 틈새 사업가의 개인 생활에 관한 이야기를 했다. 이제 관심을 다른 곳으로 돌려보자. 지금은 생각나지 않지만 앞으로 갑자기 생각날지도 모르는 또 다른 사업 구상에 대한 이야기도 좀 해야겠다. 그것은 미래에 대한 계획이기도 하다. 이는 틈새 사업가의 인생에서 중요한 문제이다. 당신이 일을 얼마나 많이, 오랫동안 하고 싶은지 충분히 예측해야 한다.

그래서 지금부터는 출구 전략(exit strategy)과 다각적이고 지속적인 틈새 찾기에 대해 알아보려고 한다.

아울러, 어느 누구도 고립된 존재가 아니며, 모든 것을 혼자서 할 수도 없다. 사업을 하다 보면 어떤 일에 대해서는 외부 조달을 하거나 도와줄 직원을 고용하고 싶을 때가 있다. 여기서는 그런 시기가 닥칠 것에 대비해 미리 알아 두어야 할 것들을 짧게 소개하겠다.

출구 전략

지금 틈새 사업가로서 한창 경력을 쌓고 있는 사람이라면 폐업에 대해서는 전혀 생각하지 않고 있을 것이다. 당연한 말이겠지만, 지금 당신이 내리는 결정이 미래의 결과에 영향을 미친다는 사실을 잊지 말기 바란다.

출구 전략이란 무엇인가?

출구 전략은 간단히 틈새 사업가로서 충분한 경험을 했다고 생각할 때, 앞으로 할 일을 명시하는 계획서이다. 사람들은 다음과 같은 이유로 틈새를 떠난다.

- 시장이 변해서
- 제품과 서비스에 대한 수요가 이상적이지 않아서
- 일에 대한 열정을 잃어서
- 새롭게 도전할 일을 찾고 있어서
- 새롭고 더 구미가 당기는 일을 찾아서
- 은퇴하고 싶어서
- 취직해서 일하고 싶어서
- 건강에 이상이 있어서
- 수백만 달러짜리 복권에 당첨되어서

당신도 알겠지만 긍정적인 이유도 있고, 부정적인 이유도 있다. 그러나 당신의 이유가 무엇이든 한 가지는 똑같다. 출구 전략은 충분한 생각을 거쳐야 하고, 체계적으로 짜여야 하며, 사업을 처분하면서도 최대한의 수익을 거두도록 설계되어야 한다는 것이다.

출구 계획에 영향을 미치는 요인들

출구 전략에는 많은 요소들이 영향을 미치는데, 예를 들면 다음과 같다.

- 사업에 투자한 사람들의 수와 유형
- 가족에게 사업을 인도하고 싶은 바람
- 사업 관련 부채의 양과 종류
- 다른 사업을 열 계획
- 과거의 사업에 대해 어느 정도 통제권을 행사하려는 바람

이런 요인들이 왜 중요할까? 왜 지금 그런 것들을 생각해야만 하는 것일까?

투자자의 수와 유형

동업을 하거나, 회사의 지분을 매각하거나, 투자 자본을 모집한 적이 전혀 없고 늘 혼자서 일해 왔다면 별다른 문제가 없다. 그러나 창업을 위해 다른 사람의 돈을 썼다면 그들에게 투자에 대한 수익을 돌려주어야 할 의무가 있다. 이는 당신이 사업을 매각하는 방법에 영향을 미칠 수 있다.

이상적으로는 투자자들과 회의를 하기 전에 이러한 의무에 대해 알아야 한다. 이 결정과 관련된 모든 항목을 충분히 이해하기 위해 자산 전문가, 변호사와 상담하는 방법도 있다.

가족에게 사업을 인도하고 싶은 바람

사업을 크게 키워 자녀에게 물려주고 싶은 것은 모든 사람들의 꿈이다. 자신이 인생의 황금기를 보내는 동안 자식들이 회사를 더 크게 확장하는 모습을 지켜보고 싶기 때문이다. 이런 유형의 출구 전략을 실행하려면 사업과 가족 모두에 대한 계획을 철저히 세워두어야 한다. 자식이 당신의 사업을 물려받고 싶어 하거나, 그들이 당신이 바라는 대로 모든 일을 잘 처리하리라는 보장이 없기 때문이다.

사업 관련 부채의 양과 종류

빚은 폐업을 하더라도 사라지지 않는다. 법적인 분쟁에 휘말리고 싶지 않다면 반드시 채무 관계를 청산해야 한다. 출구 전략에는 채무 변제 방법도 언급되어야 한다.

다른 사업을 열 계획

틈새 사업을 하고 싶은 욕심은 가장 떨쳐버리기 힘든 유혹이다. 그래서 다른 사업을 시작하고 싶어 현재의 사업을 끝내는 경우가 많다. 유사한 틈새에서 새로운 사업을 시작하려고 하는데 이전 회사와 경쟁하고 싶지는 않을 것이다. 그 때문에 사업을 매각하거나 양도하는 것보다는 해체하거나 문을 닫는 쪽으로 결정을 내리는 것이 바람직하다.

과거의 사업에 대해 어느 정도 통제권을 행사하려는 바람

가족 사업에서 가장 흔히 벌어지는 현상이지만, 틈새 사업가가 회사의 성공을 어느 정도 통제하거나 참견하는 것은 그다지 드문 일이 아니다. 당신은 사업의 토대가 된 아이디어를 떠올려 사업을 성공적으로 키운 장본인이다. 공식적으로 손을 떼고 나서도 그 사업에 관여하고 싶다면 신중하게 계획해야 한다.

위의 요소들을 염두에 두고 폐업과 이전 둘 중 하나를 선택할 수 있다.

폐업

사업 정리

가장 간단한 방법이다. 틈새 사업가는 사업을 그만 하기로 결정하면 즉시 문을 닫을 수 있다. 채무자들에게 돈을 지불하고 자산을 정리한 다음 달빛 속으로 유유히 사라지면 된다.

하지만, 이것은 가장 간단한 방법인 동시에 가장 희생이 큰 방법이기도 하다. 단순히 문만 닫으면 아무래도 손해가 발생할 수 있다. 관련된 자산은 시장 가치로 회수한다 하더라도 고객 목록, 거래처, 이름값은 가격으로 따질 수 없기 때문이다. 이런 무형의 자산에 투자를 하는 대안도 있기는 하다.

자산 이전

일정한 소득을 유지할 요량으로 사업을 해온 소유주의 경우에 이런 방법을 택한다. 사업을 그만 하려고 생각할 때부터 자신에게 상당한 보수와 보너스를 주는 방법이다. 공개 법인의 경우, 이런 행위는 체포나 해고 감이다. 하지만, 개인회사에서는 회사에서 소유자에게 자산을 이전하는 것이 현명한 방법일지도 모른다. 많은 사람들이 영구적인 폐업을 결심하면 이런 방식으로 회사를 운영한다.

이전

가족 이전

사업을 다음 세대에게 넘겨주는 것은 많은 사람들의 꿈이다. 틈새 사업가가 이 전략을 실행하려면 특별한 결심이 필요하다. 자신에게 이렇게 물어보라. '이 사업이 내가 떠나도 유지될 것인가?' 회사의 성공이 당신의 기술과 탁월한 고객 서비스에 달려 있는데, 당신의 자식도 똑같은 수준의 기술과 서비스를 제공할 수 있을까? 당신은 적극적인 성격으로 언론에 좋은 인상을 주었지만 부끄럼이 많고 늘 숨으려고 하는 아들이 사업을 물려받으면 잘 될까? 이런 의문이 든다면 사업에 한 발을 담가 둘 수도 있다. 가족 사업은 아주 순탄한 경우가 많지만 신중한 기초 작업이 필요하다. 당신이 이런 출구 전략을 계획하고 있다면 당장 준비를 시작해야 한다.

기업 매수

우호적 매수

당신의 사업을 합리적인 가격으로 매입하려는 우호적인 경쟁자가 있을 때 고려할 수 있는 방법이다. 어떤 틈새 사업가들은 새 소유주와 협력해서 단기간에 모든 절차를 매끄럽게 마무리하기로 협의한다. 그러나 좋아하는 사람에게 사업을 넘기고 싶다고 너무 많은 것을 포기해서는 안 된다.

익명 매수

모르는 사람에게 사업을 매각하는 것은 약간 더 복잡한 과정이다. 모든 문제를 적절하게 마무리하려면 철저하게 조사하고 변호사와 관련 전문가의 도움을 받아 처리해야 한다. 그러나 틈새 사업가들은 이해관계가 없는 제삼자에게 사업을 매각할 때 더 많은 수익을 챙긴다.

기업 공개(IPO)

마지막으로, 회사를 일반에 공개하는 방법으로 처분할 수도 있다. 기업 공개는 자문과 계획을 담당하는 사람들로 구성된 최고의 팀에 의뢰해야 할 만큼 복잡하고 시간이 걸리는 과정이다. 하지만, 상당한 보상을 받을 확률이 높다. 성장 가능성이 크고 투자자들의 흥미를 끄는 수익성 높은 사업체라면 기업 공개가 큰 도움이 될지도 모른다.

지금 알아야 할 것

사실 당장 복잡한 출구 전략을 짠다는 것은 좀 이른 느낌이 있다. 아직 공식적으로 사업을 개시하지도 않은 사람들도 있을 것이기 때문이다. 하지만, 출구 전략에 영향을 미치는 요인들과 가장 흔히 실행되는 출구 전략을 안 이상 늘 생각을 하고 있어야 한다.

안 그래도 사업이 성장하면 선택할 일이 많이 생긴다. 동업자를 구할 것인지, 계속 혼자서 회사를 이끌어갈 것인지, 필요한 자본금을 확보하기 위해 돈을 빌릴 것인지, 자산 일부를 매각할 것인지 등 수없이 많다. 결론을 생각하는 동안 반드시 해야 할 질문이 있다. '이 결론은 최종적인 출구 전략에 어떤 영향을 미칠 것인가?'

지속적인 틈새 찾기

틈새 사업가만 유일하게 세울 수 있는 출구 전략이 바로 지속적인 틈새 개발이다. 많은 틈새 사업가들은 하나의 틈새를 찾아 개발한 뒤에 시장을 장악하고 나면 마법이 사라졌다는 사실을 깨닫는다. 그래서 새로운 영역으로 옮겨 다른 사업을 개척해서 새로운 회사를 설립하고 싶어진다.

다음은 지속적인 틈새 찾기가 출구 전략 선택에 영향을 미치는 세 가지 이유이다.

1. 한번 틈새 사업가는 영원한 틈새 사업가이다

어떤 틈새의 전문가가 되는 데 필요한 수단은 틈새가 무엇이냐에 관계없이 똑같다. 일단 그런 수단에 능숙해지면 전문 지식의 한 영역에서 다른 영역으로 기술을 옮기는 간단한 문제만 처리하면 된다.

2. 효율적이다

일단 한 분야의 전문가로 인정받으면 다음 틈새 사업에서

'지속 효과'를 누린다. 대중은 이미 당신을 권위자로 인정하고 있다. 당신은 여전히 신뢰성을 입증해야겠지만 사람들이 전혀 모를 때보다는 문턱이 훨씬 낮아져 있을 것이다.

3. 연구에 투자한다

틈새 사업가가 되려면 전문 분야 연구와 관련 영역을 연구하는 데 많은 시간을 투자해야 한다. 그래서 다른 사람이 알기 전에 유행을 잘 포착해야 한다. 대중이 모르는 동안 새로운 영역에 진입하면 어느새 특정 분야의 전문가로 통한다.

다각적인 틈새 찾기

좋은 것을 혼자서 너무 많이 가지는 것이 부담스러운가? 틈새 사업가들은 그렇게 생각하지 않는다. 그들은 하나 이상의 분야에서 전문가로 입지를 굳힘으로써 확대된 시장의 이점을 취하고 더 많은 돈을 벌려고 한다.

한 분야의 틈새 사업가라고 해서 현재의 틈새 밖에서 일하지 말란 법은 없다. 당신이 발육 부진아의 부모를 위한 자산 계획을 상담하는 자산 전문가라고 하자. 그렇다고 은퇴한 뒤에 프랑스 리비에라에서 환상적인 생활을 하기 위한 돈을 따로 떼어놓고 싶다는 고객과 일하지 못할 것도 없다.

다각화에는 더 많은 노력이 필요하지만 그만큼 이점이 있다.

주의사항: 지나친 다각화는 당신의 틈새에서 전문가로서 누리던 이득을 물거품으로 만들 수 있다.

그렇다면, 왜 또 다른 틈새를 개발해야 할까?

3S : 규모(Size), 만족(Satisfaction), 상승효과(Synergy)

규모

규모는 중요하지 않다고 말하고 싶지만 이 경우에는 그렇다고 할 수밖에 없다. 규모가 작아 적당한 소득을 올릴 수 없는 틈새도 있다. '강아지 궁전 건축'이 사랑하는 애완견이 천국에서 지낼 수 있는 최고급 개집을 만든다고 해도 막상 그 제품을 덜컥 사는 애완견 애호가는 많지 않을 것이다. 하나의 틈새를 지키되, 다른 것을 추가해서 수입을 올려라. 다양한 틈새 전략을 활용한다면 꿈꾸던 일을 포기하지 않고도 소득을 높일 수 있다.

만족

일이 즐거우면 얼마든지 하고 싶어진다. 어떤 사람들은 일이 재미있다는 사실을 믿지 않는다. 하지만, 개인적인 만족을 주는 일이 분명히 있다. 아침에 침대에서 벌떡 일어나 새로운 도전을 만나고 싶다는 일념으로 뛰어드는 일이 있는 것이다. 당신의 틈새가 그런 만족을 준다면 수익성이 나쁘더라도 계속 지킬 가치가 있다. 실제로 일이 재미있으면 다른 것들은 참을 수 있다.

상승효과

하나 이상의 틈새를 가지고 있으면 전문 지식의 여러 영역에서 아주 긍정적인 상승효과가 나타난다. 한 가지 틈새를 개척하는 동안 축적된 자원, 인맥, 기술은 다른 영역에 투자해야 할 노력을 줄여줄 수 있다. 틈새 사업가는 자기도 모르게 생긴 상승효과로 놀랄 때가 많지만, 틈새가 긴밀하게 연관되어 있을 때는 상승효과를 위한 계획을 세울 수 있다.

대부분의 전략이 그런 것처럼 다양한 틈새를 개발하는 전략에도 장·단점이 있다.

장점

- 더 많은 틈새=더 많은 일과 높은 수익을 올릴 가능성
- 지루함에 빠질 위험을 줄인다.
- 여러 분야에 열정을 쏟는다.
- 한곳에 너무 치중하는 것을 피한다.
- 시장 변동에 덜 노출된다.

단점

- 더 많은 틈새=더 많은 업무와 노력
- 지나치게 다각화되면 '전문가 효과' 가 감소한다.
- 한 가지 주제에 완전히 몰두할 여력이 줄어든다.
- 효율성이 감소한다.
- 자본금 지출이 늘어날 수 있다.

그렇다면, 틈새를 다각화할 것인가 말 것인가? 이는 복잡한 문제이다. 틈새 다각화는 장점도 많지만 노력이 필요한 전략이기 때문에 매력이 떨어진다. 그러나 다양한 분야에 열정을 쏟을 수 있는 능력이 있는 사람은 좀처럼 포기하기 어려운 전략이기도 하다. 따라서 위의 질문에 대답할 수 있는 사람은 오로지 당신뿐이다.

하루 24시간을 쓰는 법 : 외부 조달(아웃소싱)과 직원 채용

틈새 사업가가 되면 바빠진다. 상상도 못할 정도로 바빠질 것이다. 틈새를 찾고 개발하고 장악하려면 엄청난 노력이 필요하지만 또한 그만한 보상이 따른다.

그런 과정에서 도움이 필요할 때가 있다. 혼자서는 감당할 수 없는 일이 생긴다. 혼자 상대할 수 없을 정도로 고객이 늘어난다.

그럴 때는 외부 조달, 다시 말해 서비스를 대행할 업체와 계약을 맺거나, 직원을 채용하는 방법이 있다. 그 결정은 어떻게 내릴까? 두 가지 방법을 더 자세히 살펴보고 완전히 이해한 다음 어느 쪽이 당신에게 적당한지 결정하기 바란다.

외부 조달

사업을 운영하려면 복잡한 일을 처리해야 한다. 납세 신고서를 작성하거나, 주문을 처리하거나, 간판을 칠하거나, 문제가 생긴 컴퓨터를 수리해야 한다. 소규모 사업자는 매일 수없이 많은 일을 만난다.

혼자서 모든 일을 다 할 수는 없다. 많은 틈새 사업가들이 '나는 혼자 일하니 모든 것을 혼자 해야 한다'고 생각하는 덫에 걸리기 쉽다. 어리석은 생각이다. 내 말을 믿어라. 나는 오랜 시간이 걸려서야 주어진 시간에 할 수 없거나 해서는 안 되는 일을 다른 전문가에게 맡기는 것은 전혀 부끄러운 일이 아니라는 사실을 깨달았다.

외부 조달은 시간과 돈을 가장 잘 쓰는 방법이다. 또한 한 번에 일이 잘 마무리되므로 비용을 크게 절약할 수 있다.

세금 신고에서 실수를 하면 국세청이 벌금을 부과한다. 주문을 미숙하게 처리하면 고객들이 당신의 무능함을 세상에 알린다. 컴퓨터 수리는 또 어떤가? 키를 한번 잘못 누른 죄로 복구할 수 없는 손상을 입을지도 모른다.

그렇다면, 어떤 일을 외부에 맡길 것인가? 다음 상황에는 외부 조달을 고려해야 한다.

- 일을 어떻게 해야 하는지 모를 때
- 필요한 기술을 배우려면 많은 시간과 노력이 들어갈 때
- 실수로 심각한 결과가 발생했을 때
- 다른 사람에게 맡기면 더 빠르고 비용이 덜 들 때
- 일이 재미있지 않을 때
- 직접 하면 시간이나 자원을 최대한 활용할 수 없을 때

사업을 성공적으로 운영하다가 어느 시기가 되면 당신의 시간과 노력이 얼마나 가치가 있는지 평가해야 한다. 그런 다음 그 가치와 처리해야 할 일을 비교해보라. 사무실 청소를 예로 들어보자. 이 책을 읽는 독자들은 누구나 사무실을 청소할 수 있다. 진공청소기를 돌리고, 서류를 가지런히 정리하고, 쓰레기통을 비우는 것은 특별한 기술이나 훈련이 필요 없는 일이다. 그러나 할 수 있다고 해서 반드시 그 일을 해야 하는 것은 아니다.

외주 업체를 선정하는 방법

일을 처리해줄 적임자를 고르는 것도 기술이다. 전화번호부를 뒤적거려 귀에 익은 상호를 하나 골라내거나, 시내에서 본 멋들어진 간판을 보고 일을 믿고 맡길 수는 없는 노릇이다.

일을 대신 해줄 전문가를 고르는 것은 당신의 고객이 당신을 찾을 때 이용하는 방법과 아주 비슷하다. 당신은 필요에 따라 제너럴리스트 서비스 전문가나 스페셜리스트 서비스 전문가를 찾을 것이다. 적임자를 더 쉽게 찾거나 어렵게 찾는 요인을 기록해 두었다가 나중에 제품과 서비스 홍보에 응용하기 바란다.

가격이 전부가 아니다

외주 업체를 선별할 때는 비교 기준이 필요하다. 가장 빨리 눈에 띄는 기준은 가격이다. 하지만, 조심하라. 가격은 중요하지만 따져보아야 할 유일한 요소는 아니다. 다음 기준들도 생각해보아야 한다.

- 외주업체가 약속을 이행하는가?
- 시간 안에 계획이 완료되는가?
- 제품의 질은 괜찮은가?
- 외주업체는 상대하기 편한가?
- 외주업체가 당신과 일하고 싶어 하는가?

- 외주업체에 대한 평판이 좋은가?
- 가격이 제품의 질과 완성 속도에 비해 적절한가?

외주 업체 선정을 위한 '기술(ART)'도 있다.

A(Access) : 당신의 필요를 분석하라

외주업체를 찾기 전에 외주업체에게 정확히 무엇을 원하는지 목록을 만들어라. 예를 들어, 세금 납부 기간에만 회계사의 도움이 필요한가, 아니면 일 년 동안 재무제표를 준비하고 순이익을 예측하고 세금 정책 문제를 조언해줄 사람이 필요한가? 당신에게 정확하게 무엇이 필요한지 목록을 만들면 '유사한 기준'으로 외주업체를 비교할 수 있다. 다른 틈새 사업가를 비롯한 스페셜리스트나 제너럴리스트의 서비스를 원할 때에도 도움이 된다.

R(Recommendations) : 추천

동료, 주변 사람들, 가족, 친구들과 의논하라. 비슷한 서비스라는 가정하에 그들은 누구를 추천하는가? 예전 그 사람을 다시 채용할 것인가? 그들이 특히 싫어하는 업체가 있는가? 그렇다면, 이유는 무엇인가?

지역 상공회의소와 거래개선협회(공정 거래를 위한 미국의 생산자 단체, BBB로 약칭—옮긴이)에 가서 확인해보라. 지역에 없는 외주업체와 일하려면 인터넷으로 검색하라. 가까운 거래 개선협회와 상담하라. 철저하게 조사를 해두면 만족스럽지 않다고 소문이 난 외주 업체를 피할 수 있다.

T(Trial period) : 시험 기간

장·단기 계약을 체결하기 전에 외주업체에 시험 기간을 갖자고 제안하라. 그들이 약속을 이행하는지 알아볼 좋은 방법이다. 그들은 일을 빈틈없이 하는가? 그 결과가 만족스러운가? 그들은 상대하기에 좋은 사람들인가? 지불한 액수만큼의 결과가 발생했는가? 시험 기간의 마지막에 그들을 그대로 쓸지, 다시 생각할지 결정하라.

외주 조달의 장·단점

장점	단점
• 시간과 자원이 효율적으로 사용된다.	• 사업의 일정 부분에 대한 통제력을 잃게 된다.
• 실수가 최소화된다.	• 추가 비용이 발생한다.
• 하기 싫은 일을 하지 않아도 된다.	• 계약에 얽매인다.
• 업무 부담이 줄어든다.	• 적당한 외주업체를 찾으려면 시간이 걸린다.
• 스트레스가 줄어든다.	• 업무 위임이 어렵다.

점점 커지는 고통 : 직원 채용

전화가 쉴 새 없이 울린다. 아침마다 이메일이 625통씩 쌓여 있다. 우체국으로 갈 소포 더미가 기다리고 있고 화요일부터 온 우편물을 하나도 개봉하지 못했다. 새 고객과의 상담 예약이 넉 달이나 밀려있다.

틈새 사업가가 행복한 비명을 지른다. 어떻게 처리해야 할지 모를 일들이 잔뜩 쌓여 있다.

틈새 사업가가 직원을 채용할 때와 혼자서 짐을 계속 지고 가야 할 때를 구분해줄 엄격한 기준은 없다. 소규모 사업주들은 주관적으로 결정을 한다. 그러나 직원 채용을 심각하게 고려해야 할 때를 알리는 분명한 신호가 몇 가지 있다.

1. 일이 쌓인다

계약이 한창 진행되고 있고, 앞으로 몇 달 동안 할 일이 쌓이면 업무 부담을 줄여줄 유능한 직원을 채용할 때가 되었다.

2. 기본적인 업무가 처리되지 않는다

이메일에 답장을 하고, 전화 메시지를 확인하고, 우편물을 부치는 등의 업무에 손이 미치지 않으면 고객을 잃거나, 큰 손해가 따르는 실수를 저지르거나, 중요한 기회를 놓치게 된다. 당신이 전문가로서 처리할 일에 집중하는 동안 사무실 운영을 맡을 사람을 채용할 것을 고려하라.

3. 불행하다

당신은 자신의 일을 사랑하기 때문에 틈새 사업가가 되었다. 하지만, 매일, 매순간 일을 좋아할 사람은 아무도 없다. 균형이 필요하다. 자기 시간의 대부분을 일에 투자하고 있다면 완전히 균형을 잃은 사람이다. 그러면 자기 자신과 가족이 모두 불행해진다.

4. 고객이 떨어져나간다

당신이 아무리 잘해도 고객은 당신을 만나려고 영원히 기다려주지 않는다. 비교적 짧은 시간 안에('비교적 짧다'는 말의 정의는 분야에 따라 달라진다) 새로운 고객을 만나주지 않으면 그들은 다른 전문가를 찾는다. 직원을 고용하면 확실히 고객을 빨리 만날 수 있다.

직원이 필요한 것 같다. 그럼 어떻게 해야 할까?

좋은 직원을 찾기란 무척 어렵다. 실제로 유능한 사람을 찾아주는 서비스가 있을 정도이다. 그러나 더 쉽게 사람을 구할 수 있는 방법이 많다.

유능한 직원을 구하기 위한 10단계
1. 당신의 요구사항을 파악하라

누구를 채용할지 결정하기 전에 무엇 때문에 채용하려는지 결정해야 한다. 그 직원이 회사에서 어떤 역할을 하기를 바라는지 결정하라. 당신은 옆에서 자율적으로 일할 전문가를 원하는가, 아니면 사무실을 지키고 할당받은 일만을 하는 직원을 원하는가?

2. 자세한 업무 요건을 작성하라

그 사람이 처리해주기를 바라는 업무를 모두 목록으로 만들어라. 철저하되 현실적이어야 한다. 직원이 주당 40시간 안에 완료하기를 바라는 합리적인 업무는 어떤 것인가? 당신이 주당 40시간 안에 할 수 있는 것과 직원이 할 수 있는 것은 크게 다르다는 사실을 기억하라.

3. 예산을 세워라

직원은 보수를 받아야 한다. 사람을 채용하면 세금, 사회보장비, 월급, 상해 보험 등 추가 비용이 든다. 당신이 지불하려는 월급과 관련 비용이 포함된 예산을 책정하라.

4. 선별 절차를 정하라

지원자를 몇 차례에 걸쳐 면접할 계획인가? 한 명씩 혹은 집단으로 면접할 것인가? 방법마다 장점과 단점이 있다. 첫 면접에서 채용 결정을 내린 직원과 오랜 세월 동안 함께 일하는 사람도 있고, 세 시간에 걸친 긴 협상 끝에 겨우 사람을 구한 사람도 있다. 당신과 가장 잘 맞는 방법을 찾고 어떤 직위에 사람을 채용할 것인지 결정하라.

5. 적당하게 광고하라

어떤 직원을 채용하느냐에 따라 광고의 종류가 결정된다. 지역 신문, 전문 잡지, 인터넷 홈페이지 등 다양한 방법이 있다. 실업청, 상공회의소 같은 공공 지원 단체를 잊지 마라 (우리나라의 경우 노동부 산하 〈한국고용정보원〉의 워크넷(www.work. go.kr)이 잘 알려져 있음).

주변 대학, 기술학교, 그리고 적당하다 싶으면 고등학교에도 확인해보기 바란다. 당신이 오늘 채용한 학생이 내일 중요한 동업자로 성장힐지는 아무도 모르는 일이다.

가장 좋은 채용 방법은 추천을 통하는 것이다. 평소 잘 알고 존경하는 사람들에게 인재 추천을 부탁하라.

주의사항: 친척을 채용할 때는 사전에 오래, 신중하게 생각해야 하는데, 여기에는 여러 가지 이유가 있다.

6. 면접 질문을 준비하라

면접 질문은 지원자의 기술, 자질, 추천 사항, 일에 대한 책임감 등 당신이 알고자 하는 부분에 집중되어야 한다. 인종, 나이, 미·기혼 여부, 자녀, 육아 계획 등 법으로 금지된 질문이 있다는 것을 알아야 한다. 질문지를 미리 작성해 두면 훨씬 더 쉽고 효율적으로 면접을 진행할 수 있다.

7. 신중하게 면접하라

면접을 할 때는 70 대 30 법칙을 따라야 한다. 지원자에게 주어진 시간의 70퍼센트를 말할 기회를 주고, 당신은 30퍼센트의 시간 동안 질문과 설명을 하라. 지원자가 소신 있게 말할 수 있는 자유질문을 활용해 면접 과정을 주도하라.

8. 증명서를 확인하라

증명서를 요구하고 확인하라. 지원자의 경력과 정체성을 파악할 좋은 방법이다. 예, 아니오의 대답을 유도하는 질문이 아닌 자유롭게 대답할 수 있는 질문을 던져라. 지원자에 관해 최대한 많은 정보를 아는 것이 중요하다.

얼마나 많은 증명서를 요구해야 할까? 최소한 세 통이 일반적이다. 여섯 통의 증명서를 요구해서 마지막 세 통을 확인하는 방법을 권한다. 그러면 객관적인 정보를 얻을 가능성이 크다.

9. 신원을 확인하라

사업의 종류에 따라 신원 확인으로 도움을 받을 수 있다. 특히 아동 관련 사업을 하거나 직원이 현금, 은행, 고객의 개인 재산에 관한 정보, 혹은 기타 민감한 자료를 다루게 될 때는 꼭 필요한 절차이다. 신원을 확인하려면 비용이 들고 진행 과정도 느리지만 나중에 후회하는 것보다 안전한 것이 낫다.

10. 채용 의사를 밝혀라

당신의 마음에 들고(본능에 따른 판단으로) 증명서와 신원 조회를 통과한 지원자가 있으면 채용 의사를 밝혀라. 원하는 조건이 있을 것이므로 협상을 위해 최종 통보는 보류하라. 지원자는 당신이 제안한 것보다 더 많은 월급을 기대할지도 모른다. 그럴 때는 휴가 일수 연장을 포함한 다른 혜택을 제시해서 보수를 조정하는 방법도 있다.

인재 유출 예방 전략

최고의 직원을 구했다고 계속 데리고 있으리라는 보장은 없다. 인정(Recognize), 보상(reward), 기억(Remember)의 3R은 당신이 가장 필요힐 때 직원을 곁에 둘 수 있게 해줄 중요한 방법이다.

- **인정하라** : 직원이 일을 잘하면, 잘한다는 사실을 알려주라. 고맙다는 말만 해도 기억에 오래 남는다. 사람들은 자신의 노력을 인정받고 싶어 한다.
- **보상하라** : 반드시 크거나 비용을 많이 들여야 보상이 효과적인 것은 아니다. 저녁 식사권같이 간단한 것도 당신이 직원의 능력을 얼마나 소중하게 생각하는지 보여주기에 충분하다.
- **기억하라** : 직원을 계속 데리고 있기 위한 가장 효과적인 방법은 간단하다. 직원에 관한 중요한 사실들, 가령, 생일, 좋아하는 스포츠팀 등을 적어두었다가 적절한 상황에 따라 행동하라. 생

일에는 카드와 작은 선물을 해주고, 좋아하는 스포츠팀이 우승을 하면 한마디 던지는 것만으로도 효과적이다. 당신의 직원은 그런 관심을 받고 아주 즐거워할 것이다.

나오미 로드(공인 전문 강사)

나오미 로드는 남편 짐과 함께 스마트 프랙티스(Smart Practice)를 설립했다. 스마트 프랙티스는 치과 분야의 건강관리 전문가들에게 특정 제품과 서비스를 제공한다. 이 회사는 로드의 리더십으로 놀라운 성장을 거듭했으며, 직원도 5,600명이 넘는다.

로드의 조언

로드는 이렇게 말한다. "직원 채용과 유지는 가장 중요한 열쇠예요. 회사의 얼굴인 그들이 당신의 철학과 사명을 얼마나 잘 실천하는지 확인해야 하죠."

의사소통이 원활한 직원을 선발하고 싶을 때 꼭 필요한 수단에 대해 그는 이렇게 말한다. "나는 직원을 채용할 때는 확신을 갖기 위해 법으로 금지된 범위를 제외하고는 가급적 질문을 많이 해야 한다고 굳게 믿습니다. 내 철학을 반영할 사람을 원하니까요. 물론, 그렇게 하려면 직원들에게 내가 어떤 사람이며 무엇을 표방하는지 알려야겠죠. 우리 회사는 유대 기독교의 전통을 중요하게 생각합니다. 공정성과 정직성을 높이 평가하죠. 우리는 강한 윤리의식을 가지고 있습니다. 직원은 우리에게, 우리는 직원에게 그런 것을 기대하죠."

"어떻게 보면 조직에서 가장 약한 고리는 가장 중요한 사람입니다. 한번 생각해 보세요. 사장의 경영 방식이 싫다고 그 가게에 가지 않는 것은 아니지 않습니까. 직원이 무례하기 때문에 가지 않는 것입니다. 태도와 능력의 차이를 잘 생각해야 합니다. 나는 늘 태도를 더 중요하게 여기죠. 기술은 훈련할 수 있지만 태도는 훈련할 수 없으니까요."

더 많은 정보는 www.smartpractice.com에서 확인하기 바란다.

지혜 한마디

미래의 직원에게 당신이 누구이며, 무엇을 기대하는지 솔직하게 알려야 한다. 직원은 회사를 대표하는 역할을 한다. 따라서 당신의 생각을 잘 대변하는 사람을 고용해야 한다.

12장
요약

1. 틈새 사업가가 되면 개인적인 이점과 단점이 있다.

2. 자아를 늘 확인하는 것이 중요하다.

3. 잠정적인 출구 전략을 세워두면 더 나은 결정을 내리는 데 도움이 된다.

4. 지나치지만 않다면 틈새 다각화는 좋은 전략이다.

5. 외주 조달과 직원 채용은 사업의 핵심에 집중하는 데 도움이 된다.

6. 직원을 보유하려면 3R(인정, 보상, 기억) 전략을 잊지 마라.

■ 에 필 로 그

"말을 물가로 끌고 갈 수는 있지만 물을 먹여줄 수는 없다."
앞에서 내가 한 말이다. 어쨌든 우리는 여기까지 왔고 이 여행
은 끝이 났다. 지금 우리는 강둑에 서 있다. 자, 물을 마실 준비
가 되었는가?

이제 당신은 업계에서 차별화뇌기 위해 알아야 할 모든 것들
을 손에 들고 있다. '수잔의 7가지 비밀 성공 전략'을 입수한
것이다. 아울러, '전문가가 되는 것'의 위력을 충분히 이해하
고 있다. 이로써 당신은 자신의 '전문성'을 개발하고, 개선하
고, 활용해서 틈새 사업가라고 주장할 수 있는 준비를 모두 마
쳤다.

그러나 정말 그런 일이 일어날까? 앞으로 틈새 사업가로서
유리한 위치에 올라설 수 있을까? 그것은 모두 당신에게 달렸
다. 당신은 대중이 찾는 전문가가 되기 위해 전문 분야에서 차
별화될 힘, 도구, 기회를 가지고 있다. 그것들과 당신의 성실
함, 전문 지식을 합친다면 그 무엇도 당신을 막아서지 못한다.
하늘이 바로 당신의 한계이다. 당신이 얼마나 멀리 날아갈 수

있는지 지켜보겠다.

여행에 동참해주어서 고맙다. 이 책은 여기서 끝나지만 당신과 내 친구들, 동료들은 앞으로, 위로 계속 나아갈 것이다. 다시 당부하지만, 당신만의 행복한 여행을 하기를 바란다.

언제라도 여행을 하다가 내가 필요하면 susan@richesinniches.com으로 연락하라.

부를 가져오는 금광

이 자료를 실은 이유는 틈새 사업을 위한 기술, 그리고 내가 제시한 틈새 마케팅 전략 '수잔의 7가지 비밀 성공 전략'과 관련하여 도움이 될 추가 자료를 제공하려는 것이다.

고심 끝에 각 장이 아닌, 주제별로 자료를 구분하기로 했다. 그래야 더 유용하고 쉽게 정보를 찾을 수 있을 것이기 때문이다.

유용한 자료, 기사, 정보, 그리고 언제라도 발생할 수 있는 수요를 충족시켜주고자 제품과 서비스를 제공하는 회사는 수없이 많다. 그러나 너무 많은 정보로 당신을 질리게 하고 싶지는 않았다. 그래서 현재 거래를 하면서 알고 있는 회사들, 적극적으로 추천하는 회사들의 홈페이지나 검색 자료로 그 범위를 제한했다.

유용한 정보가 총망라된 완벽한 자료 목록은 아니라는 것을 나도 인정한다. 하지만, 틈새에서 부자가 되는 쪽으로 키를 돌리게 하기에는 충분하다고 생각한다.

나는 늘 독자들의 의견을 환영한다. 아래의 목록에 추가될 만한 정보가 있으면 언제든 내 홈페이지에 실을 것이다. susan@richesinniches.com으로 이메일을 보내주기 바란다. 감사의 인사를 미리 전한다!

홈페이지 정보

상표
_미국 특허상표청 : www.uspto.gov
_상표 인터넷 신청 : http://teas.uspto.gov/forms/bas
_상표 전문가 : www.allmarktrademark.com
              www.completetrademarks.com
              www.tmexpress.com
              www.tmwlaw.com

언론
_인터뷰 잘 하는 법 : www.badlanguage.net/how-to-give-good-interview
_미디어 툴박스 : www.gdrc.org/ngo/media/012.html
_인터뷰 요령 : www.keeneypr.com
             www.levick.com

라디오 방송국
_www.radio-locator.com
_라디오-TV 인터뷰 리포트 : www.rtir.com
_인터뷰 요령 : www.rachelgreen.com/cgi-bin/a.pl?tips97
             www.midwestbookreview.com/bookbiz/advice/radio.htm
             www.anniejenningspr.com
_TV 출연시의 의상연출법 :
www.satvonline.org/documents/lookgood.pdf
_이미지 컨설턴트 : www.aici.org

마케팅과 홍보
_시장조사 전략 : www.surveymonkey.com
             http://info.zoomerang.com
_소책자를 이용한 마케팅 : www.tipsbooklets.com

_E-메일 마케팅 : www.constantcontact.com

_무역박람회 자료(저자 홈페이지) : www.thetradeshowcoach.com

무역박람회

_www.tsnn.com

_http://directory.tradeshowweek.com/directory/index.asp

_http://tradeshowcalendar.globalsources.com/TRADE-SHOW/
ALL-TRADE-SHOWS.HTM

_홍보 자료 : www.prleads.com

_PR 뉴스와 팁 : www.ereleases.com/pr/prfuel.html

_마케팅 자료 : http://marketing.about.com/cs/a_2.htm

_도서 마케팅 : www.bookmarketingworks.com

_마케팅 세미나 : www.howtomarketseminars.com

_틈새 시장 리서치 소프트웨어 : www.nichemarketresearch.com/nf.php

_인터넷 틈새 마케팅 : www.wilsonweb.com/articles/niche.htm

_틈새 시장 자료 모음 : http://nichesitestogo.com/

_인터넷 마케팅 체크리스트 : www.wilsonweb.com/articles/checklist.htm

_미국 마케팅 협회 : www.marketingpower.com

_광고 전문가 : www.gspromosource.com.
        www.prideproducts.com
        www.tci4me.com

강연

_강연 요령 : www.public-speaking.org/public-speaking-articles.htm

_미국 강사 연합회 : www.nsaspeaker.org

_토스트마스터 협회 : www.toastmasters.org

_강연 자료 : www.speakernetnews.com

_강사를 위한 팁 : www.tuesdaytoasters.org/tips

글쓰기

_저작권의 모든 것 : www.copyright.gov

_글쓰기 안내 : www.absolutewrite.com

_글쓰기 자료와 조언 : www.writersweekly.com

_사전−작가의 가장 훌륭한 친구 : www.dictionary.com

_지식 창고 : http://thesaurus.reference.com

_보이는 지식 창고 : http://visualthesaurus.com

_글쓰기를 위한 백과사전 : www.encyclopedia.com

_공동 저작 : http://writeboard.com

블로그

_블로그 입문 : http://codex.wordpress.org/Introduction_to_Blogging

_블로거 가이드 : www.ogilvypr.com/pdf/bloggers-guide.pdf

_블로그 서비스 : www.Blogger.com

　　　　　　　www.TypePad.com

　　　　　　　www.LiveJournal.com

_틈새 사업에서의 블로그 활용법 : http://wendy.kinesisinc.com/?p=260

워크숍과 세미나

_세미나 준비와 진행 : http://gilsonlab.umbi.umd.edu/seminar1a.html

_성공적인 워크숍 운영법 :

www.socialmarketing.org/newsletter/issues/workshops.htm

_세미나 운영 팁 : http://depts.noctrl.edu/biology/seminar/tips.php

코칭과 컨설팅

_코칭 소프트웨어 : www.coachease.com

_코칭 툴 : www.coachinglab.com/index.html

_국제 코치 연합 : www.coachfederation.org/ICF

_미국 비즈니스 코치 연맹 : www.wabccoaches.com

_코칭 방법 개괄 : www.marketingpower.com/content3614.php

_경영 컨설턴트 연구소 : www.imcusa.org
_건강관리 컨실턴트 협회 : www.healthcon.org
_코칭과 컨설팅 전문가 : www.accpow.com

제품 개발
_DVD and Video 프로덕션 정보 : www.videohelp.com
_정보 제품 판매 : www.flyte.biz/resources/newsletters/

아웃소싱
_아웃소싱 연구소 : www.outsourcing.com/
_왜 아웃소싱을 하는가 :
www.outsource2india.com/why_outsource/why_outsource.asp
_프로젝트 공급자 찾기 : www.clance.com

직원 채용
_미국 재무부 구인/구직 정보 : http://www.irs.gov/businesses/small/
_채용과 관련된 정부 규정 : www.business.gov/
_구인 정보 : www.monster.com

소규모 사업 서비스
_저렴한 인쇄 서비스 : www.printingforless.com
_소기업을 위한 아이디어 : www.businessknowhow.com
_소기업인을 위한 정보 : www.entrepreneur.com
_미국 노동부의 성장 산업 목록 : www.doleta.gov/business/industries

유능한 내 친구들이 쓴 책들

틈새시장의 구루들
_Anderson, Chris. The Long Rail: Why the Future of Business Is